GUSTAVE

PAR

PAUL DE KOCK.

CHAPITRE I. — Frayeur, Terreur, Malheur.

— Hue!... hue donc, Zéphire!.... du courage, mon gros; trotte encore une petite lieue, et nous serons cheux nous... Ah!... v'là que tu te mets en train.... c'est ben heureux!.... Tu commences à sentir l'écurie, j'vois ça.

Le père Lucas s'entretenait ainsi avec son bidet, et, tout en cheminant sur la route de Louvres à Ermenonville, s'efforçait, par ses discours accompagnés souvent de gestes expressifs, de donner du cœur à Zéphire, qui n'en trottait pas plus vite pour cela.

Tout à coup, un poids nouveau tombant sur la croupe du pauvre animal, il fait un saut et prend un temps de galop, ce qui ne lui arrivait pas deux fois l'an; mais la violence de la secousse semble lui avoir donné des ailes. Lucas veut crier... deux bras vigoureux l'entourent et le serrent fortement : le pauvre villageois, frappé de terreur, croit avoir le diable en croupe; il n'a plus la force de parler; il s'abandonne à son destin, lâche la bride au bidet, et ferme les yeux pour ne pas voir son compagnon de voyage.

Cependant Zéphire n'était

141.

Lucas veut crier.... deux bras vigoureux l'entourent et le serrent fortement.

ni de force ni d'humeur à galoper longtemps; d'ailleurs le terrain devenait sablonneux, et cela amortit sa vigueur; il reprit donc son pas ordinaire. Les bras qui entouraient Lucas se détachèrent et lui laissèrent la respiration plus libre. Un éclat de rire partit derrière le dos du pauvre paysan. Il commença à reprendre ses sens, il rappela son courage, et réfléchissant que, sans être un esprit malfaisant, on pouvait très-bien avoir sauté sur la croupe de Zéphire, il tourna un peu la tête... risqua un œil... et vit, au lieu de Béelzébuth ou d'Asmodée, un jeune homme d'une figure agréable, dont la mise était un peu en désordre, mais qui, malgré cela, n'avait rien d'effrayant.

— Morgué, monsieur, il faut avouer que vous m'avez fait une fière peur!...

— N'est-ce pas, mon gros père?... Aussi vous avez fait presque un quart de lieue sans bouger, et je crois même sans respirer!...

— Ça vous fait rire, ça, monsieur; m'est avis qu'y guia pas de quoi!... Qu'aurait dit not' femme si all' m'avait vu revenir mort à la maison?...

— Parbleu! elle se serait consolée.

— Oh! ça, c'est possible...

1

mais moi, je ne serais pas consolé... et ma fille, et ma petite Suzon, qui aime tant son papa Lucas!...

— Allons, papa Lucas, vous n'êtes pas mort, et j'espère que votre frayeur est calmée; ainsi ne parlons plus de cela. Vous voyez que je ne suis ni un diable ni un voleur...

— Je n'en sommes pas encore ben sûr... Un homme qui tombe derrière moi comme un accident!...

— Depuis quelques moments je vous appelais, mais vous ne m'entendiez pas... J'ai pris ma course..., et comme j'ai eu des leçons de Franconi, je suis monté à cheval sans vous arrêter.

— Oh! ça, vous êtes leste!... c'est vrai. Mais est-ce que vous croyez que je vais me mener comme ça longtemps?...

— Parbleu! jusque chez vous, je pense.

— Cheux moi? et pourquoi faire?

— Pour me loger cette nuit.

— Vous loger... un homme tombé des nues!...

— Qu'importe d'où il tombe, si vous le paie bien? Père Lucas, aimez-vous l'argent?

— Oui-da... quand il est gagné honnêtement, s'entend.

— Eh bien! comme il n'y a aucun mal à donner à souper et à coucher à un voyageur, vous me recevrez ce soir chez vous. Tenez, voilà vingt francs d'avance pour ma dépense. Maintenant serrons les genoux, piquez Zéphire, et hâtons-nous d'aller rassurer madame Lucas.

Le jeune homme avait un ton si persuasif, si décidé, des manières si rondes et si gaies, que le paysan ne vit rien à répliquer à sa proposition. De plus, Lucas aimait l'argent, et vingt francs! c'est une somme au village! On presse donc le bidet, et l'on continue à trotter.

Chemin faisant, Lucas adresse de nouvelles questions à son compagnon. — Ah ça! vous venez donc des environs, car vous vous promeniez sans chapeau? — Parbleu! je n'ai pas eu le temps de le prendre; c'est bien heureux que j'aie pu passer un pantalon et un habit!... — Diable!... est-ce que vous étiez à vous baigner dans un endroit où que c'est défendu? — Je ne me baignais pas précisément, mais j'étais en effet dans un endroit où il est défendu d'aller. — J'vois c' que 'est!... vous étiez à chasser sans permission! — Comme vous dites, ... Lucas; je chassais sur un terrain qui ne m'appartient pas. — V'là ' que c'est... ces jeunes gens... ça n'doute de rien. Ah ça! vous chassiez donc sans habit et sans culotte? — Ah! c'est que c'est beaucoup plus commode pour attraper l'oiseau que je chassais. — Ah! c'est un oiseau!... Hue donc, Zéphire!... Morgué, v'là une drôle de chasse! il faudra que vous me l'appreniez, car je n'en avons jamais entendu parler. — Mais, père Lucas, il me semble que Zéphire ne va plus! — Ah! dam'! il n'est pas habitué à porter deux charges. — J'ai une faim dévorante : où demeurez-vous? — A Ermenonville. — Est-ce ce village que j'aperçois? — Non, ce n'est que Morfontaine; nous avons encore une lieue et demie à faire. C' qui me chiffonne, c'est que v'là la nuit... et j'nous parle donc des voleurs et des loups. — Ne craignez rien, je vous défendrai.

Comme nos voyageurs achevaient cette conversation, ils entendirent le galop de chevaux qui venaient derrière eux. Il faisait déjà très-sombre; on ne pouvait se reconnaître de loin. Le bruit approchait; les personnes qui galopaient n'étaient plus éloignées de nos voyageurs. Tout à coup le jeune compagnon de Lucas semble saisi d'une crainte subite. — Morbleu! s'écrie-t-il, c'est moi que l'on poursuit... et vite, mon brave homme, il faut leur échapper!... — Vous que l'on poursuit!... comment! pour c't' oiseau que vous chassiez en chemise?... — N'importe pourquoi; je vous conterai cela... Allons, il faut absolument gagner du terrain; ensuite la nuit nous protégera.

Sans attendre l'avis du paysan, le jeune homme pousse, presse, bourre de coups le pauvre cheval, et le force à prendre le galop; en vain Lucas se lamente, jure, crie qu'on va crever sa monture; son compagnon n'écoute rien que le bruit des chevaux qui le poursuivent et qui sont sur le point de l'atteindre. On traverse ainsi Morfontaine. Zéphire ne se possède plus; n'étant pas habitué à un pareil traitement, il se livre à toute sa fureur fureur; il regimbe, rue, brise son mors et emporte ses cavaliers vers une mare où barbotaient tranquillement une douzaine de canards. Lucas crie : — Arrête, arrête! On crie derrière nos voyageurs : — Arrêtez! arrêtez! Notre jeune homme rit et jure en même temps. Enfin Zéphire entre dans la mare; il s'embourbe, tombe de côté; les cavaliers en font autant, on roule sur les canards, on en écrase quatre; on se mouille, **on se crotte**, on crie, on ne s'entend plus.

Chapitre II. — L'oncle et le Neveu.

— Mille escadrons! toujours de nouvelles fredaines! encore un billet de six cents francs qu'il faut que je paie pour monsieur!... — C'est une dette d'honneur, mon oncle. — Morbleu! monsieur, toutes les dettes sont des engagements sacrés; mais ce n'est point une raison pour en faire, lorsque je sais prévenir tous vos besoins. Savez-vous, mon neveu, que vous êtes un bien mauvais sujet? — Moi, mon cher oncle! mais je ne vois pas en quoi j'ai mérité... — Ah! vous ne voyez pas... eh bien! je vais vous le faire voir, moi, monsieur! Asseyez-vous là, Gustave, devant moi; restez tranquille, si vous pouvez, et laissez-

bleu! ne m'interrompez pas!... — Mon cher oncle, je sais trop ce que je vous dois... — Silence! Hortense Moranval, votre mère et ma sœur, était une bonne femme, aimable, rangée, économe... — Elle avait toutes les qualités... — Taisez-vous, monsieur; je sais ce qu'était ma sœur; je sais aussi, qu'aveuglée par son amour pour son cher fils, elle ne voyait pas qu'il était emporté, impatient, menteur, joueur... — Ah! mon oncle! vous taisez-vous!... Votre père était un homme d'esprit; ses talents, son mérite, son caractère agréable, le faisaient rechercher dans toutes les sociétés. Il se serait fait un nom dans la profession d'avocat qu'il exerçait avec honneur... mais la mort l'enleva brusquement à son épouse, à ses amis!... Vous étiez trop jeune encore pour apprécier cette perte; je ne pouvais vous souvenir de ce cher Saint-Réal!... — Du moins, mon oncle, je saurai toujours chérir et révérer sa mémoire... — Morbleu! vous taiserez-vous!... Votre père était un homme d'esprit... si vous le révériez, vous ne feriez pas tant de sottises!... Mais revenons : j'ai passé une partie de ma vie à l'armée, lorsque dans les rares voyages que je faisais à Paris j'allais voir ma sœur, vous preniez mon épée et la mettiez à la place de la broche; mon plumet devenait la proie du chat, mon chapeau changeait de forme, mes épaulettes n'avaient plus de graius, et je trouvais à mes pistolets du fromage de Gruyère pour pierre et de la cendre dans le bassinet : tout cela n'était que bagatelles; mais je m'apercevais que vous n'appreniez rien. Votre mère vous avait donné des maîtres que vous n'écouliez point; vous dansiez avec votre maître de latin et d'histoire; vous tiriez des pétards au nez de votre maître de violon; vous mettiez des bouts de chandelle dans les poches de votre maître de dessin; vous faisiez le diable enfin!... Je disais à ma sœur de vous corriger, mais elle croyait que l'âge suffirait pour mûrir votre raison. Pauvre Hortense!... elle vous trouvait charmant!... — Ah! mon oncle, toutes les dames étaient de l'avis de ma mère!... — Oui!... c'est donc cela que vous les aimez toutes généralement?... — C'est par reconnaissance, mon oncle... — Est-ce aussi par reconnaissance que vous les trompez? que vous séduisez les petites filles, débauchez les femmes honnêtes et faites les maris cocus?... Mais poursuivons : votre mère... ma pauvre sœur est morte... cette perte vous a vivement affligé!... j'en conviens, vous aimiez votre mère; c'est tout naturel : en la pleurant, vous n'avez fait que votre devoir. Hortense, en mourant, me recommanda son fils; j'ai juré de veiller sur vous, et Dieu sait aussi le mal que vous m'avez donné depuis ce moment! Je vous ai mis en pension : vous aviez alors douze ans. Pendant quelques années, vous avez été assez raisonnable. On m'écrivait que vous faisiez de rapides progrès; j'étais enchanté! Enfin, je me rends à Paris... vous veniez d'avoir seize ans. Je vais à votre collège... je demande après votre cher oncle neveu!... je demande Gustave Saint-Réal... les visages s'allongent, les physionomies se rembrunissent... on hésite... on balbutie... je m'impatiente, je crie, je me fâche... on m'apprend enfin que mon drôle a disparu depuis huit jours, ainsi qu'une petite demoiselle de quinze ans, blanchisseuse de fin de messieurs les élèves, et qui demeurait en face de votre pension.

— Ah! mon oncle, est-ce ma faute si l'amour?... — Mille cartouches! monsieur, un enlèvement à seize ans!... — Lise était si jolie.... si espiègle... — Et vous si libertin... Enfin, j'ai déniché M. Gustave et sa dulcinée au fond d'une petite chambre, au quatrième, rue du Fauconnier. J'ai ramené la jeune personne chez sa mère... je ne sais trop dans quel état... mais cela regarde les parents, qui n'ont pas su garder leur fille. Pour vous, depuis ce temps, vous ne m'avez pas laissé respirer un moment. — Ah! mon oncle... pour quelques folies...

— Si je vous laisse à la ville, vous courez les bals, vous vous liez avec les mauvais sujets, vous les amenez chez moi, vous buvez mon meilleur vin, vous crevez mes chevaux!... vous cassez mon cabriolet, et, qui pis est, vous faites des dettes... Si je vous fais rester à ma maison de campagne, vous dévastez mon jardin, vous tuez mes lapins, vous blessez mes chiens de chasse, vous vous battez avec les paysans, et faites des enfants à leurs femmes. Que diable! monsieur, il faut que cela finisse. Vous ne voulez pas être militaire, je le conçois, vous ne savez pas obéir, et je n'insiste pas là-dessus, car je craindrais un beau voir, au bout de quelque temps, condamné à être fusillé pour avoir manqué à vos supérieurs. D'ailleurs, nous sommes en paix, et il n'est pas nécessaire que vous passiez votre jeunesse en garnison. Mais enfin, vous avez vingt ans; moi je commence à devenir vieux; l'occupation que vous me donnez est trop fatigante : je suis bien aise de me reposer, mais je veux vous forcer à devenir sage; et pour cela, monsieur, je vais vous marier. — Me marier, mon oncle! — Oui, Gustave, oui, vous marier. — Et c'est pour me rendre sage? — Est-ce que vous ne pourrez pas vous contenter de votre femme? — C'est selon, mon oncle; il faut d'abord qu'elle me plaise; il faut ensuite qu'elle m'aime... — Me prenez-vous pour un imbécile, mon neveu? croyez-vous que je n'ai point songé à tout cela?... La demoiselle vous plaira, parce qu'elle est charmante; vous lui plairez, parce qu'une fille bien élevée aime l'époux qu'on lui destine; parce que d'ailleurs vous êtes joli garçon, et qu'en général les femmes n'ont que trop de penchant pour les mauvais sujets. Enfin, ce mariage me fera grand plaisir, et j'espère que vous compterez cela pour quelque chose. — Ah, mon oncle! mon plus grand désir est de vous prouver mon attachement. — En ce cas, Gustave, tu vas partir pour la terre de M. de Berly, qui est située à huit lieues d'ici, entre Louvres et Senlis; c'est là que tu verras sa nièce, la jeune

Aurélie, celle que je te destine. — Mais, mon oncle, je ne connais ni M. de Berly ni sa nièce. — Tu feras connaissance : de Berly est un bon homme tout rond , que j'ai connu jadis lorsqu'il était fournisseur de nos armées.... D'ailleurs , tu es attendu; parbleu ! tu seras bien reçu. — Mais vous , mon oncle ?... — Moi? tu vois bien que je ne puis pas remuer maintenant; ma maudite goutte me retient à Paris; mais dès qu'elle me laissera en repos, je partirai, j'irai vous rejoindre. En attendant on se passera de moi : vous vous amuserez, vous chasserez ; car de Berly est fou de la chasse !...

— Allons , mon oncle, puisque vous le voulez, je vais partir, je vais voir cette demoiselle Aurélie !... — Tu n'en seras pas fâché, fripon... Tiens , puisque tu deviens raisonnable , je veux oublier tes folies passées : voilà cent louis pour ton voyage et pour t'amuser au château de Berly. — Mais , mon cher oncle , que de bonté ! — Mais , mon neveu, plus d'étourderies, de duels, d'enlèvements, de déguisements !... Rompez entièrement avec les marchandes de modes et les danseuses de l'Opéra... surtout ne voyez plus cette petite Lise... objet de vos premières amours... c'est elle qui vous engage à me désobéir. — Non, mon cher oncle ! oh ! je vous jure... — Enfin, monsieur , devenez sage, ou je vous avertis que je me fâche sérieusement et que j'emploierai la rigueur pour vous faire changer. — C'est fini , mon oncle, je suis corrigé.

— Prends mon cheval gris. Il est dix heures; tu arriveras au château avant le dîner. J'ai dit à Benoît de préparer ton porte-manteau. Il te suivra pour être ton valet à la place de ce mauvais sujet de Dubois que je viens de chasser. — Quoi, mon oncle, Benoît, le fils de votre portier, mais ce garçon-là est bête comme une oie !... —Tant mieux, cela fait que tu ne lui donneras pas d'intrigues à conduire. Allons , pars et fais ce que je te dis.

Gustave embrasse son oncle , monte le cheval gris, et, suivi de Benoît, part pour la terre de M. de Berly.

CHAPITRE III. — La Tante et la Nièce.

Tout en traversant la Villette , le Bourget et Vauderland, chemin qui , par parenthèse, n'offre au voyageur rien de bien récréatif , Gustave faisait ses réflexions : il pensait qu'avant d'épouser il faut bien se connaître (pour un étourdi cette réflexion était fort sage). Il était bien décidé à ne prendre mademoiselle Aurélie que dans le cas où ce serait une femme jolie, aimable, douce, modeste, sensible et constante, enfin une femme comme il n'en avait pas encore rencontré; et à vingt ans Gustave avait l'expérience d'un homme mûr, par la raison qu'il avait commencé de très-bonne heure, ce qui a son bon et son mauvais côté : son bon , parce que cela donne quelque connaissance du cœur féminin ; son mauvais , parce qu'on croit le connaître tout à fait et que l'on est souvent plus trompé lorsqu'on pense ne plus pouvoir l'être.

Gustave avait un fonds de gaieté inépuisable, et quand, avec cela, sa bourse était bien garnie, il voyait tout en rose. Dans cette heureuse disposition d'esprit, notre héros (car vous devinez, que mon-sieur Gustave est le mauvais sujet dont nous allons nous occuper), notre héros, dis-je, passa Louvres, et tourna vers Senlis, dont la terre de Berly n'était point éloignée. Plus il approchait cependant, plus il était curieux de connaître ce M. de Berly et sa nièce. Il ne se rappelait pas les avoir vus chez son oncle, ce qui n'était point extraordinaire : il avait pour habitude d'être toujours dehors, et pour éviter les sermons du colonel Moranval, il se trouvait rarement en société avec lui.

Gustave réfléchit que son nouveau domestique, Benoît, étant fils du portier de la maison, et chargé quelquefois de servir à table , pouvait connaître le personnage chez lequel il se rendait ; il se décida donc à interroger Benoît.

Le nouveau jockei de Gustave était un garçon de dix-huit ans, grand comme une perche, fort comme un Turc, frais comme une rose, rouge comme une cerise, gauche comme une Champenoise, bête comme un âne, et entêté comme ces derniers le sont ordinairement.

Gustave partit d'un éclat de rire en regardant Benoît, qu'il avait oublié depuis qu'ils étaient en route. La tournure de notre héros était faite pour provoquer la gaieté. Benoît n'avait jamais monté à cheval, mais n'ayant point osé dire cela devant le colonel Moranval, qu'il craignait comme le feu, il avait pris bravement son parti, et avait enfourché le cheval le plus petit, sur lequel il se tenait roide comme un piquet, et sérieux comme un Suisse.

Gustave arrête son cheval pour que Benoît puisse le rejoindre ; mais le nouveau valet, qui s'est fait donner par son papa une leçon détaillée touchant les devoirs d'un serviteur envers son maître, et qui a juré de ne jamais s'en écarter , à bien retenu qu'il fallait être toujours à une distance respectueuse de M. Gustave. Ferme sur ses principes, il s'arrête dès qu'il voit son maître s'arrêter.

— Avance donc ! crie Gustave impatienté. — Non, monsieur !... pas si bête !... — Comment, pas si bête ! Je te dis d'approcher !... — Je connais trop mes devoirs, monsieur ; je n'en ferai rien !... — Mais, butor, puisque je l'ordonne !... — C'est égal, ça, monsieur, je sais le respect qu'un valet doit à son maître... et je n'avancerai point !...

— Maudit imbécile !... il faudra que ce soit moi qui aille le chercher...

Gustave pique son cheval, et court sur Benoît, dont la monture effrayée fait un saut de mouton, qui jette son cavalier dans le ruisseau. Le grand garçon se relève en pleurant, fort mécontent des suites de son respect pour ses devoirs. Gustave lui tire l'oreille pour qu'il remonte à cheval, et le force enfin à rester près de lui.

— Allons, Benoît, tu m'écouteras maintenant, j'espère? — Oui, monsieur... oui... hi ! hi ! hi!... — Comment, grand nigaud ! tu pleures?... — Monsieur... c'est que je crois que je suis blessé... — Où donc?

— Monsieur... c'est... c'est... — Mais où donc?... parleras-tu?... — Monsieur... c'est entre le haut des cuisses et la chute des reins... — Imbécile! tu ne peux pas dire au derrière?... — Monsieur... je sais mon respect et mon devoir... — Ce coquin-là me fera damner avec ses devoirs. Allons, tu te bâsineras les fesses à la maison de campagne où nous allons. A présent réponds-moi ; connais-tu ce M. de Berly?... l'as-tu vu chez mon oncle? — Mais, oui, monsieur. — Quel homme est-ce? — Dam', monsieur... c'est un homme... ni grand ni petit... ni beau ni laid... — Son âge? — Ni jeune ni vieux, monsieur. — Me voilà bien instruit ! .. et sa nièce? quel âge? quelle tournure? — Mais monsieur, quant à ce qui est de ça... je ne me rappelle pas d'avoir vu de nièce !... — Allons... je vois que tu n'es bon à rien. Mais j'aperçois une maison de belle apparence; ce doit être celle de M. de Berly... avançons.

Les voyageurs étaient en effet arrivés au but de leur course. Gustave s'informe à un villageois, et apprenant qu'il ne s'est pas trompé, il entre dans une grande cour, descend de cheval et demande M. de Berly. Le concierge l'engage à se rendre dans les jardins, où il trouvera son maître, qu'il n'aime mieux l'attendre au salon. Gustave, impatient de connaître son hôte, préfère le premier parti; il laisse Benoît qu'il recommande au concierge, et, traversant une terrasse, entre dans les jardins.

Notre jeune homme parcourt plusieurs allées de lilas et de chèvre-feuille; il admire la tenue et le goût qui a présidé à sa distribution ; des bosquets touffus, dont l'entrée est presque cachée par des buissons de roses, semblent inviter au repos ou à l'amour. Des statues ornent ces aimables lieux ; mais ce ne sont point les tristes Danaïdes, le malheureux Tantale, l'affreux Polyphème, le hideux Centaure, le dégoûtant Philoctète, qui s'offrent aux regards des promeneurs ; ce sont Vénus détachant sa ceinture, l'Amour aiguisant ses flèches, les Grâces folâtrant autour de Cupidon ; et si, dans le fond d'une grotte, Vulcain vient frapper vos yeux, c'est que l'image du pauvre boiteux ne rappelle rien de triste à l'imagination.

Gustave admirait tout, et pensait que le maître de la maison devait être un homme d'esprit et de goût, lorsqu'au détour d'une allée, il aperçoit, sous un bosquet, une jeune femme assise et lisant, ne doutant point que ce ne soit la nièce de M. de Berly, cette demoiselle Aurélie qu'on lui destine, il s'arrête pour la regarder : heureux Gustave! avec quel plaisir il admire une bouche charmante, un teint rosé, un nez bien fait, un front gracieux, qu'ombragent de beaux cheveux blonds, une taille élégante, des formes arrondies, un petit pied qui semble effleurer la terre, et un sein dont chaque mouvement fait battre violemment le cœur de notre héros? Quant aux yeux, il ne peut les voir, puisqu'ils sont baissés sur le livre; mais il les devine, il pressent d'avance leur expression, leur douceur, leur vivacité. Ne pouvant plus longtemps résister à son agitation, Gustave approche... la jeune femme l'entend, elle quitte son livre et le regarde... — J'en étais sûr, pense Gustave, les plus beaux yeux du monde!...

— Que demande monsieur? dit une voix qui retentit jusqu'au cœur du jeune homme (lequel d'ailleurs avait, comme vous le savez, un cœur très-prompt à s'enflammer). — Pardon... mademoiselle... je voulais... je venais... mais en vérité, je ne cherche rien depuis que je vous ai trouvée.

La jeune personne qui avait souri au nom de mademoiselle, parut flattée de l'effet que sa vue produisait sur un joli garçon qui, malgré son émotion, ne paraissait ni gauche ni emprunté. On a beau dire, le cœur, les qualités, le caractère, voilà l'essentiel : une jolie figure, une tournure agréable et de la grâce, ne gâtent rien à l'affaire. Demandez aux demoiselles, aux dames même, si ce n'est pas d'abord par-là qu'on se laisse séduire... Je sais bien que si l'on n'a que les avantages physiques on se lasse bientôt de plaire; cela doit être, c'est une compensation pour les gens aimables qui ne sont pas beaux.

— Eh mais, monsieur, dit la jeune dame après avoir regardé Gustave, seriez-vous par hasard le jeune homme que nous attendons, monsieur Gustave Saint-Réal ? — C'est moi-même, mademoiselle, et je vois en vous mademoiselle Aurélie, la nièce de M. de Berly?... — Non, monsieur, je suis l'épouse de M. de Berly. — Son épouse !... Comment ! M. de Berly est marié ! — Sa femme ; oui, monsieur.

Gustave n'en revenait pas : il ignorait que M. de Berly fût marié, et marié à une femme qui n'a pas vingt ans! Cette jolie personne était donc la tante de mademoiselle Aurélie? Comment une nièce pouvait-elle plaire à côté d'une tante comme madame de Berly ? — Allons, se dit Gustave, attendons avant de prononcer; cette maison me paraît le séjour des Grâces ; je vais sans doute voir une autre merveille.

Madame de Berly proposa à Gustave de le conduire près de son mari, qui attendait son arrivée avec impatience. — Il sera, dit-elle, enchanté de vous voir... ainsi que ma nièce, mademoiselle Aurélie.

Ces derniers mots furent prononcés en souriant : on regardait Gustave, et celui-ci cherchait aussi à lire dans les yeux de son aimable conductrice ; on fit ainsi un peu de chemin ; on paraissait préoccupé, on se regardait, on soupirait et on se taisait. Ces mots : Voilà mon mari, tirèrent Gustave de ses pensées. — Voyons donc ce mari, dit-il en lui-même, cet heureux mortel, possesseur de tant de charmes !... Parbleu ! il faut qu'il ait bien du mérite, bien de l'esprit, bien des avantages naturels pour captiver une aussi aimable femme !

Gustave lève les yeux, et se trouve en face d'un petit homme de cinquante ans, gros, rouge, bourgeonné, ayant de petits yeux bêtes et une bouche jusqu'aux oreilles.

— Encore une surprise ! se dit notre jeune homme en retenant un éclat de rire qu'avait fait naître la vue de M. de Berly. Celle-ci, quoique moins agréable, lui causa cependant une secrète joie, dont le lecteur intelligent devinera facilement la cause.

— Mon ami, dit la jeune dame, voilà M. Gustave Saint-Réal que je te présente.

— Eh ! arrivez donc, jeune homme ; je vous attends depuis quinze jours !... Je suis enchanté de vous voir... embrassons-nous. Votre oncle est mon ami... il m'a souvent parlé de vous ! il dit que vous êtes un mauvais sujet !... Eh parbleu, je l'ai été aussi !... On est jeune ! on a des passions !... on fait des folies ! c'est tout naturel ! mon ami, voici ma femme, qui, je m'en flatte, en vaut bien une autre : vous ferez connaissance !...

Gustave s'était laissé secouer la main, embrasser... presser... Il n'avait pas encore trouvé le temps de répondre aux politesses de M. de Berly ; il n'y avait pas moyen de placer un mot avec cet homme-là lorsqu'il se mettait en train (ce qui lui arrivait souvent). Gustave se vit, il se contenta de saluer, de sourire et de regarder madame, qui souriait aussi.

— Dis donc, ma femme, a-t-on prévenu Aurélie de l'arrivée de notre jeune homme ?... — Mon ami, j'ignore si... — Bon ! bon ! elle n'en sait rien : tant mieux, nous allons la surprendre ; elle ne s'attend pas à vous voir aujourd'hui... Peste ! elle sera contente. Je ne m'étonne pas que vous fassiez des vôtres à Paris !... c'est comme moi !... J'ai été fort bien !... j'ai été la coqueluche des belles ; mais maintenant je suis sage !... demandez plutôt à ma femme. Ah çà ! chassez-vous ?... c'est que je suis grand chasseur !... Oh ! c'est encore une passion ! Je passe les journées dans le bois à la piste du chevreuil ou du lièvre... mais aussi je tire !... Ah ! je tire joliment !... demandez plutôt à ma femme ! — Monsieur, pour moi, je ne chasse que... — Vous chassez ? bravo ! nous ferons de fameuses battues !... vous admirerez mes bois : ils sont fournis en gibier ; j'ai une meute excellente !... et des fusils qui ne ratent jamais !... Mais il me semble que l'heure du dîner est venue ; mon estomac ne me trompe point. Allons nous mettre à table, et là nous ferons plus ample connaissance, et nous causerons, mon ami, nous jaserons le verre à la main ; c'est la bonne manière !... Je vois que vous êtes un garçon d'esprit ; j'aurai beaucoup de plaisir à causer avec vous.

On arrive à la maison. Pendant que M. de Berly donne ses ordres aux domestiques, et va, suivant l'usage, jeter un coup d'œil à la cuisine, Gustave donne la main à madame, et passe avec elle au salon. Une jeune personne était assise à un piano. — Voilà, dit madame de Berly, mademoiselle Aurélie.

Ciel !... quelle différence entre la tante et la nièce ! Et les yeux de Gustave attestèrent à madame de Berly ce que son cœur sentait déjà. On feignit de ne pas s'apercevoir de cet aveu tacite ; mais le jeune homme remarqua qu'on ne paraissait nullement fâchée de cette préférence.

Mademoiselle Aurélie était grande, roide et empesée ; sa figure n'avait rien de mal, rien non plus qui fût agréable ; ses yeux étaient grands, mais à fleur de tête ; sa bouche grande, son nez long et aquilin, sa peau plutôt jaune que blanche : un air de pruderie répandu sur toute sa personne donnait aux manières de mademoiselle Aurélie une sécheresse qui ne provoquait ni l'amour ni l'amitié.

La demoiselle se leva à la voix de madame de Berly, salua Gustave avec gravité, et reprit place devant le piano.

— Et voilà, se dit Gustave, la femme que l'on veut que j'épouse !... Vraiment, mon cher oncle a trop de bonté. Au reste, je suis enchanté d'être venu dans cette maison : je n'épouserai certainement pas la nièce ; mais la tante est sensible !...

Madame de Berly engagea Gustave à se regarder dans la maison comme chez lui. — Vous voyez, lui dit-elle, que mon mari est un homme sans façon ; veuillez agir de même ; je tâcherai de vous rendre ce séjour le moins ennuyeux possible.—Ah ! madame, près de vous on doit le trouver charmant.

Et le jeune homme qui avait pris la main de la jeune tante, la baisa avec transport, tandis que la main de la jeune tante promenait des siennes sur les touches du piano. La tante retira vivement sa main ; mais le regard qu'elle lança à Gustave n'exprimait pas un grand courroux.

— A table !... à table ! s'écrie M. de Berly en entrant dans le salon : que diable faites-vous donc ici, vous autres, au lieu de venir dans la salle à manger ? Ah ! je devine !... les jeunes gens s'examinaient, se lorgnaient, soupiraient !... Ah ! ah !... n'est-ce pas, ma femme, qu'on soupirait déjà ?... — Mon ami, je ne puis pas dire... — Oui, oui, c'est juste !... tu ne veux pas parler de cela !... toi, qui as un cœur froid et sévère, tu ne penses pas qu'on puisse s'enflammer comme cela tout de suite !... Ah ! ah ! Gustave ! c'est que ma femme est singulière ! elle rit, elle plaisante quand je lui parle des passions que j'ai inspirées jadis !... Allons, le dîner sera froid... Donnez la main à Aurélie, mon ami, et vous, ma nièce, souriez donc un peu... Oh ! c'est qu'elle est d'une timidité !... (Bas à Gustave.) L'innocence même !... mais le diable n'y perd rien !...

On se rend dans la salle à manger ; Gustave est placé entre madame de Berly et mademoiselle Aurélie. — Du moins, dit-il en lui-même, si le côté gauche m'ennuie, le côté droit m'en dédommagera.

Pendant le premier service, M. de Berly, qui est aussi grand mangeur que grand chasseur, laisse un peu de repos à ses auditeurs. Sa femme peut alors causer avec Gustave, qui est enchanté de son esprit, de sa gaieté, et de son amabilité. La nièce parle peu, mais lorsqu'elle dit quelque chose, c'est avec une afféterie, une affectation, une recherche qui décèlent les prétentions cachées sous le voile d'une fausse modestie.

— A propos, dit M. de Berly pendant que sa femme découpait une superbe volaille, mon ami, c'est sans doute à vous un grand garçon que je viens d'apercevoir cueillant de l'oseille à l'entrée du potager ?... — Oui, monsieur ; j'avais oublié de vous en parler ; mais je suis étonné qu'il se soit permis... — Parbleu ! il n'y a pas de mal à cueillir de l'oseille !... j'espère qu'il saura se faire donner ce qu'il lui faut par mes gens... — Je crains, monsieur, qu'il ne fasse ici quelque sottise ; c'est un garçon très-niais dont mon oncle s'est moqué... — Bon ! bon !... il se déroulera !... tous mes gens ont de l'esprit ici !... J'aime cela ; et puis, comme on dit, tel maître, tel valet.

Gustave rit en lui-même de la gaucherie de M. de Berly, qui ne s'apercevait pas qu'en se faisant un compliment il lui adressait une sottise. Il était déjà décidé à trouver parfait ce que ferait et dirait son hôte. Sans parler, il s'entendait avec le côté droit : il avait avancé un genou... un pied... D'abord on s'était reculée... puis on avait cédé à la nécessité... on ne regardait plus Gustave, mais on paraissait vivement agitée... le cœur palpitait avec force... et rien de tout cela ne paraissait annoncer l'indifférence ou la colère.

Quoi ! dira-t-on, déjà des entreprises téméraires ; déjà des genoux, des pieds, des mains qui vont leur train ! Que voulez-vous ! ces mauvais sujets vont vite en besogne ; et, en cela, ont-ils si grand tort ? pourquoi ne pas s'assurer de suite si l'on plaît, si l'on est aimé ?... — Mais le pudeur, me direz-vous, doit-on l'effaroucher ainsi !... — Oh !... vous avez raison !... on doit respecter la pudeur... Mais examinez que tout ceci se passe sous la table et ne peut être vu. — Au reste, lecteur, si vous pouviez un jour ou un soir vous glisser sous une table où siègent de jolies femmes et des hommes aimables, vous verriez des choses fort drôles : sortez ensuite votre tête ; regardez ces yeux baissés, ce front candide, cet air ingénu... Vous voyez donc que qui est caché n'alarme pas la pudeur. Le dessert remettait M. de Berly en train : il fallut entendre le récit de sa chasse de la veille, de l'adresse avec laquelle il avait tué un chevreuil qu'il avait blessé huit jours auparavant, et du courage qu'il avait déployé en tirant, presque à bout portant, sur un loup aveugle qui, depuis quelques jours, désolait les environs.

On se leva de table, on passa au salon. Bientôt arrivèrent quelques habitants du voisinage qui faisaient la partie de M. de Berly, lequel aimait beaucoup le trictrac, auquel il se croyait de la première force. Madame de Berly chantait avec un goût exquis, et s'accompagnait avec grâce ; mademoiselle Aurélie frappait sur le piano comme un cheval sur le pavé, et l'oncle s'écriait tout en jouant : — Hein ! entendez-vous ma nièce ?... Peste ! quel nerf ! quelle vigueur ! Si ce n'est pas là de la première force, je ne m'y connais pas !

On se sépara de bonne heure. Madame de Berly avait mis notre jeune homme au fait des habitudes de la maison. On l'engagea à ne pas faire de cérémonie, et à se regarder enfin comme chez lui.

Gustave ne put retenir un soupir en voyant madame de Berly s'éloigner avec son époux... Il se rappela Vénus et Vulcain ; et le souvenir des statues qui décoraient le jardin se présentant à son imagination, il ne douta plus que madame de Berly n'eût présidé au choix des dieux. Cette idée lui donnant une secrète espérance, il fit une grande salutation à la superbe Aurélie, et suivit un valet qui le conduisit à son appartement.

Notre héros rencontre sur son chemin Benoît, qui se présente à lui clopin-clopant. — Te voilà donc, imbécile, lui dit Gustave ; pourquoi ne t'ai-je pas revu ?... — Ah ! monsieur ! vous voyez bien que je puis à peine me traîner... depuis que j'ai fait usage du spécifique que la cuisinière m'a indiqué. — Est-ce que par hasard tu aurais mis de l'oseille sur tes fesses ?... — Justement, monsieur ; ils me disaient tous, là-bas, qu'il n'y avait rien de meilleur pour guérir les écorchures... Moi, j'en ai été en cueillir... on me l'a hachée, et puis dam... je me suis mis ça en cataplasme... mais ça me cuit joliment, toujours !... et je commence

à croire que c'est une farce qu'on m'a faite. — Mon pauvre Benoît ! je vois que les gens de M. de Berly sont en effet très-espiègles : tant mieux, le séjour que nous ferons dans cette maison te formera. — Ah ! monsieur !... si on me forme souvent comme ça... je n'en sortirai pas !...
— Allons, couche-toi, nigaud, et, une autre fois, tâche de ne point te laisser attraper. — Oui, monsieur... V là mon cabinet... si monsieur a besoin de moi, il n'aura qu'à m'appeler. — Oh ! tu peux dormir ! ce n'est pas toi que je consulterai pour la réussite de mes projets.

Gustave se déshabilla en songeant à la jeune tante, dont il était éperdument amoureux ; Benoît se mit au lit en jurant contre l'oseille et la cuisinière ; le maître soupirait d'amour et d'espérance ; le valet gémissait et faisait des grimaces. Notre héros vit en songe madame de Berly plus aimable, plus belle, plus séduisante que jamais ; il était avec elle sous un bosquet de myrtes et de roses ; sous les regards curieux, il pressait sa taille élégante, ses formes voluptueuses ; il cueillait sur ses lèvres un baiser brûlant, qui portait l'ivresse, le délire dans ses sens !... Benoît rêva qu'il prenait un lavement.

CHAPITRE IV. — La Partie de billard.

Le lendemain, dès le point du jour, Gustave était dans les jardins. Je ne sais par quel hasard madame de Berly s'y trouva aussi ; on se rencontra, on s'aborda.
— Quoi, madame, déjà levée ! — Oh ! monsieur, à la campagne, c'est un plaisir d'être matinal. — Que je suis heureux de vous avoir rencontrée ! — Mais il est probable que, demeurant ici, nous nous rencontrerons souvent. — Ah ! madame !... que ne puis-je... — Mon mari est à la chasse. Il voulait vous réveiller pour vous emmener ; mais je lui ai fait observer qu'il fallait au moins vous laisser reposer aujourd'hui. C'est peut-être un plaisir dont je vous ai privé ?... — Ah ! vous le pensez pas, madame !... Puis-je en trouver où vous ne serez point ?... — En vérité, monsieur Saint-Réal, vous êtes d'une galanterie... — Non, madame, je ne suis pas galant !... je dis ce que je sens ! — Quelle folie !... mais vous vous méprenez, c'est à ma nièce qu'il faut adresser vos hommages ; songez donc que vous devez l'épouser. — L'épouser ?... Jamais, madame !... — Quoi ! vous ne remplirez pas les intentions de votre oncle ? — Non, madame, je n'épouserai point une femme que je n'aimerai jamais !... — Qu'en savez-vous ? peut-être, en connaissant mieux Aurélie, que vous ne pouvez encore juger que bien imparfaitement, peut-être changerez-vous de sentiments ! La nièce de M. de Berly a des qualités, des vertus. — Il me paraît, madame, que vous voudriez bien me la faire adorer. — Mais, monsieur, je le dois. Cet hymen satisferait un oncle qui vous aime. — Et mon bonheur, madame, vous le comptez pour rien ? — Mais vousmême, monsieur Saint-Réal, où l'avez-vous placé jusqu'à présent ? Si je crois tout ce que... l'on dit de vous, l'inconstance est votre bonheur !... la séduction, la perfidie, sont vos plus doux passe-temps.— Ah ! madame ! — Je sais bien que les hommes sont presque tous volages, que les jeunes gens surtout n'aiment que le changement... — Je suis revenu de toutes ces folies... — Vous êtes corrigé... à vingt ans ! — Quelle folie ! pourquoi me prêchez si bien, madame, vous ne les avez pas ?... — Moi, monsieur, je suis mariée. — Hélas ! oui, madame. — Ainsi, monsieur, vous allez nous quitter ? — Pourquoi donc, madame ? — Puisque vous n'aimez pas Aurélie, ce séjour ne pourra vous plaire longtemps. — Ah !... vous m'éloignerai de vous que lorsque vous me chasserez. — Quelle idée ! nous serons enchantés, monsieur, de vous posséder ici ; votre présence fera plaisir... à... tout le monde. Je me flatte d'ailleurs qu'en voyant souvent Aurélie... — Ah ! de grâce, madame, ne parlons plus de cela. — Allons, soit, pour aujourd'hui. Je veux maintenant vous faire connaître les agréments de ce jardin.

Gustave offre son bras ; on l'accepte. On parcourt tous les détours d'un jardin qui a près de trois arpents. On visite un petit bois bien sombre, bien touffu, où l'ardeur du soleil ne pénètre jamais ; on entre dans une grotte tapissée de mousse, où madame de Berly va presque tous les jours lire ou travailler ; on monte sur un rocher d'où l'on découvre une grande étendue de terrain ; on passe ensuite devant d'épaisses charmilles. « Madame, dit Gustave, quel est donc cet endroit que nous ne visitons pas ?... Ah ! c'est un labyrinthe. — Un labyrinthe ? Oh ! voyons, j'aime beaucoup les lieux où l'on peut s'égarer !... — Mais, monsieur, je ne sais pas si je dois... Allons ! puisque vous le désirez.

La jeune femme réfléchit que refuser d'entrer dans le labyrinthe serait déjà montrer de la crainte, et que la crainte est une preuve de faiblesse. Ne voulant point laisser deviner à Gustave ce que peut-être elle craignait de s'avouer à elle-même, elle céda à son désir. D'ailleurs ce jeune homme ne lui a dit que de ces choses qu'on dit à toutes les femmes ; il ne lui a point fait d'aveu qui puisse l'alarmer : à la vérité, ses yeux sont bien expressifs ! ils cherchent sans cesse les siens ; ils sont tendres, ardents, éloquents ; mais peut-être M. Saint-Réal a-t-il toujours les yeux ainsi ! et puis ce jeune homme n'est arrivé que la veille, et on semblerait déjà craindre des tentatives !... Allons ! décidément, il faut le conduire au labyrinthe.

N'allez pas croire, lecteur, qu'il s'y soit passé des choses que l'on n'ose point vous raconter. Non ; on se promena, voilà tout. Gustave prit une main qu'il voulut baiser... mais qu'on retira bien vite ; il fit semblant de s'égarer, mais on le ramena toujours dans le bon chemin, et il fallut sortir du labyrinthe tout aussi amoureux, mais pas plus avancé.

— A propos, dit madame de Berly, j'allais oublier de vous faire voir notre salle de billard. Comme nous ne passons ici que la belle saison, c'est dans le jardin que nous jouons.

Cette salle était près du salon du rez-de-chaussée ; quelques arbres seulement l'en séparaient. Entourée de charmilles, de chèvrefeuilles et de lilas, elle ne recevait de jour que du haut ; elle était, à l'intérieur, ornée d'arbustes charmants ; les bancs de gazon, placés tout autour, semblaient des bosquets formés par la nature.
— Que cet endroit est délicieux ! dit Gustave. — Jouez-vous au billard, monsieur ? — Oui, madame. — En ce cas, je compte sur votre complaisance pour me l'apprendre. Mon mari y joue fort peu !... il n'aime que son trictrac ! D'ailleurs un époux a si rarement la patience d'apprendre quelque chose à sa femme !
— Madame, je serai enchanté de pouvoir vous être agréable : si vous voulez, nous pouvons commencer. — Non, il est trop tard à présent ; songez qu'on nous attend pour déjeuner... Ce soir je vous rappellerai votre promesse.

On quitta la salle de billard et l'on rentra dans la maison. Qu'il est doux d'être chez une jolie femme dont le mari aime la chasse ! toute la journée on est seul avec elle. — Ah ! mon cher oncle ! disait Gustave en lui-même, que vous êtes aimable de m'avoir envoyé tenir compagnie à madame de Berly !

Pour mieux tromper le colonel Moranval, il lui écrivit qu'il se plaisait beaucoup chez madame de Berly, que tout le monde y était aimable, et qu'il y resterait aussi longtemps que l'on voudrait le garder. Quoiqu'il ne se fût point expliqué à l'égard d'Aurélie, sa lettre enchanta le colonel, qui ne douta plus de l'amour de son neveu pour celle qu'il lui destinait. Rassuré sur le compte de Gustave, qui paraissait disposé à faire les volontés de son oncle, le colonel écrivit à M. de Berly une lettre par laquelle il lui marquait que tout allait suivant leurs désirs, et envoya pour récompense à son neveu une nouvelle somme d'argent.

Pendant que cette correspondance s'établissait, le neveu avançait ses affaires. Julie (c'est le nom de madame de Berly) ne pouvait se défendre de trouver Gustave bien aimable. A la campagne, on bannit le ton froid et composé de la ville, la confiance s'établit plus facilement ; tout en causant, notre jeune homme apprit que Julie, mariée par des parents sévères qui n'avaient pas même daigné consulter son goût, n'avait vu son futur qu'au moment de signer le contrat. A la vérité, on ne se plaignait pas de M. de Berly, qui était complaisant et laissait sa femme libre de faire ce qu'elle voulait ; mais l'amour pouvait-il naître d'une union si disproportionnée ? M. de Berly avait plus du double de l'âge de sa femme ; il était sot et bavard, Julie était tendre, spirituelle ; il était laid, elle était charmante ; il appelait amour le besoin des sens, Julie avait une âme faite pour connaître toute la délicatesse de ce sentiment. L'après-dînée, on allait au billard, où Julie recevait des leçons de Gustave : de bonne foi, elle ne pouvait qu'estimer son mari. Ainsi des parents qui donnent leur fille à un homme qu'elle n'aime pas, la condamnent à ne jamais se livrer au plus doux sentiment de la nature !... Pauvres femmes !... il faut bien de la vertu ! et c'est le sexe le plus faible, celui qui est sans cesse l'objet de nos hommages, de nos séductions, qui doit montrer le plus de force, d'insensibilité, et de fermeté !... En vérité tout cela est fort mal arrangé, et ces messieurs qui ont fait le Code civil auraient bien dû consulter davantage le code de la nature.

C'est ce mauvais sujet de Gustave qui faisait toutes ces réflexions en regardant Julie assise devant son métier à broder, tandis que mademoiselle Aurélie leur tapait sur le piano l'air de *Beniouski*, qu'elle chantait comme un chantre de cathédrale. L'après-dînée, on allait au billard, où Julie recevait des leçons de Gustave : quel plaisir de former à ce jeu une charmante écolière ! Le jeune homme plaçait toujours les billes au milieu du tapis, afin d'obliger madame de Berly à s'étendre un peu sur le billard ; il admirait alors des formes ravissantes, qu'une légère robe de mousseline couvrait sans les cacher. Pour diriger la main de son écolière, il entourait de son bras une taille bien prise ; il effleurait quelquefois une gorge d'albâtre ; ses yeux s'égaraient alors sur un sein qu'il brûlait de baiser ; Julie se plaignait de ce qu'il lui faisait souvent recommencer le même coup, mais Gustave enseignait avec tant de douceur qu'il n'y avait pas moyen de se fâcher.

Mademoiselle Aurélie ne jouait point au billard ; elle aurait cru compromettre sa dignité en apprenant un exercice qu'elle trouvait trop *masculin*. Ses yeux exprimaient un étonnement mêlé de dépit toutes les fois que Julie et Gustave se rendaient au jardin, mais elle n'osait se permettre des observations sur ce qu'elle appelait tout bas la folie de sa tante.

M. de Berly voulait tous les matins emmener Gustave à la chasse ; mais celui-ci, feignant de s'être blessé au genou et de boiter légèrement, avait jusqu'alors évité la compagnie de son hôte. La lettre du colonel Moranval avait fait grand plaisir à M. de Berly, qui, fort peu connaisseur en amour et en galanterie, était persuadé que Gustave adorait sa nièce; il attribuait même à cette passion et au désir de rester près d'Aurélie les refus du jeune homme de l'accompagner à la poursuite des lièvres.

Un monsieur Desjardins était arrivé chez M. de Berly trois jours après Gustave. C'était un grand homme sec, d'une cinquantaine d'années, grand mangeur, grand joueur et grand menteur. N'ayant qu'un revenu médiocre, il trouvait moyen de ne pas toucher à ses rentes en vivant habituellement chez les autres. Il avait les qualités nécessaires dans un parasite : il était complaisant, flatteur et médisant, lorsque cela était agréable à ses hôtes. Il faisait un peu de tout : il jouait du violon assez pour accompagner une sonate de Pleyel; il dessinait passablement et faisait des portraits à la silhouette; il dansait lorsque cela était nécessaire, et il jouait à tous les jeux. Chaque soir M. de Berly et lui se mettaient au trictrac, où M. Desjardins trouvait, en jouant, le moment d'adresser des compliments à madame de Berly, des éloges à mademoiselle Aurélie sur sa manière de chanter, des caresses au chat et des gimblettes au chien.

Depuis quinze jours Gustave était près de madame de Berly, toujours plus amoureux, mais n'obtenant rien de Julie. Il avait fait l'aveu de son amour, qu'on avait écouté en plaisantant ; on voulait bien plaire, mais on ne voulait pas manquer à ses devoirs. Cependant les leçons de billard continuaient ; elles devenaient bien dangereuses; on y était toujours seuls; les charmilles épaisses qui entouraient ce lieu empêchaient d'être vus du dehors; le maître était tendre, aimable, entreprenant; l'écolière, trop sensible, sentit que son courage diminuait... elle refusa de continuer à prendre des leçons.

— Allons, elle ne m'aime pas, dit Gustave, décidément c'est une coquette qui ne veut que s'amuser de mes tourments; je suis un fou de soupirer pour elle!... mais c'est fini, je ne lui parlerai plus... je ne veux même plus la regarder.

Cette résolution prise, Gustave veut essayer de faire la cour à Aurélie; mais la tâche est trop pénible. Les journées ne sont plus les mêmes : madame de Berly, fixée près de son métier, ne sort pas du salon, et le soir elle regarde jouer au trictrac ou écoute chanter l'infatigable Aurélie. Elle est triste, rêveuse, mais toujours douce, complaisante pour ceux qui viennent chez son époux; elle ne paraît pas s'apercevoir de l'humeur de Gustave, de ses prévenances affectées pour la grande nièce, de ses épigrammes sur la coquetterie des femmes. Le jeune homme se dépite, il ne sait plus que faire; dans son désespoir il accompagne M. de Berly à la chasse; il tire sur les chiens au lieu de tirer sur les lièvres; il prend des pies pour des bécasses, et un gros cochon pour un sanglier. Le soir, il veut jouer au trictrac : il fait école sur école, jette les dés par terre, laisse tomber son cornet. Il veut chanter et n'a plus de voix; il veut jouer du violon : sa main tremble, il joue faux, il ne va pas en mesure, il ne sait plus ce qu'il fait... M. de Berly le raille, M. Desjardins rit, mademoiselle Aurélie ouvre de grands yeux, Julie soupire.

— Allons, pensait M. de Berly, le jeune homme est amoureux fou de ma nièce!... j'espère que cela est visible !...

Le cher oncle en causait avec Desjardins, qui, par principe, était toujours du même avis, et avec sa femme, qui se contentait de répondre qu'elle le désirait.

— Tiens, ma femme, regarde donc Gustave assis là-bas tout seul dans un coin... vois-tu cet air boudeur, ce front soucieux et mélancolique?... Eh bien! c'est l'amour qui fait tout cela. Oh! je m'y connais!... D'ailleurs, rappelle-toi les premiers jours de son arrivée ici, il était tout différent; il riait, causait, chantait, faisait mille folies!... aujourd'hui il n'ouvre la bouche que pour soupirer... il lève les yeux au ciel!... et à la chasse, si tu savais toutes les étourderies qu'il a commises !... c'est à mourir de rire!... Parbleu! celui-là en tient, en tient joliment!... je vais écrire à son oncle, le colonel, pour qu'il presse la conclusion, car enfin il ne faut pas laisser ce pauvre garçon se dessécher!... N'est-ce pas, Desjardins? — Vous avez parfaitement raison, car... — Quant à ma nièce, elle ne dit rien, mais je suis sûr que la friponne n'en pense pas moins. Ah! si le colonel n'avait pas sa maudite goutte, il serait déjà ici!... qu'il me tarde de lui montrer son neveu converti!... — Mais, mon ami, êtes-vous bien certain... — Oui, madame, oui, je suis certain que ce mariage sera aussi heureux que le nôtre... Mais à propos, pourquoi donc ne jouez-vous plus au billard?... — Mon ami, c'est que... — Cela amusait notre jeune homme. Que diable! il faut un peu l'égayer; il aura le temps de faire des réflexions quand il sera marié!... Gustave!... ma femme se plaint de ce que vous ne voulez plus lui donner des leçons de billard... — Moi, mon ami! je n'ai pas dit cela... — Chut!... laissez-moi donc faire!...

— Quand madame voudra, dit Gustave en se levant; je suis toujours à ses ordres. — A la bonne heure... Allons, sortez un peu de vos rêveries, jeune homme! je vais faire un trictrac avec Desjardins; faites éclairer le billard; vous aurez le temps de jouer jusqu'au souper... Allons, madame de Berly... allez donc... Vous voyez bien que monsieur vous attend...

Il n'y avait plus moyen de s'en défendre; M. de Berly le voulait. Gustave présenta la main à Julie; il sentit que celle qu'on lui donnait tremblait beaucoup : un sentiment vague d'espérance et de plaisir vint ranimer son cœur.

Ils arrivent à la salle de billard; le domestique s'éloigne, après avoir allumé les quinquets. Ils restent seuls. Madame de Berly est silencieuse, mais elle paraît agitée; Gustave est si triste, qu'il faudrait avoir le cœur bien dur pour ne pas avoir pitié de lui. — Qu'avez-vous donc depuis quelques jours, monsieur? dit enfin d'une voix faible madame de Berly, vous ne daignez plus me parler... — Ce que j'ai?... ah! madame! ai-je besoin de vous le dire encore? Je vous adore, et vous me détestez! — Je vous déteste!... quelle injustice!... si cela était, craindrais-je d'écouter vos serments... vos discours?

Julie en avait trop dit. Gustave saisit sa main; il posa sur son cœur : — Laissez-moi, dit madame de Berly, vous ferez mon malheur... Ah! Gustave !... n'abusez pas de ma faiblesse.

Mais un amant qui apprend qu'il est aimé n'écoute plus que son ardeur. Julie pleurait; Gustave la presse contre son sein, il couvre de baisers les larmes qu'elle répand... Mais la volupté plus qu'une flamme inconnue circule déjà dans ses veines... elle ne peut que rendre transport pour transport, amour pour amour.

— Ma femme! ma femme! s'écrie M. de Berly, qui, comme on sait, n'était séparé du billard que par quelques arbres et une charmille qui empêchaient de se voir, mais non de s'entendre, je viens d'être fait grande bredouille; c'est la première fois que cela m'arrive !... Et vous autres, allez-vous bien? — Mais oui, monsieur, répond Gustave, car ma compagne n'avait plus la force de parler... nous jouons très-bien ce soir... madame votre épouse fait des progrès sensibles... — Tant mieux! tant mieux! au moins, quand je jouerai avec elle, elle sera de force; mais apprenez-lui le doublé surtout, c'est cela qui est joli... — C'est ce que je fais dans ce moment, monsieur.

La partie fut sans doute longue, car Gustave et Julie ne rentrèrent au salon qu'au moment de se mettre à table pour souper. Madame de Berly avait les yeux très-rouges, Gustave était rayonnant; le plaisir, le bonheur brillaient dans ses regards.

— Eh bien! dit M. de Berly, vous êtes-vous escrimés? Qui est-ce qui a gagné le plus de parties? — Mais je crois que c'est madame... — Bah! allons, vous aurez fait cela par galanterie!... Elle ne peut pas être encore aussi forte que vous, qui avez un coup de queue superbe, et qui bloquez presque aussi bien que moi!... N'est-ce pas, ma femme, que je le bloque joliment quand je m'y mets?... — Oui, mon ami, mais pas si bien que Gustave... — Allons, tu veux flatter ton maître... Mais tu parais bien fatiguée... Au fait, ce billard est un jeu très-fatigant; être toujours debout... aller... venir... — Eh bien! moi, dit Desjardins, j'y ai joué toute la journée, et puis dans ce billard en suite... nous étions deux enragés! on nous apportait à manger, et... — Allons, Desjardins, vous nous conterez cela en soupant; d'ailleurs, je suis flatté avec vous, j'ai votre grande bredouille sur le cœur!... — J'en ai donné une fois huit de suite à un homme qui certes était pour le moins...

Mais on était déjà dans la salle à manger, et M. Desjardins fut obligé de remettre son anecdote à un autre moment.

Pendant le souper, madame de Berly parla peu et tint constamment ses yeux baissés. Mademoiselle Aurélie ne cessait de promener les siens sur Gustave et sa tante : ces prudes sont quelquefois très-clairvoyantes!... M. Desjardins se contenta de manger et d'applaudir indistinctement aux discours de tout le monde. M. de Berly ne cessa de parler de sa force au billard et des coups charmants que l'on pouvait y faire. Quant à Gustave, il fut gai, aimable, et d'une complaisance extrême avec M. de Berly, dont il vanta l'adresse à la chasse, l'amabilité près des dames, et le courage dans le danger.

Le pauvre époux était enchanté du jeune homme : en se levant de table il lui serra la main avec force, et lui promit que son oncle serait instruit de sa bonne conduite.

Qu'on dise après cela qu'on a des pressentiments !

Chapitre V. — Catastrophe.

Les larmes de Julie se tarirent. L'amour d'une femme augmente par les sacrifices qu'elle fait à son amant; plus elle donne, plus elle s'attache. Chez les hommes il n'en est pas de même : le plaisir les fatigue et la continuité du bonheur les ennuie. Le désir les enflamme, la jouissance les refroidit, et la volupté dénoue les nœuds formés par l'amour.

Que faudrait-il donc faire ? Vivre ensemble suivant la doctrine de Platon?... Oh! alors l'amour durerait beaucoup plus longtemps, mais il finirait aussi par se lasser d'attendre. D'ailleurs cette manière d'aimer deviendrait funeste à la population; ensuite elle n'est pas dans la nature ni dans l'Évangile, puisqu'on nous a dit : Croissez et multipliez.

Il faut donc prendre philosophiquement les choses comme elles sont, et c'est surtout en amour qu'il est bon d'être philosophe. Faut-il se désoler lorsqu'une maîtresse nous trompe... lorsqu'un amant nous est infidèle?... D'abord, c'est un mal sans remède; et puis, pourquoi une infidélité prouverait-elle l'indifférence? On peut avoir un moment d'oubli, de faiblesse... on peut faillir !...

Errare humanum est.

Si l'on se faisait franchement l'aveu de ses faiblesses, alors la confiance ramènerait l'amour, la jalousie tourmenterait moins les cœurs, et la discorde cesserait d'agiter ses torches et ses serpents sur les esclaves de l'amour et de l'hymen.

Mais je ne vois pas trop pourquoi j'ai dit tout cela, ni le rapport que cela peut avoir avec les amours de Gustave et de madame de Berly. Prenez donc, lecteur, que je n'ai rien dit.

Gustave, à force d'amour, avait calmé les craintes, les soupirs, les pleurs, les remords de Julie. Ils jouaient tous les jours au billard; ils y jouaient le matin, le soir, et je crois même dans le petit bois, dans la grotte, dans le labyrinthe.

Ce n'est point un crime de jouer au billard; mais lorsqu'on veut le faire en cachette, encore faut-il prendre ses précautions. Voilà ce qu'ils ne faisaient pas.

Amour, amour, quand tu nous tiens,
On peut bien dire adieu prudence.

Un soir que la partie de trictrac avait fini plus tôt que de coutume, M. de Berly était descendu au jardin pour voir sa femme et Gustave jouer au billard, où ils étaient allés.

Le cher époux approche des charmilles... mais il est fort surpris de ne pas voir de lumière. — Il paraît, dit-il lui-même, qu'ils auront changé d'idée! Ils sont sans doute au salon de musique.

Il va retourner sur ses pas... mais une voix qui lui est bien connue prononce alors ces mots : — Ah! Dieu!... que je suis heureuse! quel plaisir!...

— Eh mais, parbleu; c'est ma femme! dit notre homme. Et il entre dans la salle de jeu, où l'on ne voyait pas clair.

— Comment diable! vous jouez sans lumière, vous autres?... Le cher époux ne voyait rien; il s'embarrasse les pieds dans quelque chose... il tombe... roule... et se trouve sur Gustave, qui, je ne sais pourquoi, était alors à genoux près d'un banc de verdure.

— Quoi! c'est vous, monsieur? j'allais au-devant de vous... Permettez que je vous aide à vous relever...

— Comment, c'est toi, mon ami? dit madame de Berly en s'éloignant très-vite du banc de gazon. — Sans doute, c'est moi... Peste soit de votre idée de jouer sans lumière!... Je crois que je me suis fait une bosse au front... — Mais, monsieur, il ne fait nuit que depuis un moment... nous allions faire allumer... — Parbleu! vous êtes bien habiles de jouer comme cela!... Vous ne deviez pas trouver les trous... — Pardonnez-moi, monsieur. — Sans la voix de ma femme je ne serais pas entré!... mais je l'ai entendue qui poussait une exclamation de joie... — Ah! c'est que madame venait de me mettre dedans. — Allons, je vais voir votre force... Ma femme, dis qu'on allume... Je veux vous faire la chouette.

Madame de Berly fit allumer. On joua. M. de Berly fit la chouette comme il l'avait désiré; Gustave eut soin de jouer tout de travers; Julie n'avait pas la main sûre; le mari gagna toutes les parties; il fut enchanté!... C'est toujours une compensation.

Mademoiselle Aurélie ne partageait pas la joie de son oncle. Les manières de Gustave avec Julie lui semblaient d'une familiarité choquante : la froideur du jeune homme lorsqu'elle chantait *Mon cœur soupire* lui paraissait bien extraordinaire. Elle n'osait rien dire à son oncle, mais elle commençait à épier Julie et Gustave, et, sans trop savoir pourquoi, désirait découvrir quelque chose.

Le derrière de Benoît était guéri, mais le pauvre garçon n'en était pas plus déluré; seulement, pour éviter en voyage que pareil événement lui arrivât encore, il s'exerçait tous les matins à monter à cheval, et commençait à s'y tenir un peu mieux.

M. de Berly avait écrit au colonel Moranval une longue lettre dans laquelle il lui détaillait la manière édifiante dont son neveu se conduisait, son amour vertueux pour mademoiselle Aurélie, sa complaisance pour sa femme et son amitié pour lui.

Le colonel Moranval répondit à M. de Berly qu'il était charmé que Gustave fût corrigé; que sa goutte le laissant un peu tranquille, il allait partir pour aller les retrouver et conclure le mariage; mais qu'il n'en fallait rien dire à son neveu, parce qu'il voulait le surprendre par son arrivée inattendue.

Les choses en étaient là, lorsqu'un matin on vient annoncer à M. de Berly qu'on croit avoir découvert les traces d'une louve à trois lieues de là, du côté de Montaigny. Cette nouvelle pique l'amour-propre de notre chasseur. Quelle gloire pour lui s'il tuait une bête qui peut désoler les environs!... Cependant il ne paraît pas décidé à se mesurer avec une louve, mais Gustave l'anime, l'excite... il le nomme d'avance le libérateur du pays. Desjardins se vante d'en avoir jadis tué quatre le même jour. — En ce cas, dit M. de Berly, vous m'accompagnerez cette fois; je veux voir si vous êtes encore en état d'en tuer une.

Desjardins s'est trop avancé pour oser reculer; il se cuirasse de la tête aux pieds. Quant à Gustave, il s'est laissé tomber la veille en courant dans le petit bois avec madame; il souffre beaucoup au côté; il n'est donc pas en état de suivre ces messieurs. D'ailleurs, ils le reconnaissent trop mauvais chasseur pour lutter avec eux.

— Mais, dit M. de Berly, il est possible que nous ne puissions pas aujourd'hui même découvrir la retraite de l'animal; je ne veux pas aller si loin pour rien. J'ai justement une petite ferme près de Montaigny, nous y coucherons cette nuit, Desjardins et moi; par ce moyen, de-

main, dès la pointe du jour, nous serons sur les lieux!... Je te déclare, ma femme, que je ne reviens pas sans te rapporter quelque chose de la bête.

Madame de Berly applaudit à cette idée de son mari. Gustave trouve dans ce projet un dévouement noble et héroïque. Il est donc arrêté que M. de Berly ne reviendra pas coucher : cela arrange tout le monde.

Nos chasseurs sont armés de pied en cap; les chiens sont détachés, les chevaux sellés, les fusils chargés et les adieux terminés.

Tout au bonheur d'être ensemble, Gustave et Julie veulent en jouir entièrement. Mademoiselle Aurélie est incommodée et garde la chambre : cette circonstance augmente la sécurité. Madame de Berly déclare qu'elle ne se sent pas bien non plus; elle va s'enfermer dans son appartement et ordonne aux domestiques de renvoyer toutes les personnes qui pourraient venir.

Les choses ainsi arrangées, dès six heures du soir, madame est rentrée dans sa chambre à coucher, dont l'entrée est interdite aux profanes. Quant à Gustave, sans doute il se trouve aussi indisposé : car il a défendu à Benoît de venir le troubler dans son appartement.

On était dans les plus grands jours de l'été, où la nuit ne vient qu'à près de neuf heures. Il n'en était que huit, lorsqu'un étranger se présente chez M. de Berly : les domestiques lui annoncent que madame est malade, et que monsieur est à la chasse pour deux jours.

— Eh! mille cartouches, s'écrie le colonel Moranval (car c'était lui-même), je ne suis pas venu pour m'en aller : si de Berly n'y est pas, je l'attendrai; je m'installe dans la maison sans cérémonie.

Le colonel avait un ton qui n'admettait pas d'observations : les domestiques le laissent entrer : il aperçoit Benoît dans la cour : — Tiens! c'est... c'est vous, monsieur le colonel? — Oui, mon garçon; on ne m'attendait pas ici?... — Ma foi non, monsieur. — Où est mon neveu? — Monsieur le colonel, il est malade, à ce qu'il m'a dit ce matin; il est chez lui... où il dort sans doute, car il m'a défendu d'aller le déranger. — Et madame de Berly? — Elle est indisposée... elle a bien ordonné qu'on n'allât pas dans sa chambre... — Mais mademoiselle Aurélie, il faut espérer que je pourrai la voir... elle n'est ni à la chasse, ni malade, je pense? — Au contraire, monsieur, elle a la fièvre... elle est couchée depuis ce matin.

— Morbleu! c'est donc un hôpital que cette maison! Allons... j'attendrai seul, puisqu'il le faut!...

Comme le colonel disait ces mots, un grand bruit de chevaux se fit entendre; on court à la porte regarder qui arrivait... on aperçut M. de Berly et Desjardins, dont la chasse était déjà terminée.

Le colonel embrasse son ami. — Comment, te voilà!... tes gens me disaient que tu serais deux jours absent!... — Je le croyais aussi, mon cher colonel, mais le sort en a décidé autrement. On m'avait parlé d'une louve dont on croyait découvrir le gîte; quand nous sommes arrivés, Desjardins et moi, on venait de tuer la bête. J'en ai été vraiment désespéré; je me sentais un courage... une ardeur!... Eh bien! as-tu vu mon neveu? — Non; j'arrive à l'instant... Mais tout le monde est malade chez toi : ta femme et mon neveu sont rentrés pour se reposer... — Bah!... et ce matin il n'y paraissait pas! ce ne sera rien... Mon ami, je te fais compliment de ton neveu; c'est un charmant garçon. Comment, tu écrivais que je verrais un mauvais sujet! c'est au contraire un jeune homme très-sage, très-rangé... Tout son plaisir est de jouer au billard avec ma femme; il ne sort pas de la maison!... il est d'une complaisance... d'une douceur!... — En vérité? Parbleu! l'air de ce pays fait des prodiges. Je suis impatient de l'embrasser... — Va le trouver... il sera bien surpris de te voir... il ne t'attend pas : oh! je n'ai rien dit, je suis discret!... — Allons, Benoît, conduis-moi près de ton maître. — Mais, monsieur, il m'a défendu... — Morbleu! il n'y a pas de défense pour son oncle, imbécile! allons, marche devant!...

Le colonel suit Benoît, qui ne le conduit qu'en tremblant; de son côté, M. de Berly se prépare à surprendre sa femme, qui ne l'attend que le lendemain. On lui dit que madame est couchée, qu'elle est malade, rien ne l'arrête; quand il a quelque chose en tête on ne peut le faire changer de dessein, et, persuadé qu'il va causer une surprise agréable à son épouse, il monte avec vivacité à son appartement.

La chambre à coucher de madame de Berly était au premier et donnait sur le jardin, M. de Berly entre dans le cabinet qui la précède; il veut aller plus loin, la porte est fermée en dedans; mais M. de Berly, qui ne fait pas chambre commune, a une double clef, afin de pouvoir, la nuit, lorsque l'amour l'éveille, venir partager la couche de sa femme.

C'est une chose terrible qu'une double clef!... cela expose à bien des dangers. Il y avait pourtant un verrou à la porte, mais on n'avait pas songé à le mettre : on était si tranquille! on croyait le mari si loin!... Funeste imprévoyance!...

M. de Berly va droit au lit de madame... il tire un rideau... et baise le derrière de Gustave en croyant baiser le sein de sa moitié. La tête de Méduse, d'Euryale, de Scylla, les yeux du basilic, du sphinx, les dents de Cerbère, les griffes d'Astaroth, auraient produit moins d'effet sur le pauvre époux que le derrière de Gustave. Il demeure immobile... les yeux fixes... la bouche ouverte... les bras tendus. Julie s'est fourrée sous la couverture; mais Gustave, qui ne perd pas la tête, se lève, prend au hasard quelques vêtements, ouvre la fenêtre et saute dans le jardin : il tombe juste sur le dos de son oncle, qui, après l'avoir inutilement cherché dans sa chambre, parcourait les jardins avec Benoît, dans l'espoir de l'y rencontrer.

Le colonel tombe sur le nez; Gustave reconnaît son oncle et n'en court que plus vite; l'oncle reconnaît son neveu, il se relève et court après lui; Benoît reste ébahi en voyant son maître en chemise; celui-ci gagne du terrain, il passe alors son pantalon et son habit; puis, franchissant les murs, les haies et les fossés, se met à courir dans la campagne, où il aperçut Lucas et Zéphire, ainsi que j'ai eu l'avantage de vous le raconter au commencement de ce volume.

CHAPITRE VI. — Le Diable et la Vache noire.

— Comment! c'est toi, Benoît? dit Gustave en sortant sa tête de la mare et en regardant le cavalier qui le poursuivait depuis quelque temps et venait enfin de l'atteindre lorsque Zéphire s'était embourbé.

M. de Berly.

— Mon Dieu, oui, monsieur; c'est moi qui galope après vous avec cet autre cheval que j'ai emmené aussi par précaution. Ah! dam'! c'est qu'il ne fait pas bon là-bas : votre oncle est d'une colère!... il jure, il crie encore plus fort que de coutume. Moi, quand j'ai vu cela... — C'est bon, tu me raconteras tout cela dans un autre moment : tu vois bien qu'il faut d'abord me débarrasser de ces maudits canards... et relever ce brave homme qui, j'espère, n'est pas blessé.

Le père Lucas avait eu plus de peur que de mal. Gustave ne parvint qu'avec beaucoup de peine à lui faire voir qu'il n'avait rien de fracturé. On le plaça sur Zéphire, dont la fougue était calmée... Le jeune homme monta sur le cheval que Benoît tenait en laisse, et l'on se remit de nouveau en route.

Gustave riait de la peur que Benoît lui avait faite, car il l'avait pris pour son oncle. Cependant lorsqu'il se reportait à l'événement de la soirée, lorsqu'il pensait à Julie, qu'il avait laissée dans une position si critique, il devenait sérieux et pensif. — Comment aura-t-elle fait?... Voilà où ses réflexions le ramenaient sans cesse. Il était bien persuadé que les femmes, qui ont toujours l'esprit du moment, savent se tirer des circonstances les plus difficiles; mais il est des cas où tout l'esprit féminin ne peut rien, et madame de Berly se trouvait précisément dans cette fâcheuse position.

Cependant, comme notre héros n'était pas d'un caractère à s'affliger longtemps, il prend son parti, et, réfléchissant que ses soupirs ne changeraient rien à ce qui était arrivé, il s'en remet à sa bonne étoile du soin d'arranger les événements.

Enfin on arrive à Ermenonville; on passe plusieurs petits ponts (il y a beaucoup d'eau dans ce pays-là), on arrive devant une maison villageoise... ce qui, à Paris, s'appelle une bicoque. Lucas retrouve la parole en revoyant sa demeure, et Zéphire des jambes en approchant de l'écurie.

— Nous y v'là... morgué! ç'a n'est pas sans peine que j' sommes arrivés. — Eh bien! père Lucas, nous réveillerons tout le monde.

On descend de cheval; Gustave et Benoît frappent comme des sourds pendant que Lucas appelle à tue-tête : — Marie-Jeanne!.... Suzon!... Nicolas Toupet!...

— Et votre femme, dit Gustave, vous ne l'appelez pas?...

— Oh! pas si bête!... je n' voulons pas la réveiller; elle m'en voudrait!... Hola! Marie-Jeanne! Nicolas!...

On ouvre enfin une lucarne sur les toits. — Est-ce que c'est vous? demande une grosse voix enrouée. — Eh oui! Nicolas, viens m'ouvrir, mon garçon; mais prends garde de réveiller not' femme.

Au bout de dix minutes (car les paysans sont lestes comme des poules mouillées), Nicolas ouvrit la porte de la cour. Il pousse une grande exclamation en apercevant Gustave et Benoît. — Ce sont des bourgeois de la ville qu'il faut que nous logions, dit le père Lucas en conduisant Zéphire à l'écurie, tu vas les mener dans la chambre où couche not' cousin germain Pierre Ledru quand il vient ici, et demain not' femme dira si c'est bien.

Nicolas se disposait à obéir; Gustave l'arrête. — Est-ce que vous comptez nous envoyer coucher sans souper, père Lucas? Quant à moi, qui n'ai pas mangé depuis trois heures après midi, et qui depuis ce temps ai gagné beaucoup d'appétit, je vous préviens que, si vous ne me donnez pas au moins une omelette, je mets la maison sens dessus dessous.

Le père Lucas était fort embarrassé; sa femme avait les clefs du buffet et du garde-manger. Pendant qu'il réfléchissait, on entendit un carillon d'enfer dans une chambre au premier; le bonhomme, reconnaissant la voix de sa femme, alla se mettre derrière de vieilles futailles; Nicolas entra dans l'écurie, et Benoît, qui n'était pas fort tranquille, se cacha dans l'étable. Gustave seul resta pour faire tête à l'orage.

Une petite femme, grosse, rouge et les yeux animés par la colère, descend quatre à quatre l'escalier du fond. — Que signifie ce tapage au milieu de la nuit?... Est-ce que ce polisson de Lucas croit que je souffrirai un tel désordre?... Pourquoi n'a-t-il pas couché à Louvres?... L'ivrogne!... me réveiller quand je dors! il aura encore fait quelque sottise...

Comme madame Lucas achevait de parler, elle aperçut Gustave qui, tranquille au milieu de la cour, attendait que la villageoise se calmât. Épouvantée à la vue d'un homme qui n'est pas du pays et dont la mise est plus que suspecte (la vase de la mare couvrait les vêtements de Gustave, et son visage était ensanglanté par suite des coups de patte et de bec que les canards lui avaient administrés), madame Lucas ne doute point que des voleurs ne soient entrés dans la maison; elle pousse aussitôt des cris perçants, jette une fourche, une pioche et un balai à la tête de Gustave; pendant que celui-ci se détourne pour éviter d'être atteint, elle sort de la cour et traverse le village en criant de toutes ses forces : — Au voleur.... à l'assassin!

Les paysans dorment fort; ceux d'Ermenonville ne répondaient pas aux cris de madame Lucas, elle prend le parti de jeter des pierres dans les carreaux et de crier qu'on va mettre le feu au village. Au mot de feu, qui regarde tout le monde (car un village est bientôt brûlé), les paysans s'éveillent et accourent, tant il est vrai que nous entendons toujours ce qui nous intéresse personnellement, et que pour les maux des autres... mais point de réflexions; madame Lucas est en chemise et en camisole dans les rues d'Ermenonville; il ne faut pas la laisser là.

— Où est le feu?... où est le feu?... demandent les villageois à madame Lucas. — Mes enfants, c'est bien pis que cela!... Je crois que ce sont des Cosaques qui sont entrés dans le village. — Des Cosaques!... — Oui, vraiment; ils se sont déjà emparés de ma maison!... et peut-être bien que ma petite Suzon et Marie-Jeanne sont déjà.....

— Faut aller les secourir! disent toutes les commères, qui ne craignent point les hasards de la guerre. Mais les hommes sont beaucoup moins empressés. Ils proposent de se retrancher chez eux et d'y attendre l'ennemi. Un des plus futés de l'endroit fait observer qu'on parle depuis longtemps et que ce ne sont pas les Cosaques que madame Lucas a vus.

— Ce sont au moins des voleurs, reprend la paysanne, ils ont fait un tapage d'enfer et enfoncé ma porte; j' croyais que c'était mon homme qui revenait de Louvres, et je descendis pour lui laver la tête... quand je me suis trouvée nez à nez avec un grand homme rouge et noir...

— Ah! mon Dieu! c'est le diable, disent tous les hommes.

— Vous avez dû lui voir des griffes et une queue?...

— Je n'ons pas vu positivement sa queue, mais je crois bien qu'il en avait une! Pour ses yeux, ils brillaient ni plus ni moins que des charbons de brasier!

— Faut voir ça! disent les hommes, qui craignent moins le diable que les Cosaques.

— Faut éveiller M. le curé, disent les femmes, pour qu'il vienne chasser le démon.

Les villageois s'arment de fourches, de pioches, de pelles, de bêches, de tout ce qu'ils trouvent ; ils forment un bataillon très-serré ; madame Lucas se met au centre, les autres femmes à la queue, et l'on se met en marche pour combattre le diable, qui est venu réveiller les habitants d'Ermenonville.

Gustave donne des leçons de billard à madame de Berly.

Cependant Gustave, après avoir évité le manche à balai de madame Lucas, se décide à entrer dans la maison et à se servir lui-même à souper sans s'embarrasser des cris de la paysanne et de la terreur du pauvre mari, qui n'ose pas sortir de dessous les futailles. Benoît s'en tenait à son étable ; il avait attrapé le pis d'une vache et il se régalait de lait pendant que l'alarme était partout. Quant à Nicolas, les cris de sa maîtresse l'avaient frappé de terreur ; et croyant aussi que des voleurs étaient dans la maison, il n'osait plus sortir de l'écurie et se tenait couché à plat ventre à côté de Zéphire.

Notre jeune héros monte l'escalier du fond, il grimpe deux étages, il écoute... il entend du bruit; il ouvre une porte qui n'était fermée qu'à peine; on pousse un cri... Gustave a reconnu la voix d'une femme; il avance... il trouve un lit... il tâtonne... il s'assure que quelqu'un est couché là... ce quelqu'un est une paysanne sans doute ; mais cette paysanne a des appas fermes, des formes rondelettes, et elle se laisse tâter si complaisamment! — Ma foi ! dit Gustave, je vais essayer de l'attendrir; peut-être obtiendrai-je ensuite qu'on me fasse une omelette.

Et oubliant Julie, qui sans doute pleure, se désole et le regrette, Gustave s'amuse avec Marie-Jeanne!... voilà les hommes : croyez donc à leur fidélité!

Les paysans armés arrivent devant la maison du père Lucas au moment où il se décidait à quitter ses futailles : le cher homme, effrayé par le bruit qu'il entend, se jette tout effaré au milieu de la foule. — En v'là déjà un ! s'écrie madame Lucas ; tombez-moi dessus ! voyez-vous qu'il est rouge et noir!

En effet, Lucas, noir d'abord par la crotte qu'il avait ramassée dans le bourbier, venait de se frotter contre des futailles fraîchement vidées et encore empreintes de la lie de vin : le pauvre homme n'était pas reconnaissable. On se jette sur lui à coups de bâton ; il crie et se sauve. Pendant qu'on le poursuit, sa femme entre dans la cour à la tête des plus hardis de l'endroit ; elle appelle Suzon... c'est la fille du père Lucas, et la mère craint que le diable ne l'ait déjà emportée.

Suzon ouvre sa fenêtre ; elle demande pourquoi tout ce tapage : on lui apprend que l'esprit malin s'est glissé chez ses parents.

La jeune fille ne veut pas rester seule dans sa chambre ; elle croit déjà voir Satan sur son lit. Comme les fenêtres ne sont pas élevées,

elle passe une jambe, puis l'autre, et se laisse glisser... mais un clou retient le pan de sa chemise, et le joli derrière de Suzon se trouve exposé en espalier.

— Fermez les yeux ! crie la mère Lucas. Les rustres, au contraire, lèvent leurs flambeaux afin de mieux distinguer les objets.

— Ah! ma mère ! s'écrie Suzon, je suis sûre que c'est le diable qui retient ma chemise.... M. le maître d'école dit que c'est toujours par là qu'il agrippe les filles.

— Attends, mon enfant; il y a une échelle dans l'étable ; j'allons te décrocher... Compère Thomas, allez donc nous la chercher.

Thomas s'avance vers l'étable , dont la porte était poussée ; il l'ouvre... aussitôt une vache noire en sort, renverse Thomas et s'élance furieuse au milieu des villageois en poussant des beuglements épouvantables.

On doit se rappeler que Benoît s'était réfugié dans l'étable ; et qu'aimant beaucoup le lait chaud il s'occupait à presser le pis d'une vache qui ne pouvait alors avoir beaucoup de lait, puisque Marie-Jeanne avait coutume de la traire tous les soirs. Benoît, voulant à toute force se désaltérer, pressait tant qu'il put les mamelles de la pauvre bête , qui finit par se lasser de ce manége. Déjà des mugissements sourds annonçaient l'impatience et la colère de l'animal. Benoît, ne sachant pas quelle vache mugissait, continuait à presser les pis de celle qu'il tenait; il allait être victime de sa gourmandise lorsque Thomas, ouvrant la porte de l'étable, changea l'ordre des événements.

Les paysans, épouvantés en voyant au milieu d'eux une vache furieuse au moment où ils cherchent un diable, ne doutent point que la pauvre bête ne soit possédée du démon. C'est justement une vache noire, et vous savez, ou vous ne savez pas, que les esprits malfaisants aiment beaucoup cette couleur-là. C'est avec une poule noire que l'on conjure les démons, les farfadets, les lutins. A la vérité, la maréchale d'Ancre fut brûlée à Paris pour avoir tué un coq blanc dans la pleine lune ; mais nul doute que si le coq eût été noir les diables eussent pu sauver la maréchale.

Suzon passe une jambe, puis l'autre, et se laisse glisser... mais un clou retient le pan de sa chemise.

Les poëtes ont adopté cette couleur pour tâcher d'avoir le diable au corps, car Voltaire a dit qu'il fallait être endiablé pour faire de bonnes pièces ; il appelle même les ouvrages dramatiques des œuvres du démon.

Les médecins sont en noir, quelques plaisants ont dit qu'ils portaient le deuil de leurs malades; je crois, au contraire, que c'est pour se rendre le diable favorable et pour qu'il leur enseigne les moyens de guérir la peste, la gale, la lèpre, l'hydropisie, l'épilepsie, la phthisie, la manie et autres jolies maladies qui certes ne nous viennent que de l'enfer.

Les magiciens enfin portent de longues robes noires!... Vous allez peut-être me demander ce que c'est que des magiciens. Je vous répondrai que ce sont des gens qui prétendent renverser l'ordre de la nature, c'est-à-dire faire la chose impossible. A la vérité, je n'ai jamais vu de sorciers; mais il faut bien qu'il y en ait eu, puisque jadis on a vu en Europe une jurisprudence établie sur la magie, comme nous en avons aujourd'hui sur le vol et sur le meurtre; et les peuples ne pouvaient manquer de croire aux magiciens, puisque les magistrats y croyaient.

Il paraît que les sorciers aimaient à se faire cuire; car, tant qu'on en a brûlé, on en a vu sortir de tous les coins de la terre. Aujourd'hui que l'on se contente de les mettre aux Petites-Maisons, on ne voit plus ni sorciers ni magiciens. Nous avons quelques tireuses de cartes, quelques discurs de bonne aventure: voila tout, et encore le métier tombe tous les jours.

Les villageois se poussent, se pressent, se renversent et laissent tomber leurs flambeaux. La vache furieuse sort de la sour et va se promener dans le village. Suzon remonte et se met à califourchon sur sa fenêtre, flottant entre la crainte du diable et de la vache noire.

Les paysans ne voient plus clair, ce qui augmente leur terreur. Cependant la mère Lucas ranime leurs esprits, leur assure que la vache est partie, que le diable a probablement pris la fuite dans le corps de l'animal, et qu'il ne s'agit plus que de rétablir la paix dans la maison.

Pour cela il faut commencer par y voir; et, pour se procurer de la lumière, on monte à la chambre de Marie-Jeanne, qui a une chandelle et de l'amadou. C'est la mère Lucas, à la tête des moins poltrons de la troupe, qui se décide à grimper à la mansarde.

On arrive devant la porte de Marie-Jeanne; on entend des plaintes, des soupirs, des gémissements étouffés. — Ah! morguenne, dit la mère Lucas, v'là le diable qui s'empare de Marie-Jeanne!

Les paysans n'osent pas ouvrir la porte; ils se serrent les uns contre les autres.

— Dis donc, Marie-Jeanne, crie la paysanne, est-ce que le diable est entré dans ta chambre?... — Oui... oui... mais laissez-moi taire... j'saurai ben le combattre toute seule... — Prends garde qu'il n'entre dans ton corps... il prend toute sorte de formes; retiens ben ta respiration!... — Il est déjà entré trois fois, mais il ne reste pas!... J'savons ben le chasser... Tenez, c'est fini... le v'là qui sort...

Les villageois s'attendaient à voir Satan sortir de la chambre et sauter sur eux à coups de griffes, dégringolent les marches de l'escalier et reviennent plus effrayés dans la cour, où une autre terreur leur était réservée. Les femmes, qui étaient restées près de l'étable, persuadées que le diable venait de se sauver sous la forme d'une vache, voulurent, pour s'assurer de la vérité, regarder si la vache noire était effectivement partie: le jour commençait à poindre, mais on distinguait difficilement les objets. Quelques paysannes se trompent et vont dans l'écurie, les autres entrent bien dans l'étable; elles avancent, marchent sans regarder à leurs pieds et attrapent, les unes la tête de Benoît, les autres les jambes de Nicolas. Ces messieurs s'étaient endormis sur le fumier... Ils poussent des cris en se sentant marcher sur le corps.

Les villageoises se sauvent en criant plus fort; elles croient avoir marché sur les lutins. C'est dans ce moment que les paysans, effrayés par le discours de Marie-Jeanne, descendaient l'escalier quatre à quatre. La maison est pleine de sorciers, disent les femmes. Le diable est entré trois fois dans le corps de Marie-Jeanne, disent les hommes. Ne restons pas ici!... sauvons-nous!... sauvons-nous!... tel est le cri général.

Suzon remet ses deux jambes en dehors de la fenêtre, elle saute et cette fois arrive à terre; elle pousse Thomas, Thomas pousse la mère Lucas, qui pousse le tonnelier; celui-ci pousse la fruitière, qui pousse l'épicier, et ainsi de suite. En se poussant les uns sur les autres, ils arrivèrent devant le château: là, ils cessèrent de se pousser; et ils firent bien, car ils seraient tombés dans l'eau dont cet endroit est entouré.

Chapitre VII. — Ermenonville. — Marie-Jeanne. — Suzon.

Si l'on raisonnait avant de s'abandonner à une terreur panique, si l'on s'écoutait avant de se disputer, si l'on réfléchissait avant de faire une sottise, si l'on se connaissait bien avant de se marier, alors les enfants n'auraient plus peur de Croque-Mitaine, les jeunes filles ne trembleraient plus en descendant à la cave, les villageois passeraient, la nuit, devant un cimetière sans serrer les fesses et fermer les yeux; les jolies femmes liraient le soir, sans frémir, les romans de lord Byron et d'Anne Radcliff; les Sarmates, les Hongrois et les Moldaves ne croiraient plus aux vampires, les Écossais à la double vue, les nourrices aux loups-garous, et tous les esprits faibles aux revenants, aux fantômes et aux apparitions. Alors on verrait moins de guerres, parce que les souverains auraient des ambassadeurs qui ne s'occuperaient pas à se dépasser dans les promenades (ce qui jadis fit couler bien du sang); et que si cela avait lieu, ils tâcheraient d'en rendre leurs cochers responsables, et non une populace entière, qui est obligée de prendre les armes parce qu'un cheval en a passé un autre. Les gens qui ont dîné et passé la soirée ensemble, ne ressembleraient pas tout à coup à

des coqs furieux, parce que la politique deviendrait le sujet de la conversation; deux jeunes gens n'iraient pas se couper la gorge ou se brûler la cervelle, parce que l'un aurait marché sur le pied de l'autre; alors un jeune homme ne chercherait pas à séduire une fille honnête qu'il ne voudrait pas épouser; un homme marié n'irait pas avec des courtisanes qui peuvent lui donner des galanteries qu'il rapportera à sa femme; on n'irait pas à la roulette compromettre son honneur et vider sa bourse en faveur de messieurs les fermiers des tripots; on ne mettrait pas à la loterie pour faire plaisir au gouvernement, et on ne fréquenterait pas les grandes réunions où l'on prodigue le punch, les glaces et les sorbets, que vous payez cent fois en un tour de creps ou d'écarté. Alors un vieillard n'épouserait pas une jeune fille; un jaloux une coquette; une femme sensible un libertin; une femme rangée un ivrogne; une femme aimable un sot; et un homme d'esprit une dévote. Alors il y aurait quelques bons ménages, et les enfants ne ressembleraient pas si souvent aux amis de la maison.

Enfin, si madame Lucas était descendue tranquillement, alors son mari ne se serait pas caché derrière les futailles, Benoît dans l'étable, Nicolas à l'écurie; elle n'aurait pas pris Gustave pour un voleur ou un diable, et tous les habitants d'Ermenonville auraient passé la nuit dans leur lit.

Lorsque les paysans furent éloignés, Gustave descendit avec Marie-Jeanne (à qui il avait fort bien fait voir ce qu'il était, et qui n'avait nullement peur de lui). Il trouva dans la cour Benoît et Nicolas, qui sortaient de leur chambre à coucher. On se raconta mutuellement ce qu'on savait. La grosse Marie-Jeanne rit beaucoup de la frayeur de sa maîtresse; Gustave se débarbouilla le visage pendant que Benoît nettoyait son habit; Nicolas Toupet était fort inquiet du sort de son maître et de mademoiselle Suzon. Bientôt on entendit un grand bruit dans la rue: c'étaient les villageois qui revenaient; mais comme il faisait alors grand jour et que Marie-Jeanne assura à Gustave qu'il était trop gentil pour faire reculer les commères de l'endroit, notre héros attendit tranquillement l'arrivée de ceux qu'il avait tant effrayés.

Les villageois devinrent courageux avec le jour; ils étaient déjà décidés à retourner visiter la maison ensorcelée, lorsqu'en rentrant dans la grande rue ils aperçurent un paysan conduisant une vache noire.

— V'là la bête noire! disent les paysannes. — C'est mon mari! s'écrie madame Lucas.

C'était en effet le père Lucas, qui, après s'être débarbouillé et lavé dans un des fossés du château, afin de ne plus être pris pour un voleur, retournait chez lui avec sa vache noire, qu'il avait rencontrée se promenant toute seule dans les rues d'Ermenonville.

On s'aborda et on s'expliqua. Le père Lucas se plaignit des coups de bâton qu'il avait reçus; il raconta sa rencontre avec le jeune étranger, sa chute dans les fossés et son arrivée au village au milieu de la nuit. On commença à comprendre que le diable n'était pour rien dans tout cela. La mère Lucas gronda son mari de lui avoir amené un jeune homme qui mettait tout le monde en rumeur; mais lorsqu'elle sut que ce jeune homme était riche, puisqu'il avait un valet et deux chevaux, lorsqu'elle apprit surtout qu'il paraissait généreux et disposé à bien payer ses hôtes, sa colère se calma; elle devint d'une humeur charmante, et elle permit à son mari de l'embrasser en dédommagement des coups qu'il avait reçus.

On arriva à la maison, théâtre des événements de la nuit. Le ton, la mine et les manières de Gustave achevèrent de dérider madame Lucas (notre jeune homme était en fonds); Benoît avait apporté une partie des vêtements de son maître, et son gilet se trouva fort heureusement la bourse renfermant les deux cents louis que le colonel avait envoyés à son neveu et que celui-ci n'avait pas eu occasion de dépenser chez madame de Berly.

Notre héros, qui vit bien qu'il fallait plaire à madame Lucas avant tout, lui mit un louis dans la main pour lui faire oublier la peur qu'il lui avait causée bien involontairement.

Alors tout fut en l'air dans la maison pour bien traiter celui qu'on avait manqué tuer à coups de pelle et de balai. On l'installa dans la plus belle chambre, on lui prépara un déjeuner, on offrit à Benoît de traire lui-même les vaches, et de boire du lait depuis le matin jusqu'au soir si cela pouvait lui faire plaisir.

Une seule chose tourmentait encore un peu les paysannes, et même madame Lucas: que voulait dire Marie-Jeanne avec son combat et son diable qui lui était entré trois fois dans le corps? Il y avait donc quelque chose d'extraordinaire dans la maison. On fait venir la servante et on l'interroge.

— Pardine!... répond Marie-Jeanne, je me souviens ben à présent que j'faisions un mauvais rêve et que j'avions un cauchemar qui m'étouffait, quand vous êtes montés et que vous m'avez réveillée en sursaut!... Ma fine!... alors, j'crois que c'est tout bonnement mon rêve que j'vous avons conté.

Les villageois rient à se tenir les côtes de leur frayeur, et du rêve de Marie-Jeanne, qui rit aussi de ce qu'elle a dit et peut-être de ce qu'elle a fait. Enfin le calme est rétabli, et chacun retourne à sa besogne journalière.

Gustave après avoir bien déjeuné se retire dans sa chambre avec Benoît, et ordonne à son domestique de lui raconter le mieux qu'il pourra ce qui s'est passé chez madame de Berly après sa fuite.

— Dam', monsieur, répond Benoît; je vais vous dire ce que j'ai vu et entendu. D'abord votre oncle, que vous aviez jeté à terre en tombant par une fenêtre, s'est relevé pour courir après vous ; mais, bah ! vous alliez si vite qu'il a bien vu qu'il ne pourrait pas vous atteindre. Alors revenant vers moi, il m'a demandé depuis quand vous étiez devenu fou : car en vous voyant sauter, en chemise, les haies et les fossés, il pensait que vous aviez perdu la raison. Dans ce moment-là M. de Berly est accouru d'un air tout effaré et a crié à M. votre oncle, du plus loin qu'il l'a aperçu : Votre neveu m'a fait cocu ! je viens de le trouver couché avec ma femme !... — J'en étais sûr, a dit tout de suite M. le colonel ; j'aurais parié que le drôle se moquait de vous, de votre nièce et de moi !... Alors M. votre oncle a juré, dam' !... comme il jure quand il est en colère. M. de Berly faisait de grandes exclamations, dans lesquelles il mêlait sa femme, le mariage et la salle de billard. Moi, je m'en retournais vers la maison, lorsque j'ai rencontré la cuisinière... vous savez, monsieur, celle qui m'a fait mettre de l'oseille sur... mon écorchure : c'est une bonne femme au fond, et qui vous aime beaucoup, monsieur, car elle m'a dit en m'apercevant : — Eh bien ! imbécile, est-ce que tu vas laisser ton maître courir sans vêtements dans la campagne ? Monte de suite à sa chambre, prends ses effets, son argent, va ensuite à l'écurie, monte ton cheval, tiens celui de ton maître en laisse, et galope après lui ; on t'indiquera la route qu'il a prise : un homme nu, ça se remarque. J'ai fait ce que la cuisinière m'a dit, monsieur, et vous savez où je vous ai rattrapé.

— C'est bien, Benoît ; maintenant laisse-moi, mais tant que nous resterons dans cette demeure, ne t'avise plus de traire les vaches sans ma permission. Soyez tranquille, monsieur, j'ai eu trop peur !... Je ne voudrais pas seulement traire un mouton ..

Gustave, resté seul, réfléchit sur ce qu'il doit faire : il n'y avait pas moyen d'entretenir une correspondance avec Julie, qui d'ailleurs était gardée à vue. Cependant il brûlait de lui faire savoir qu'il l'adorait toujours : cette assurance devait être une consolation pour celle qui lui avait sacrifié son repos et sa réputation.

— Il faut écrire, dit Gustave ; peut-être ensuite, par l'entremise de cette bonne cuisinière, trouverai-je le moyen de lui faire tenir ma lettre. Mais je ne puis charger Benoît de cette commission ... il est trop gauche, il ferait quelque bévue... les paysans ne s'entendent guère à servir une intrigue... Eh ! parbleu ! j'irai moi-même, en ayant la précaution de me déguiser. Mais il faut attendre que les premiers moments soient passés ; alors la vigilance du mari se ralentira, et je réussirai plus aisément. Passons huit jours à Ermenonville, huit jours !... pauvre Julie ! c'est bien long... mais il le faut. Dans huit jours mon oncle sera retourné à Paris, et je ne craindrai plus de le rencontrer.

Ce plan arrêté, il s'agit de savoir ce qu'on fera, dans un village, pendant huit jours. Mais ce village est Ermenonville, dont le nom seul rappelle de touchants souvenirs, et dont la situation enchanteresse séduirait l'homme le moins champêtre. Joseph II y a dîné dans une chaumière, Gustave III l'a visité, Jean-Jacques Rousseau y a passé les derniers instants de sa vie, M. Saint-Réal peut bien s'y plaire quelques jours. Et puis il y a une certaine Marie-Jeanne qui se bat très-bien avec le diable, une jolie Suzon, dont la jolie mine distrait des souvenirs d'un amour contrarié. Allons, notre jeune homme ne s'ennuiera pas à Ermenonville.

— Commençons par faire connaissance avec ce pays, dit Gustave. Il trouve madame Lucas qui plumait des pigeons tandis que son mari donnait à manger aux poules.

— Madame Lucas, je voudrais parcourir le village et ses environs... — Est-ce que monsieur ne connaît pas not' endroit ? — Non, madame Lucas ; je suis venu exprès pour faire connaissance avec lui, et j'ai préféré le séjour d'une maison tranquille à celui d'une auberge où l'on est souvent fort mal. — Vous avez ben fait, monsieur ; oh ! vous pouvez demeurer cheux nous tant qu'il vous plaira ; ça ne nous gênera pas, au contraire. — Je vous remercie, madame Lucas. — Vous serez enchanté du pays... oh ! vous verrez de belles choses !... — Celles que j'ai déjà vues m'ont semblé bien. — Bah ! vous êtes arrivé la nuit !... vous n'avez rien pu voir. C'est le parc du château qu'est joli ! — Pourrai-je y entrer ? — Oui-da !... ma fille vous conduira... le château n'est habité, pour le moment, que par la concierge... Suzon, Suzon !...

— J'allons conduire monsieur, dit Marie-Jeanne en s'avançant. — Non, non !... faut que tu fasses du beurre et du fromage ; Suzon ira. Marie-Jeanne n'est pas satisfaite de la préférence donnée à Suzon ; elle se remet au fromage avec humeur.

La petite fille met son joli bonnet, son tablier des dimanches, et se dispose avec joie à conduire le beau monsieur ; mais la maman, qui pense qu'elle fera plaisir à son hôte en l'accompagnant, ordonne à son mari de plumer les pigeons, de veiller sur le château, et se dispose à suivre sa fille ; la petite d'ailleurs pourrait ne pas être en sûreté avec un jeune monsieur de la ville, qui paraît bien honnête à la vérité, mais qui a l'air bien éveillé près des jolies filles. Et puis, que dirait Nicolas Toupet si, à son retour des champs, il apprenait que Suzon est allée se promener seule avec l'étranger ? Et vous saurez que Nicolas Toupet est le prétendu de mademoiselle Lucas.

Il fallut donc avoir la compagnie de la maman. Suzon aurait préféré être seule avec le jeune homme, sans trop savoir pour quelle raison, et Marie-Jeanne, au contraire, fut contente de ce nouvel arrangement.

Quant à Gustave, il regardait Suzon, qui avait seize ans, des yeux bleus, de jolies dents, une bouche bien fraîche et des cheveux très-noirs. Il soupirait en regardant madame Lucas mettre son tablier ; il aurait soupiré bien davantage s'il eût vu la veille Suzon accrocher pas sa chemise, et montrant des appas près desquels toutes les Marie-Jeanne devaient pâlir !

On part, on traverse une partie du village, et, chemin faisant, Gustave remarque que tous les habitants ont de belles dents charmantes ; ce qu'il est permis d'attribuer à la salubrité de l'eau.

On entre dans le parc du château. Quel séjour enchanteur !... des ombrages frais, des gazons superbes, des ruisseaux qui serpentent et se croisent, des cascades, des grottes solitaires, des prairies émaillées de fleurs, un lac qui baigne les murs du château, et sur les bords duquel s'élève une tour antique entourée de lierre et de buissons de chèvrefeuille. D'une rotonde en avant de la tour dite tour de Gabrielle, on découvre un délicieux paysage ; une vieille armure est placée sur le devant de la rotonde : tout en ces lieux rappelle les anciens paladins et le temps des tournois et de la chevalerie. Quel dommage que ce monument menace de s'écrouler !

Au bas de la tour, un bac fixé à deux cordes qui vont de l'une à l'autre rive, et qui coulent sur de petites roulettes de cuivre, vous offre la facilité de passer et de repasser en tirant vous-même une des cordes qui retient le bac.

Dans la partie appelée le Désert, vous apercevez la maisonnette de Jean-Jacques, située sur une éminence d'où la vue découvre tout le pays. Cette maisonnette tombe aussi en ruines. Ne devrait-on pas conserver ce qui peut rappeler le souvenir d'un grand homme ?

Sous une grotte, qu'un ruisseau environne, Gustave copie les vers suivants :

> O limpide fontaine ! ô fontaine chérie !
> Puisse la sotte vanité
> Ne jamais habiter ta rive humble et fleurie !
> Que ton simple sentier ne soit point fréquenté
> Par aucun tourment de la vie,
> Tels que l'Ambition, l'Envie,
> L'Avarice et la Fausseté.
> Un bocage si frais, un séjour si tranquille
> Aux tendres sentiments d'un seul servir d'asile.
> Ces rameaux amoureux, entrelacés exprès,
> Aux Muses, aux Amours, offrent leur voile épais,
> Et le cristal d'une onde pure
> A jamais ne doit réfléchir
> Que les grâces de la nature
> Et les images du plaisir.

— Si Julie était avec moi, pensait Gustave, alors je renverrais Suzon et sa mère, je m'assiérais sur ce banc de mousse... où tant d'autres ont été heureux, à en juger du moins par les inscriptions dont la pierre est couverte !... Les amants sont bien indiscrets !... Est-il nécessaire que les étrangers, que tous ceux qui se promènent, enfin, sachent que monsieur et madame *** sont venus là se faire l'amour ?... Au moins ne mettez pas vos noms de baptême.

On sort du parc, on passe de l'autre côté du château : c'est là qu'est l'île des Peupliers où repose Jean-Jacques. Pour arriver à cette partie du lac, il faut traverser un vieux bâtiment qui fut jadis un moulin à eau, et qui maintenant n'est plus habitable. On se trouve sur un chemin bordé de saules et entouré d'eau de tous côtés ; on trouve devant l'île un batelet qui vous donne la facilité d'aller visiter le tombeau de l'homme de la nature : c'est ainsi du moins qu'il est nommé sur le simple monument qui renferme ses cendres. Une petite inscription, attachée à un pieu, invite ceux qui visitent l'île des Peupliers à ne point écrire sur le tombeau de Jean-Jacques. Cette inscription n'a point été respectée, car la manie de mettre son nom sur les monuments curieux devient une chose nécessaire, indispensable : on a bien soin d'emporter un couteau ou un canif lorsqu'on va visiter les Catacombes, les Augustins, les tombeaux de Saint-Denis, etc... Passe encore pour les grottes, les bosquets ; mais quel charme peut-on trouver à lire Philippe, François, Justine, à côté de Jean-Jacques Rousseau !

Il y a en Allemagne, en Suisse, en Angleterre, dans les auberges situées près d'un site remarquable, des carnets destinés à recevoir les pensées en vers ou en prose des voyageurs, sur lesquels on vous engage à écrire quelque chose, sont rarement renouvelés : c'est qu'il est plus facile d'écrire son nom qu'une pensée.

Après s'être promenés quelque temps sur l'eau, Gustave et ses conductrices reprirent le chemin de la maisonnette, où les attendait un bon dîner. On se met à table : là, point de cérémonie, d'étiquette, de contrainte : Suzon, ses parents, Gustave, Marie-Jeanne et Nicolas Toupet se placent à la même table. Pour Benoît, toujours pénétré de ses devoirs, il veut rester derrière son maître pour le servir, et ce n'est qu'avec beaucoup de peine que Gustave le fait consentir à s'asseoir dans un coin, sur un bout de table, où on lui donne à dîner.

La mère Lucas, qui est un peu médisante, raconte à Gustave, pendant le repas, toutes les aventures du pays et l'histoire de ses voisins : elle ne s'interrompt que pour ordonner à son mari de verser à boire et à Suzon de se tenir droite. La petite se trouvait placée à côté du monsieur, qui la regardait en souriant; ce qui la faisait rougir; car à la campagne on a moins l'habitude de ces choses-là qu'à la ville.

La mère Lucas en était à l'histoire de la menuisière qui avait placé sa fille à Paris pour en faire une grande dame. — Pour vous achever, monsieur, dit-elle après avoir rempli l'assiette de Gustave, qui déjà ne pouvait plus avaler, vous saurez donc que c'te fille a trouvé à Paris la pie au nid!... Buvez donc, monsieur... A vot' santé, si vous voulez ben permettre... V'là, sans qu'on sache trop comment, qu'elle a une voiture à deux chevaux... Lucas, donne donc à boire, au lieu de rester là sans rien faire... Vous ne mangez pas, monsieur... Mais, ce qu'il y a de plus drôle, pour vous finir, c'est que c'te belle demoiselle... Lève donc ta tête, Suzon... Eh ben! elle est venue en calèche visiter le pays... Verse donc, Lucas... Encore un morceau, monsieur... Et croiriez-vous qu'elle n'a pas été loger chez ses parents? ah ben oui... elle avait un ton de princesse!... Vous ne mangez pas, monsieur... Lucas, qu'est-ce que tu fais donc? au lieu de faire boire monsieur... Aussi, quand on a vu ça dans le pays, dam'! on s'est moqué des parents qui ont voulu faire une dame de leur fille... A vot' santé, à celle de madame vot' mère, de monsieur vot' père, de vos amis et connaissances... Et vous conviendrez qu'on avait raison, car, comme dit c't'autre: C'ti-là qui veut péter, sauf vot' respect, plus haut que le cul, c'ti-là dis-je...

La mère Lucas fut interrompue par Nicolas, qui jeta un cri et poussa un gros jurement en disant qu'on lui avait marché sur son ognon. Le père Lucas qui était en train de verser à boire, laissa tomber la bouteille sur la table; le vin coula dans un plat de gibelotte; Marie-Jeanne se mordit la langue pour ne pas rire, Benoît avala de travers.

On quitta la table; madame Lucas fit une scène à son mari sur sa maladresse. Gustave causait avec Suzon, mais Marie-Jeanne ne les perdait pas de vue. Une paysanne a des passions comme une dame de la ville; les passions donnent quelquefois de l'esprit aux sots, et rendent des gens d'esprit bien bêtes.

L'après-dînée, Gustave alla se promener seul dans les bois : il pensa à Julie et au moyen qu'il emploierait pour lui faire remettre une lettre. La vue des ombrages, des tapis de verdure, lui rappelle la jolie salle de billard et les douces leçons que son élève recevait si bien; il maudit les maris et les oncles; il maudit surtout son imprévoyance. Ah! si le verrou eût été mis!...

En revenant au village, il pense à Suzon, à son air timide, à son maintien innocent. — Allons, dit-il, j'ai eu tort de lui pousser le genou et de lui marcher sur le pied... Cette petite est la pudeur même, et je vais lui donner des idées!... je la fais rougir!... ah! c'est mal!... J'aime les femmes, c'est fort bien; je suis inconstant!... ce n'est pas ma faute; j'ai un mari com' saint, une autre le ferait pour moi!... C'est même rendre service aux époux que mettre leurs femmes à l'épreuve : celle qui est sage que l'occasion n'a pas grand mérite; mais il ne faut pas séduire une fille innocente et risquer de faire le malheur de sa vie. Quoiqu'on me nomme mauvais sujet, je n'ai point à me reprocher de pareils travers. Quant aux demoiselles qui ne demandent qu'à être séduites, et qui, en sortant de leur pension, en théorie ce qui leur manque en pratique, pour celles-là, il est permis de les attaquer; elles savent ce que désire un amant, et ce qu'elles ont à faire.

Gustave revient donc chez Lucas avec la ferme résolution de ne plus faire rougir Suzon, ce qui d'ailleurs pouvait donner de l'ombrage à Nicolas Toupet, auquel c'était assez d'avoir marché sur le pied.

On attendait le jeune monsieur pour souper. Chez les villageois, on ne connaît, dans la semaine, que trois choses : travailler, manger et dormir. Gustave mange, il n'a rien de mieux à faire; puis il monte à sa chambre pour réparer par le sommeil la fatigue de ces journées précédentes. Marie-Jeanne le regarde monter l'escalier de sa chambre; elle cherche à lire dans ses yeux; mais le jeune homme, qui a besoin de repos, ne lui fait point attention aux œillades de la grosse fille; il entre et s'enferme chez lui.

On envoie Benoît dans une chambre sur les toits, près de celle où couche Nicolas Toupet, et chacun va chercher le sommeil que les événements de la nuit précédente n'ont pas permis de goûter.

Marie-Jeanne seule ne se sent aucune envie de dormir : elle se couche cependant, mais elle écoute... elle attend... elle espère. La grosse fille était de force à se battre chaque nuit avec le diable, et puis elle n'avait pas, comme Gustave, couru plusieurs lieues à cheval, sauté par une fenêtre, tombé dans une mare, etc.

Mais la nuit s'écoule, et personne ne vient!... Vous le savez, lecteur,

Désir de fille est un feu qui dévore.

Or, comme on ne peut pas dormir lorsqu'on brûle, Marie-Jeanne saute à bas de son lit; elle se persuade que Gustave l'attend de son côté; elle croit même qu'il lui a fait signe d'aller le trouver; d'ailleurs, c'est une politesse qu'elle lui doit et qui ne saurait lui déplaire. Passant alors un simple jupon, elle ouvre sa porte et descend : elle n'a pas besoin de lumière; elle connaît tous les détours de la maison.

La grosse fille arrive devant la porte de la chambre où couche le jeune étranger; elle frappe doucement d'abord, puis plus fort, puis

encore plus fort. Gustave s'éveille enfin : — Qui est là? demande-t-il sans se lever.

— C'est moi, monsieur.

— Qui, vous?

— Vous savez ben... c'est moi qui... avec qui... l'autre nuit... sans voir clair...

— Ah! c'est toi, Marie-Jeanne! eh! que diable me veux-tu?...

— Tiens, c'te question! pardi!... je viens pour... je viens parce... parce que vous ne veniez pas...

— Ah! ma chère amie! le diable ne va pas toutes les nuits tenter les filles... les démons ne sont pas de fer, et celui qui t'a tourmentée hier a besoin de dormir aujourd'hui. Bonne nuit, Marie-Jeanne.

La pauvre fille reste interdite devant la porte qui ne doit pas s'ouvrir pour elle. La douleur, le dépit l'agitent; la jalousie ne tarde pas à se mettre de la partie; une idée en fait naître une autre; elle se rappelle la manière dont Gustave regardait Suzon, ses soins, ses attentions pour elle, la rougeur de la jeune fille, et le coup de pied que Nicolas a reçu sous la table. — Allons, dit-elle, ils s'aiment, ils sont d'intelligence!... et puisqu'il ne veut pas m'ouvrir la porte, c'est que... Eh mais! quel soupçon! si elle était maintenant avec lui!... Ah! morgué! faut que je sache ce qui en est.

Marie-Jeanne appuie son oreille contre la serrure; elle se baisse pour regarder sous la porte... elle se persuade entendre parler, remuer, soupirer. Afin d'être sûre de son fait, elle se décide à aller frapper à la porte de Suzon : si la jeune fille ne répond pas, nul doute alors qu'elle ne soit dans la chambre du monsieur; et, dans ce cas, Marie-Jeanne est bien déterminée à réveiller toute la maison, et Nicolas Toupet le premier, pour qu'on punisse la demoiselle qui se permet d'aller coucher avec un jeune homme, ce qui est une horreur, une chose affreuse, abominable!... ce qui empêche enfin que ce jeune homme ouvre sa porte à Marie-Jeanne.

Elle traverse un petit couloir, elle frappe à la porte de Suzon : on ne répond pas; elle frappe et va faire vacarme. — Qui est là? demande une petite voix douce... Marie-Jeanne reconnaît la voix de Suzon : elle s'était tu; elle va s'éloigner... lorsqu'une claque lui est appliquée vigoureusement sur la fesse. La servante jette un cri et se sauve.

Nicolas Toupet aimait mademoiselle Suzon, qu'on devait lui donner en mariage parce qu'il était bon travailleur et devait hériter d'un oncle riche. Le villageois était aussi devenu jaloux : le monsieur de la ville était si joli garçon! et puis mamzelle Suzon rougissait le regardait en dessous! Tout cela avait inquiété Nicolas, qui, soupçonnant quelque projet contraire à ses amours, ne pouvait se livrer au sommeil. Il avait entendu marcher dans l'escalier (car la grosse fille faisait du bruit même en allant doucement), il était descendu et s'était caché près de la porte de mamzelle Suzon; il avait entendu venir quelqu'un... puis ce quelqu'un avait frappé à la porte de la demoiselle... ce ne pouvait être qu'un amoureux... La colère, la jalousie ne connaissent plus de distinction de rang; Nicolas avait tapé de toute sa force le derrière de Marie-Jeanne, croyant battre son rival.

Marie-Jeanne en montant son escalier raboteux fait un faux pas et tombe. Nicolas la poursuivait; il l'atteint, la saisit à un endroit... — Morgué! ça n'est pas l' monsieur! s'écrie-t-il avec surprise. — Comment! c'est toi, Nicolas? dit la servante en se relevant. — Tiens! c'est Marie-Jeanne!... Ah ben! si j'avions su ça, je n'aurions pas tapé si fort... j'avions prise pour un voleux. Mais que faisais-tu donc à la porte de Suzon? — Dam'! j'étais descendue croyant que not' maîtresse m'avait appelée; et toi, Nicolas? — Moi!... Ah! j'avions entendu du bruit, et j'étions sorti pour voir... mais puisque ça n'est rien, j'vas me coucher. Bonne nuit, Marie-Jeanne. — Bonsoir, Nicolas.

Chacun d'eux rentre dans sa chambre, bien tranquille. Nicolas sait que Suzon est chez elle, et Marie-Jeanne se convainc que le beau monsieur est seul dans sa chambre : tous deux se couchent, bien contents de s'être trompés.

Pauvres jaloux!... vous veniez de faire naître l'événement que vous redoutiez, et qui sans vous peut-être n'eût jamais eu lieu!

Suzon, comme vous savez, s'est éveillée au second coup frappé à sa porte; elle a demandé : Qui est là? on ne lui a pas répondu; on a jeté un cri; la jeune fille a reconnu la voix de Marie-Jeanne. Elle se lève inquiète de ce que c'est que peut être, et craignant que ses parents ou le jeune monsieur ne soient indisposés.

De son côté, Gustave, qui, lorsqu'il était éveillé, avait de la peine à se rendormir, réfléchit qu'il y avait de la dureté à renvoyer ainsi cette pauvre fille qui venait le trouver, et qu'il fallait au moins lui donner une légère consolation. Marie-Jeanne n'était pas aussi jolie que Suzon, mais elle avait son prix; et voulant passer quelques jours chez les villageois, il était prudent de la ménager.

Notre héros cède à la tentation, au hasard, au destin, à tout ce que vous voudrez. Il se lève, ouvre sa porte, fait quelques pas dans le couloir, se trouve nez à nez avec Suzon, qu'il prenait pour Marie-Jeanne; il l'attire dans sa chambre; Suzon se laisse conduire; il l'embrasse, la petite se laisse embrasser; elle y trouve tant de plaisir qu'elle n'a pas la force de parler, et...

Suzon jette un cri de plaisir, Gustave un de surprise : — O ciel! dit-il, ce n'est pas Marie-Jeanne!... — Non, monsieur, c'est moi....

— Suzon !... Allons, il est écrit que je ferai toujours des sottises !... Cette fois cependant ce n'est pas ma faute, le ciel m'est témoin que je ne voulais pas la séduire ; mais, ma foi, puisque le hasard fait tomber cette enfant dans mes bras, rendons grâces à mon heureuse étoile.

Gustave, fatigué pour Marie-Jeanne, retrouve toute son ardeur dans les bras de Suzon.

Les plaisirs les plus doux ont trop vite un terme. Notre jeune homme s'assied près de la petite, et on commence une explication.

— Comment se fait-il, ma chère amie, que tu te sois trouvée en chemise dans le couloir au milieu de la nuit ? — C'est qu'on est venu frapper à ma porte ; cela m'a réveillée ; je me suis levée pour savoir ce que c'était ; je craignais que vous ne fussiez malade... — Pauvre petite ! tu pensais donc à moi ? — Oh ! oui, monsieur. — Es-tu fâchée de ce qui est arrivé ? — Dam' ! j'en suis fâchée et contente... Mais vous... je vois bien que vous m'avez prise pour Marie-Jeanne, et que vous ne pensiez guère à moi. — J'y pensais beaucoup, au contraire ; je t'aimais, Suzon, mais je n'osais te le dire ; je respectais ton innocence... et maintenant encore, où tu m'as rendu le plus heureux des hommes, je maudirais mon bonheur, s'il doit te causer des chagrins ! — Dam' !... que voulez-vous ? à présent, c'est fini... — Mais Nicolas Toupet?... — Oh ! il ne le saura pas. — L'aimes-tu ? — Oh ! non !... je ne l'aimais guère... À présent je ne l'aime plus du tout. — Cependant tu dois l'épouser ? — L'épouser ! oh ! non, monsieur... je ne veux plus épouser personne... — Pourquoi donc cela, ma chère amie ? — Parce que je ne veux tromper personne ; et puis je ne pourrais pas aimer mon mari, puisque c'est vous que j'aime à présent. — Ma petite Suzon, je t'aime aussi de tout mon cœur, mais je ne peux t'épouser. — Oh ! je l' sais ben, monsieur !... — Tu as dit tout à l'heure que Nicolas ne saurait rien de ce qui vient de se passer entre nous ?... — Sans doute, mais moi je le saurai !... — Et tes parents, que diraient-ils, si tu refusais de te marier ? — Je n'en sais rien... — Tu vois donc bien qu'il faut être raisonnable. — Oui, monsieur, mais je ne me marierai point.

— Allons, elle a du caractère..., je ne lui ferai pas entendre raison aujourd'hui !... mais quand je serai parti, elle m'oubliera, et elle épousera cet imbécile de Nicolas.

Et Gustave, ayant assez moralisé la petite qui pleurait parce qu'il ne l'embrassait plus et qu'il voulait la marier, la prit dans ses bras, la pressa sur son cœur , la consola avec toute l'éloquence qui lui restait encore. La nuit finissant, il fallut se séparer ; Suzon demanda timidement à Gustave si elle pourrait revenir le voir dans sa chambre. Il l'assura que cela comblerait tous ses désirs, et elle s'éloigna satisfaite du bonheur qu'elle venait de connaître, et soupirant déjà après celui qu'elle espérait goûter encore.

Pour Gustave, il se remit au lit, décidé à dormir le jour, puisque dans la maison du père Lucas on employait si bien les nuits.

En descendant vers le milieu de la journée, Gustave rencontra Marie-Jeanne sur l'escalier : — Ma chère amie, lui dit-il d'un ton sévère, je vous engage à rester désormais la nuit dans votre chambre, et à ne plus venir faire tapage à ma porte. J'ai pu , par suite d'une méprise, avoir un moment de faiblesse ; mais désormais je dois être sage et mériter par là de loger chez d'honnêtes gens. Songez que si vous recommenciez vos folies de cette nuit, cela me forcerait à quitter de suite cette maison.

Marie-Jeanne, confuse, marmotta quelques paroles, et s'éloigna fort en colère contre les jeunes gens de la ville, avec lesquels on ne sait sur quoi compter.

Suzon attendait avec impatience le réveil de celui qui , pendant la nuit, lui avait appris de si jolies choses, et qui devait encore lui en apprendre d'autres la nuit suivante. Son cœur de seize ans s'attache bien vite ; mais la petite paysanne était trop sensible pour être heureuse.

Nicolas, guéri de ses soupçons, ne guettait plus sa future. Marie-Jeanne, honteuse devant Gustave, s'éloignait dès qu'elle l'apercevait. Les parens, confians et tranquilles, ne surveillaient pas leur fille ; d'ailleurs ils avaient bien assez d'occupation avec Benoît, parce qu'on l'avait mis à son aise, oubliant la frayeur que la vache lui avait causée , s'amusait toute la journée, soit à monter sur les ânes qu'il éreintait, soit à faire battre les coqs ; à dénicher les nids en montant sur les arbres dont il cassait les branches ; à manger les œufs des poules , à traire les vaches et à renverser le lait en voulant faire du beurre ; à faire fuir les poulets et à renfermer les canards avec les pigeons.

Pendant que les villageois réparaient les bévues de M. Benoît, Gustave se promenait et s'égarait dans les champs avec Suzon ; la nuit on se retrouvait encore, et toujours la petite répétait à la suite de ses entretiens avec son ami : — Ah ! jamais je n'épouserai Nicolas !

Quinze jours se passèrent. Gustave ne devait en rester que huit à Ermenonville; mais les grâces villageoises de Suzon avaient fait oublier les serments prononcés à Julie. Le seizième jour cependant Gustave, qui venait encore d'engager inutilement la petite fille à épouser Nicolas, comprit que ce n'était point en restant auprès d'elle qu'il pourrait guérir Suzon de son amour. Il se reprocha aussi l'indifférence dont il payait l'amour de madame de Berly, et comme une des qualités de notre héros était d'exécuter promptement ce qu'il voulait faire, il acheta de suite des vêtements de paysan , et ordonna à Benoît de seller les chevaux, paya grassement madame Lucas, em-

brassa tendrement Suzon, mit un louis dans la main de Marie-Jeanne, et annonça aux villageois qu'il partait pour Paris.

Suzon, qui ne s'attendait pas à ce départ, qu'elle redoutait cependant depuis longtemps, mais qu'elle se flattait être encore éloigné parce que son cœur ne pouvait se faire à l'idée de vivre sans Gustave, Suzon jeta un cri et tomba aux pieds de sa mère. Notre héros pâlit, trembla , incertain s'il devait rester encore. Les paysans qui attribuaient l'évanouissement de leur fille à une simple indisposition, s'empressèrent de la porter à l'air : elle revint à elle, regarda Gustave et ne prononça pas un mot; pour lui, sentant son courage faiblir, il se hâta de monter à cheval, et s'éloigna du village sans oser retourner la tête, craignant de rencontrer encore le regard suppliant de Suzon.

CHAPITRE VIII. — Une femme d'esprit ferait croire aux miracles.

Après avoir fait une lieue , Gustave entre dans un épais fourré , et ordonne à Benoît de faire le guet, parce qu'on pourrait s'imaginer que c'est quelque homme poursuivi par la gendarmerie qui se déguise ainsi au milieu d'un bois. Gustave n'a pas voulu mettre son nouveau costume chez les villageois afin d'éviter leurs questions. Il passe un large pantalon de toile grise, met une veste bleue, se couvre la tête d'un grand chapeau rond, et revient vers Benoît, qui est au moment de s'enfuir, ne reconnaissant pas son maître.

Gustave lui ordonne d'aller l'attendre à Paris chez son ami Olivier, dont l'amitié pour lui ne s'est jamais démentie, et chez lequel il est certain de trouver un gîte tant que son oncle sera irrité contre lui. — Et les chevaux, monsieur, dit Benoît; vous savez bien qu'ils sont à votre oncle... — Imbécile !... est-ce que ce qui est à l'oncle n'est point aussi au neveu ! d'ailleurs le colonel me les a donnés. — Les mènerai-je aussi chez M. Olivier?... — Ah ! diable !... c'est qu'il y a une difficulté !... Olivier n'a pas d'écurie... — S'il avait un petit cabinet au rez-de-chaussée?... — Eh ! butor ; y penses-tu?... Ah ! parbleu! tu diras à Olivier de les vendre; j'aurai justement besoin d'argent dans quelque temps, et cela me mettra en fonds. — Comment, monsieur, il faudra donc que je vous suive à pied ?... — Te voilà bien malade !... — Quel dommage !... je commence à me tenir si bien à cheval !... Si l'on en vendait un, monsieur, vous pourriez garder l'autre pour nous deux ; je me tiendrais bien en croupe derrière vous... — Tu es diablement bête, mon pauvre Benoît ; je ne ferai jamais rien de toi... Allons, fais ce que je t'ai dit : va chez Olivier; qu'il vende mes chevaux et qu'il te garde jusqu'à mon arrivée. Ah ! Benoît, si par malheur tu rencontras mon oncle en entrant à Paris, tu lui diras... Diable !... que lui dire ?... si je pouvais l'attendrir !... Ah ! tu lui dirais que je suis malade... — Oui, monsieur. — Mais il voudra savoir où je suis... — Je lui dirai que vous êtes mort. — Imbécile !... mon oncle m'aime, malgré sa brusquerie, et cette nouvelle ne pourrait que l'affliger. — Dam' ! puisque vous voulez l'attendrir... — Tu lui diras que je suis allé chez un de mes amis que je ne t'ai pas nommé. — Oui, monsieur, c'est un des amis que vous ne connaissez pas !... — Benoît, je suis sûr que tu feras quelque gaucherie. — Au contraire, monsieur, vous verrez que M. le colonel sera dérouté. — Une fois chez Olivier, ne t'avise pas de sortir !... on te rencontrerait, on te suivrait, on saurait où je suis... — Mais pour manger, monsieur?... — On aura soin de toi. Va-t'en, Benoît. — Je pars, monsieur.

Benoît s'éloigne et galope vers Paris. Gustave prend le chemin qui conduit à la maison de M. de Berly, et tout en marchant il pense à la manière dont il s'y prendra pour faire remettre une lettre à Julie. Est-il assez déguisé pour être méconnaissable?... Julie est-elle entourée d'espions chargés d'intercepter les lettres qu'on pourrait lui adresser? Faudra-t-il se confier à une domestique qui peut bien avoir eu pitié d'un jeune homme se sauvant en chemise, mais qui, malgré cela , ne voudra pas s'exposer à être chassée d'une bonne maison? D'ailleurs, ne serait-ce point compromettre encore madame de Berly, dont la faute n'est avérée que pour celui qui a vu, et qui peut-être a trouvé moyen de se justifier aux yeux de son mari, ce qui paraît difficile, mais ce qui pourtant n'est pas impossible, car les dames ont des moyens particuliers pour rendre douteux ce qui est évident, et les maris sont de force à n'y voir goutte en plein midi.

Après avoir longtemps réfléchi sur ce qu'il doit faire, notre héros prend le parti de s'abandonner au hasard qui souvent lui est favorable. Il marche sans s'arrêter, il aperçoit enfin la maison de campagne où il a passé de doux instants et qu'il a quittée si brusquement. Il s'arrête alors pour respirer plus librement, et pour calmer l'émotion qu'il éprouve.

Des villageois passent près de là, Gustave se trouble ; il lui semble que tout le monde le regarde avec attention, qu'on devine qu'il n'est pas ce qu'il veut paraître. Cependant chacun passe son chemin sans s'occuper de lui. Il se remet, il s'approche de la maison ; il voit au travers d'une grille les jardins où il a parcourus si souvent ; il cherche des yeux la salle de billard, mais il ne peut l'apercevoir. Toutes les fenêtres de la maison sont fermées; le jardin semble désert. — Serait-on parti?... l'aurait-il emmenée?.. Gustave double le pas et arrive devant la grande porte de la cour. Il regarde... personne... Il entre...

enfonce son chapeau sur ses yeux, et s'approche du concierge, qu'il aperçoit à l'entrée du jardin. — Que demandez-vous? dit celui-ci d'un ton brusque. — M. de Berly... — Il est à Paris... — Et... sa nièce? — Sa nièce aussi... — Et... sa femme? — Parbleu! sa femme aussi... — Comment! ils sont partis?... — Sans doute. Si vous avez quelque chose à leur dire, allez à Paris, rue du Sentier, vous les trouverez.

Le concierge lui tourne le dos. Cet homme n'est pas causeur; il est lourd, brutal et entêté; à coup sûr Julie ne lui a rien confié. Il faut donc s'en retourner sans avoir d'autres nouvelles. Gustave reprend le chemin de la porte, lorsqu'une femme sort de la salle du rez-de-chaussée et vient à lui. O bonheur! c'est la cuisinière qui a causé avec Benoît. Faut-il se découvrir à elle? Mais avant qu'il ait eu le temps de réfléchir, la domestique a passé près de lui et lui a dit tout bas : — Je vous ai reconnu, monsieur; j'ai quelque chose à vous remettre; sortez, allez m'attendre derrière les acacias de l'autre côté de la route.

Elle s'éloigne et va attacher du linge dans la cour. Gustave se hâte de sortir et va du côté des acacias. — Cette domestique m'a reconnu, se dit-il, du fond d'une salle basse, sans m'entendre parler, moi qu'elle n'apercevait que bien rarement; et ce butor de concierge qui me voyait passer vingt fois par jour devant lui, ne se doute de rien! Ah! les femmes!... dans tous les états, dans toutes les classes, elles ont un tact, un coup d'œil! elles voient en un instant ce que nous serions huit jours à deviner.

La domestique ne se fait pas attendre, elle accourt vers Gustave. — Il y a longtemps que je vous attends, monsieur!.. c'est pour vous que je suis restée à la campagne. J'ai fait semblant d'être malade pour ne pas aller à Paris avec tout le monde. Madame m'avait dit que ce n'était qu'à moi qu'elle voulait confier une lettre pour vous... — Une lettre! donne vite, ma chère amie. — Madame pensait que vous viendriez bien plus tôt la chercher... et j'ai commençais à m'ennuyer ici. Tenez, la voilà. — Veux-tu te charger de celle-ci pour ta maîtresse? — Oui, monsieur, dès aujourd'hui. — Tiens, Marguerite, prends ces deux louis pour te dédommager de l'ennui que tu as éprouvé en m'attendant. — Ah! monsieur! je n'ai pas besoin d'argent pour aimer à servir madame; elle est si bonne!... — C'est égal, Marguerite, je veux que tu les prennes. — C'est donc pour vous obéir, monsieur. — Adieu, Marguerite; n'oublie pas ma lettre... — Ne craignez rien, monsieur; madame l'aura ce soir.

La bonne fille s'éloigne. — Sans elle, dit Gustave, je n'aurais pas de nouvelles de Julie: c'est une cuisinière qui se montre attachée à sa maîtresse; et la femme de chambre, comblée de bienfaits par madame de Berly, eût été capable de la trahir!... Au fait, qu'est-ce que cela prouve? que les bienfaits font souvent des ingrats, et qu'on peut avoir un cœur sensible et aimer à rendre service tout en hachant du persil et en fricassant un poulet. Lisons la lettre.

« Mon bon ami,

» Je n'ai pas besoin de vous dire ce que je souffre loin de vous; j'aime à croire que votre cœur partage mes peines, qu'il éprouve comme le mien tous les tourments de l'absence; mais je dois vous apprendre ce qui s'est passé depuis votre départ.

» M. de Berly est sorti de ma chambre peu de temps après que vous eûtes sauté par la fenêtre; il descendit au jardin, mais il remonta bientôt. J'avais presque perdu l'usage de mes sens. Cependant je désirais encore tromper M. de Berly sur ma faute. Ce n'est pas pour moi, c'est pour lui que je voulais faire cet effort : c'est rendre quelqu'un au bonheur que chasser de son esprit une idée qui l'afflige. Je veux bien perdre mon repos; je ne me consolerais point d'avoir détruit celui de M. de Berly. Je fis donc semblant d'être fort en colère au moment où M. de Berly allait se livrer à sa fureur. Je lui reprochai de ne pas m'avoir vengée d'un jeune homme qui s'était introduit dans ma chambre pendant mon sommeil, et allait, malgré ma résistance, triompher de moi, s'il n'était entré brusquement et ne m'avait délivrée des entreprises de ce jeune audacieux. M. de Berly ne savait plus que dire et que croire; il me regardait, se promenait dans la chambre et ne savait à quelle idée s'arrêter. Voyant mon incertitude, je pleurai amèrement, et mes larmes n'étaient point feintes. Alors M. de Berly, qui ne m'avait jamais vue pleurer, ne douta plus de mon innocence, il se jeta à mes genoux, me demanda pardon pour sa vivacité, je le lui accordai de bien bon cœur. Il était désolé d'avoir dit au colonel les choses autrement qu'elles n'étaient. Je lui fis entendre qu'il pourrait revoir le colonel et lui recommander le silence sur cet événement. M. de Berly a juré de se venger de vous; mais je ne crains pas cette menace, je sais qu'il ne se bat qu'avec le gibier. La paix est donc faite, et je ne vous verrai plus. Ah! Gustave! cette punition est si cruelle qu'elle doit me faire expier ma faute. Il faut donc que ma vie se termine dans les larmes. Ah! si l'on savait combien il est cruel de passer ses jours avec quelqu'un qu'on ne peut aimer, on consulterait le cœur d'une jeune fille avant de la marier. Mes parents m'ont sacrifiée. M. de Berly ne s'est jamais occupé de me plaire!... Le pouvait-il d'ailleurs?... nos âges, nos goûts, nos caractères sont tellement opposés!... et cependant je suis criminelle d'en aimer un autre!... Ah! mon ami! que les femmes sont à plaindre!

» Adieu, soyez heureux, mais pensez quelquefois à Julie. »

— Chère Julie!... oh! je te reverrai!... le hasard nous sera favorable!... Et Gustave baisa la lettre de celle qu'il avait déjà trompée. Il ne put s'empêcher de rire en songeant à la crédulité de M. de Berly, qui, après avoir surpris sa femme couchée avec un jeune homme, croyait encore à son innocence. Allons, dit-il, c'est pour les maris qu'est fait ce passage de l'Ecriture :

Oculos habent et non videbunt.

Chapitre IX. — Une Noce à la Villette.

— Retournons à Paris, dit Gustave; je n'ai plus rien qui me retienne ici. Allons chez Olivier : je rêverai aux moyens de revoir Julie sans la compromettre si cela est possible : certainement j'y parviendrai, puisqu'on dit qu'avec de la persévérance on vient à bout de tout; ce qui n'est vrai qu'à demi, car j'ai essayé cent fois d'être sage et je n'ai pu y parvenir!.. Que de gens passent leur vie sans attraper le but qu'ils veulent atteindre! Les alchimistes, qui veulent faire de l'or et se ruinent sur des fourneaux; les rentiers, qui font des plans sur les brouillards de la Seine; les auteurs, qui espèrent s'enrichir, les aéronautes, qui veulent essayer de voltiger comme les oiseaux; les voyageurs, qui cherchent le bout du monde; les mathématiciens, la quadrature du cercle; les physiciens, qui veulent guérir les maladies de nerfs par l'électricité; les mécaniciens, qui prétendent à faire rouler une voiture sans chevaux; les âmes aimantes qui cherchent l'amitié pure, l'amour fidèle, et tant d'autres belles choses que je ne vous nommerai pas, parce que je ne m'en souviens point, tous ces gens-là courent risque de voir leur persévérance en défaut.

Tout en faisant ces réflexions, Gustave cheminait vers Paris; mais il n'était encore qu'à Vauderland; il lui restait cinq lieues à faire; et il se sentait fatigué. Voulant cependant arriver à Paris le même soir, il regardait de côté et d'autre s'il ne rencontrerait pas une voiture avec une place vacante. Mais cette fois le hasard ne le servit pas; la voiture de Louvres, celle de Senlis, de Mortfontaine, toutes étaient pleines. Les petits cabriolets, appelés si improprement pots-de-chambre, n'avaient même pas une place en lapin.

— Allons, du courage, dit Gustave, j'irai à pied, j'arriverai un peu plus tard. Mais aussi ce maudit costume me nuit : je vois bien passer quelques calèches où l'on ferait peut-être place à l'élégant Saint-Réal, mais un paysan ne serait pas écouté : on me regarde, on me rit au nez : il est vrai que ma tournure doit être assez comique.

Comme Gustave achevait de se consoler en tâchant de doubler le pas, il entendit le bruit d'une voiture; il se retourne : c'est une petite carriole dans laquelle est un gros bonhomme dont la mine réjouie inspire la gaieté. — Parbleu, dit notre héros, il faut tenter la fortune; cet homme ne me refusera peut-être pas une place près de lui; et quand nous ne ferions qu'une lieue ensemble, ce serait toujours autant de chemin de fait. Allons, abordons-le, mais n'oublions pas que je suis un campagnard.

Gustave court à la carriole : — Holà!... monsieur!... — Qu'est-ce qu'il y a, l'ami? — Ma foi, il y a que je suis diablement fatigué : je suis parti trop tard d'Ermenonville, et j'ai manqué la voiture de Mortfontaine, et il faut que j'aille à Paris; si cela ne vous gênait pas trop de me faire une petite place, vous m'obligeriez beaucoup. — Oh! c'est facile!... montez, il y a place pour vous; nous serons encore à l'aise; ma carriole est grande... tenez, asseyez-vous là près de moi. — Grand merci, vous êtes bien bon.

Gustave est placé près du gros bonhomme, et la conversation s'engage :

— Vous venez d'Ermenonville, j'y connais du monde, un cultivateur nommé Lucas. — C'est justement chez lui que je demeurais. — Bon! ce cas, vous pouvez me donner des nouvelles de la famille. La mère Lucas crie-t-elle toujours? — Plus que jamais. — La petite Suzon commence-t-elle à se former? — Elle est tout à fait formée maintenant. — Elle promettait d'être jolie!... mais, dam', il y a deux ans au moins que je suis allé à Ermenonville, et en deux ans une jeune fille pousse joliment. — Suzon a très-bien poussé : elle est bien faite, fraîche, piquante, charmante enfin!... — Ho! ho!... comme vous en parlez avec feu!... seriez-vous par hasard celui qui doit l'épouser, ce Nicolas Toupet dont Lucas m'a parlé et qu'il attendait chez lui la dernière fois que j'y suis allé? — Justement, monsieur, c'est moi qui suis Nicolas, le futur de mamzelle Suzon. — Pardieu! monsieur Toupet, je suis bien charmé de vous avoir rencontré. Vous devez avoir entendu parler de moi chez Lucas, je suis leur cousin germain, Pierre Ledru... — Comment! c'est vous qui êtes monsieur Ledru?... Oh! nous parlions de vous très-souvent!... Embrassons-nous, monsieur Toupet. — Bien volontiers, monsieur Ledru.

Gustave embrasse le gros cousin, et tâche de contenir son envie de rire. Il n'y a pas grand mal à prendre pour quelques heures le nom de Nicolas Toupet; Gustave aimait à s'amuser, et il prévoyait que la méprise du cousin lui en fournirait l'occasion.

— Ah çà! monsieur Nicolas Toupet, dit Ledru après les premiers élans de la reconnaissance, allez-vous à Paris pour affaires pressées? — Mais pourvu que j'y sois demain. — Tenez, c'est que je vais vous faire une proposition... Je vais à la Villette, à la noce d'une de mes filleules qui vient d'épouser un gros épicier de l'endroit. Je devais arriver ce matin pour la cérémonie, mes affaires m'en ont empêché ; mais j'arriverai pour le repas, ce qui est le meilleur ; eh ben ! il faut en être ; je vous présenterai à la société, et vous ferez plaisir à tout le monde. — Vous êtes bien honnête, monsieur Ledru... Y aura-t-il à c'te noce quelques parents de M. Lucas ?... — Non, il n'y a que moi ; mais, du reste, soyez tranquille ; c'est tout beau monde, tous gens établis : le tanneur, le serrurier, le maître maçon et l'entrepreneur des vidanges de la Villette !... Oh ! c'est tous gens comme il faut...

— Eh bien ! tope, monsieur Ledru, je suis des vôtres. — Ah ! voilà qui est parler !... Nous nous amuserons !... nous boirons, nous mangerons, nous danserons !... — Nous rirons, nous trinquerons !... — C'est cela : vous m'avez l'air d'un bon vivant !... — Et moi, tel que vous me voyez, je suis un farceur... — En vérité ? — Parbleu ! on a dû vous le dire chez Lucas... — C'est vrai ! on m'a conté de vos espiègleries !... — Elles sont bonnes, hein ?... — Elles sont d'une jolie force ! — J'espère tantôt faire enrager le marié... Et la jarretière donc !... je n'en cède pas ma part !... — La mariée est-elle gentille ? — Ma filleule ?... Oh ! elle est bien !... c'est du chenu !... Elle a les cheveux un peu rouges et le nez un peu gros, mais du reste c'est une belle blonde !... et forte !... Ah ! elle vous enlève un homme comme un cerf-volant, et fait l'exercice du fusil comme un biset de la garde nationale !... — Peste ! quelle femme !... — Son mari aura de la besogne cette nuit !... Ah ! ah !...

Tout en causant on arrive à la Villette. Gustave se prépare à voir quelque chose de nouveau pour lui. Personne là ne va chez Lucas ; on ne concevra aucun soupçon ; et puis, un jour de noce, tous les convives sont trop occupés pour songer à autre chose qu'au festin. — Allons, dit Gustave, remplissons bien mon personnage ; si ces braves gens ne m'amusent pas, je prendrai mon chapeau et partirai sans qu'ils s'en aperçoivent. D'ailleurs, ce costume, je ne suis pas fâché de ne rentrer à Paris que la nuit ; au moins je ne risquerai pas d'être rencontré et reconnu par mes connaissances.

On descend de voiture devant un traiteur-restaurateur marchand de vin. — C'est ici, dit Ledru, au *Boisseau-Fleuri*... salon de cent couverts... Eh mais ! j'entends les violons... Est-ce qu'on aurait dîné ! cependant il n'est pas trois heures...

— Non, monsieur, on n'a pas dîné, dit une fille de cuisine, ça n'est que pour quatre heures, mais la société danse en attendant le repas... Ah ! à la bonne heure, mon enfant, vous me rassurez !... Allons, montons, monsieur Toupet... — Je vous suis, monsieur Ledru.

On monte au grand salon, on entre au milieu de la danse : les messieurs avaient ôté leurs vestes et retroussé leurs chemises pour danser avec plus de grâce ; les verres de vin circulaient déjà, et plus on se rafraîchissait, plus les visages prenaient une couleur échauffée.

A l'entrée de Ledru, la danse cesse, chacun l'entoure, l'embrasse, le presse ; c'est une joie, des cris, un bruit !... — Nous avions bien peur que vous ne fussiez fondu en route, mon parrain, dit d'une petite voix flûtée une grande et grosse femme, que Gustave reconnut pour la mariée, d'après le cher parrain lui en avait fait. — Viens m'embrasser, Lolotte, dit Ledru en ouvrant les bras à sa filleule. Eh bien ! ma petite, c'est le grand jour !... Tu danses ce matin ; tu danseras ce soir... tu danseras c'te nuit !... — Oh ! oh ! il est toujours farceur, mon parrain !... — Monsieur Ledru, dit le marié en s'avançant d'un air à prétention, nous eussions bien été vexés si vous nous aviez fait faux-bond !... — Moi, manquer votre noce, monsieur Détail ? Oh ! je serais plutôt venu sur mon âne. Mais, un moment, ce n'est pas tout ; j'ai quelqu'un à vous présenter.

Jusque-là on n'avait pas fait attention à Gustave, qui, placé dans un coin, examinait toutes les dames qui étaient de la noce, et voyait avec plaisir que, parmi les vingt femmes, il y en avait trois ou quatre d'assez bien dans leur genre. Il fut tiré de cette occupation par Ledru, qui le prit par la main et le présenta au marié.

— Monsieur Détail, voici un ami que je vous présente ; c'est M. Nicolas Toupet, futur époux de la fille de mon cousin Lucas d'Ermenonville. C'est un garçon d'esprit !... je me flatte qu'il ne sera pas de trop ici. — Comment donc, parrain, mais assurément... Monsieur Toupet, c'est nous qui faisons honneur que d'être des nôtres !... — Monsieur, c'est moi qui je reçois, assurément.

Après cet échange de compliments, Gustave embrassa la mariée, sa mère, sa sœur, les tantes, les cousines, toutes les dames de la noce enfin ; ses manières polies furent du goût de la société, et M. Toupet fut trouvé charmant.

— Le dîner est servi, vient dire le chef du restaurant, autrement le marchand de vin. — A table ! à table ! dit-on de toutes parts. On monte dans le salon aux cent couverts, où les cinquante personnes qui composent la noce ont un peu de peine à être placées ; mais enfin on parvient à s'arranger. Gustave se trouve entre une grosse brune et une petite blonde, toutes deux assez bien. — J'aurai le choix, dit-il en lui-même. Si toutefois ces dames entendent la plaisanterie... En attendant, mangeons beaucoup, pour entrer dans l'esprit de mon rôle.

Les potages, les bouillis, les andouilles, les côtelettes circulent ; au second service, le veau, le cochon, le lapin, le bœuf à la mode ; on ne connaît pas là les petits mets friands et légers ; on mange de la viande

et puis de la viande. — Parbleu ! se dit Gustave, voilà un repas fortifiant ; c'est sans doute la mariée elle-même qui l'aura commandé.

Pendant que l'on dîne, trois ménétriers se placent dans un orchestre établi dans un coin de la salle et jouent de toute leur force : *Ou peut-on être mieux ? Gai ! gai ! mariez-vous ; Il faut des époux assortis ; Tu n'auras pas, petit polisson, la marche des Tartares*, et autres airs qu'ils présument de circonstance ou à grand effet. Le train que font ces artistes force les convives à parler plus haut : pour s'entendre on crie, on fait un tintamarre infernal. Le vin commence à échauffer les esprits ; les grosses plaisanteries sont lâchées et reçues avec des transports de joie à faire péter les vitres. Le cousin Ledru a promis de faire des farces ; il se met en train : c'est un feu roulant de quolibets qu'on ne peut pas prendre à double entente, car les choses sont clairement détaillées... Pendant ce temps, Gustave essaie de faire plus ample connaissance avec ses voisines ; il s'adresse d'abord à la grosse brune ; elle prend bien ses plaisanteries ; elle aime à rire. Le faux Nicolas fait le galant ; il offre souvent à boire, on accepte ; il prend la carafe et croit devoir offrir de l'eau.

— Oh ! je ne bois jamais d'eau, monsieur. — Ah ! pardon, madame, j'ignorais... — Mon mari me ferait un beau train si j'en buvais !... — Ah ! c'est votre mari qui ne veut pas ?... — J' vas vous dire pourquoi : c'est que quand je bois de l'eau je pisse au lit ; j'en avais hu il y a deux jours par mégarde... demandez à M. Ratel comme il a été trempé !... le pauvre homme en a eu plein le dos ! — C'est différent ; vous faites fort bien alors de n'en pas boire.

Et Gustave se tourne du côté de la blonde : la confidence de madame Ratel n'avait pas fait un bon effet.

En cinq minutes de conversation, Gustave apprend que la petite dame est veuve, cousine du marié et marchande mercière rue aux Ours ; qu'elle aime beaucoup le spectacle, qu'elle va souvent aux mélodrames, et que le dimanche elle joue la comédie bourgeoise rue du Cygne, dans une petite salle dont on a fait un théâtre, avec la permission de M. le commissaire, et où l'on joue presque aussi bien que chez Doyen.

— Allons, se dit notre héros, avec une veuve je ne craindrai ni de brouiller un ménage ni d'être accusé de séduction ; car une femme qui joue la comédie bourgeoise tous les dimanches ne peut pas se donner pour novice en intrigue. Contons fleurette à la mercière, seulement pour passer le temps ; d'ailleurs un jeune homme qui veut s'instruire doit faire un cours de galanterie dans toutes les classes.

Madame Henri (ainsi se nommait la petite veuve) écoutait Gustave, ouvrait de grands yeux, et paraissait quelquefois surprise de ses manières. Une femme qui joue la comédie doit avoir un peu de discernement, et notre héros oubliait parfois qu'il ne devait être que Nicolas Toupet.

Madame Ratel, piquée de l'abandon de M. Nicolas, qui ne causait plus qu'avec sa voisine, cherchait à se mêler à leur conversation, lorsque la mariée poussa un cri perçant ; on s'occupait à lui enlever sa jarretière : le grand dadais qui s'était fourré sous la table pour s'en emparer avait saisi le ruban et l'avait tiré avec beaucoup de force, croyant l'enlever plus lestement ; mais mademoiselle Lolotte, craignant que sa jarretière ne tombât avant l'époque de rigueur, l'avait, par précaution, nouée fortement à sa jambe ; ensuite, tout entière aux agréments de la conversation et aux douceurs qu'on lui adressait, elle avait oublié de dénouer sa jarretière.

Le mouvement du premier garçon de la noce fut si vif que Lolotte glissa de sa chaise en poussant un cri ; tous les convives se lèvent, on cherche des yeux la mariée ; le grand dadais se trouvait la tête sous les jupons de Lolotte. M. Détail n'était pas assez fort pour relever sa femme, le parrain lui aida en assurant que c'était une bonne farce du premier garçon de la noce, M. Cadet. La mariée ne paraissait pas trouver la plaisanterie à son goût ; mais Ledru lui fit observer qu'il fait noir sous les jupons, et que par conséquent Cadet n'avait rien vu et ne voyait rien. Cette réflexion lumineuse rassura M. Détail. — Du moment qu'il n'a rien vu, dit-il, je n'en demande pas davantage.

Lolotte se remit à table sans paraître déconcertée ; M. Cadet se mit à sa place, rouge comme une betterave. On distribua la fameuse jarretière coupée par petits morceaux ; on apporta le dessert, le café, la liqueur ; la gaieté devint encore plus bruyante ; on chanta, on trinqua ; on n'aurait pas entendu tirer le canon dans la pièce au-dessous.

L'instant du bal arrive enfin. On quitte la table, on court se mettre en place, on descend, on se pousse, on se presse, on tombe, on éclate de rire, une bonne d'une gaieté folle, les danseurs peuvent tâter, pincer, presser tout ce qu'ils trouvent sous leurs mains ; un jour de noce ces choses-là sont permises, et à la Villette on ne se formalise pas pour des bagatelles comme cela.

Un garçon ébéniste du faubourg Saint-Antoine lorgnait depuis longtemps madame Henri et regardait avec humeur M. Nicolas. Gustave ne faisait pas attention aux regards animés du jeune ébéniste et continuait de rire avec la mercière ; il la fait danser deux contre-danses ; le monsieur aux œillades invite la dame pour *la suivante*, elle accepte, mais Gustave, piqué au jeu et dans la chaleur étourdissante, propose à la jolie blonde de faire un tour dans le jardin ; elle y consent, et descend avec M. Nicolas Toupet, oubliant son engagement avec l'ébéniste.

On se promène bras dessus bras dessous, on cause, on se regarde, on se prend la main, on soupire; Gustave propose de s'asseoir sous un bosquet bien noir (car le jardin d'un marchand de vin n'est éclairé que les dimanches et les lundis); la petite veuve accepte; Gustave prend un baiser, on rit; il veut prendre autre chose, on se fâche, on le repousse.

La mercière a de la vertu; elle veut bien plaisanter, rire, mais elle ne veut pas que cela aille plus loin. — Où diable la rigueur va-t-elle se nicher! se dit Gustave; on se rend dans les boudoirs, dans les salons, dans les bosquets de Tivoli, et l'on me repousse à la Villette, dans le jardin d'un marchand de vin!...

Marie-Jeanne explique comment le diable lui est entré trois fois dans le corps.

Gustave promet d'être plus sage; on ui pardonne, on se remet près de lui; on lui accorde un baiser, puis on reparle amour, mariage, fidélité... Pauvre femme! elle veut un mari, elle s'est bien adressée!... mais elle a donc oublié que M. Nicolas est le futur de mademoiselle Suzon d'Ermenonville? Non, mais elle est jolie. M. Nicolas soupire en la regardant; elle supplantera mademoiselle Suzon. Quelle est la femme qui ne compte pas un peu sur le pouvoir de ses charmes?

La conversation était tendre; Gustave cherchait à ramener la petite veuve à des principes moins sévères... Tout à coup le garçon ébéniste se présente devant eux; il est furieux; ses yeux brillent comme ceux d'un chat auquel on vient de couper la queue; il s'approche de Gustave, les poings fermés et la tête en arrière.

— Monsieur du Toupet, ça ne s'appelle pas de l'honnêteté que d'empêcher une particulière de danser avec l'individu qui a eu celui de l'engager; et madame que v'là serait maintenant sur la mesure avec moi si vous ne l'aviez point fait descendre dans ce jardin, je ne sais pas trop pour quoi faire.

Gustave a écouté tranquillement le discours de son rival; et, oubliant son personnage, il part d'un éclat de rire. L'ébéniste, qui voit qu'on se moque de lui, n'en est que plus irrité; il applique un coup de poing sur le nez de Gustave; celui-ci se lève vivement et lui saute au collet; ces messieurs se poussent, se pressent, se frappent; la petite blonde jette les hauts cris, pleure, appelle tous les gens de la noce.

Les garçons marchands de vin accourent, puis le maître, les servantes, puis les marmitons; l'alarme se répand jusqu'à la salle de bal; la danse est interrompue; le marié, qui dansait pour la première fois avec sa femme, pense que c'est à lui à mettre la paix parmi les convives; il lâche la main de Lolotte au moment de la poule et descend précipitamment; on suit le marié, on arrive dans le jardin; Gustave tenait l'ébéniste fixé à terre; il avait un genou sur l'estomac de son antagoniste; il lui serrait la gorge, de l'autre il lui tirait une oreille; le pauvre vaincu étouffait, il demandait grâce; mais Gustave, irrité d'avoir été forcé de se battre à coups de poing, ne se connaissait plus; heureusement les danseurs arrivaient en foule; on saisit M. Nicolas, on relève l'ébéniste à demi mort; on cherche à réconcilier les combattants.

Gustave était satisfait; il ne pouvait exiger d'autre réparation de gens avec lesquels il espérait bien ne plus se retrouver; il avait un œil un peu noir, le nez légèrement écorché, mais il avait voulu être d'une noce à la Villette, et en voulant voir de tout il faut bien s'attendre à quelques petits désagréments.

Pour l'ébéniste, il en avait assez; il se promit bien de ne plus se frotter à M. Toupet. La petite mercière pleurait, et se reprochait d'avoir par son défaut de mémoire amené ce combat; madame Ratel faisait les commentaires et s'informait malicieusement du motif qui avait conduit madame Henri et M. Nicolas dans un petit bosquet éloigné de la maison. Chacun faisait ses réflexions; et Gustave, qui s'était assez amusé comme cela, demanda à M. Détail où l'on avait mis son chapeau. — Quoi! monsieur Nicolas, vous voulez déjà nous quitter? — Oui, monsieur le marié. J'ai des affaires à Paris; je vais me coucher pour me lever plus matin. — Attendez au moins le souper. — Bien obligé : j'ai dîné de manière à n'avoir plus d'appétit. — Acceptez un verre de vin. — Rien, absolument, monsieur Détail. — Allons, puisque vous êtes inébranlable sur la fermeté, je vais demander à Lolotte où sont les chapeaux. — Je vous suis.

M. Détail monte dans la salle du bal, où il ne trouve que les ménétriers occupés à prendre leur part des rafraîchissements préparés pour la société. — Où donc est ma femme? dit le marié en entrant dans tous les salons. Où diable est mon chapeau? dit Gustave en furetant dans tous les coins; je ne puis pas, étant en sueur, retourner à Paris sans chapeau; c'est bien assez d'avoir un œil poché et un nez meurtri; je ne me soucie pas de m'enrhumer.

En passant dans un corridor, on aperçoit une petite porte; une servante dit que c'est là que sont les chapeaux, les vestes et les habits de ces messieurs, mais on ne trouve pas la clef à la porte. — Attendez, dit la domestique, ma maîtresse en a une qui ouvre toutes ces portes-là.

La fille descend, et remonte avec un trousseau de clefs; M. Détail ouvre, et entre une chandelle à la main; Gustave le suit, la domestique suit Gustave... le marié pousse un cri et fait deux pas en arrière... Gustave avance la tête, et voit Lolotte couchée sur un matelas, et monsieur Cadet, premier garçon de la noce, furetant auprès de la mariée (sans doute pour mieux apprendre à dénouer une jarretière).

Le colonel Moranval.

Le marié, dans le premier moment, doute de ce qu'il voit : il avance plus près avec sa lumière, le grand Cadet se fourre sous le lit, la servante ouvre de grands yeux hébétés; Gustave est curieux de voir si Lolotte saura se tirer de là. — C'est bien ma femme! ... s'écrie M. Détail, et dans sa douleur il laisse tomber son flambeau. La lumière roule précisément sur les objets que M. Cadet considérait; le feu prend à certain endroit qui s'enflamme toujours facilement; Lolotte se relève en poussant des cris épouvantables ; elle sort en relevant ses jupons, et va se plonger dans un baquet où rafraîchissait le vin du souper. Toute la société accourt : M. Cadet s'enfuit; la servante conte ce qu'elle a vu ; les hommes consolent le marié ; M. Ledru cherche à lui faire prendre cela pour une farce qui était arrangée afin de juger de son amour pour sa femme. Les dames entourent le baquet et en retirent Lolotte, désespérée de la perte qu'elle a faite. Madame Ratel calme un peu son désespoir en lui dannant l'adresse d'un perruquier-coiffeur, faubourg du Temple près la barrière, lequel fait le *postiche* en tout genre.

Au milieu de ce désordre, Gustave prend le premier chapeau qui se trouve sous sa main, et sort du *Boisseau-Fleuri,*

. . . . honteux et confus,
Jurant, mais un peu tard, qu'on ne l'y prendra plus.

CHAPITRE X. — Méprise. — La Patrouille. — La petite Blanchisseuse.

— Voilà ce que c'est !... se disait Gustave en descendant le faubourg Saint-Martin ; je veux toujours agir sans réfléchir, et je fais sans cesse des sottises ! Avec un peu de réflexion, je ne serais point allé à cette noce, où j'étais fort déplacé, et alors je n'aurais pas mis en l'airle *Boisseau-Fleuri* !... madame Ratel ne m'aurait pas appris qu'elle pisse au lit quand elle boit de l'eau ; la petite veuve ne serait pas descendue au jardin, elle aurait dansé avec tout le monde ; ce nigaud d'ébéniste ne se serait pas battu avec moi ; je n'aurais pas l'œil en compote et le nez enflé ; le marié ne serait pas allé chercher un chapeau dans le petit cabinet noir où sa chère moitié s'est enfermée avec cet imbécile qui aurait eu le temps de lui mettre et de lui ôter trois ou quatre fois ses jarretières ; et la pauvre Lolotte ne se serait pas mise le derrière dans l'eau du puits, parce que le feu n'aurait pas consumé le devant... de sa chemise. Que diable allais-je faire dans cette galère !

Que dirait mon oncle s'il me trouvait sous ce costume... avec cette figure abîmée ?... Diable ! mais j'y songe... il est à peu près une heure du matin. Irai-je chez Olivier maintenant ?... S'il ne fallait que m'exposer à ses sarcasmes, je serais le premier à rire avec lui de ma mésaventure ; mais il y a un portier dans sa maison... ce maudit portier dort maintenant... car cés gens-là font le désespoir des jeunes gens !... il faudra frapper, réveiller tout le monde... et être vu dans cet état... sale... crotté... ce diable d'ébéniste m'a jeté deux fois à terre... ce chapeau que j'ai pris sans voir clair n'a pas forme humaine... et mon nez !... mon œil !... Pour qui me prendra-t-on ?... Je ne veux pas me montrer comme cela !... Il faut donc coucher dans la rue !... Maudite noce !... au diable la Villette, les mercières et les ébénistes !

Gustave était arrivé à la porte Saint-Martin : il restait là incertain s'il tournerait à droite ou à gauche, ou s'il n'avancerait pas du tout. Une idée se présente, elle le frappe, elle lui sourit ; il se met à courir vers la rue Charlot.

On se rappelle ou on ne se rappelle pas une demoiselle Lise, blanchisseuse de fin, dont le colonel Moronval a parlé au commencement de cet ouvrage, et avec laquelle notre héros s'est enfui à seize ans de son collège pour aller se cacher dans une petite chambre, rue du Fauconnier. Le colonel avait rattrapé son neveu et reconduit mademoiselle Lise chez sa mère ; mais comme on ne tient pas un jeune homme sans cesse renfermé, et qu'une petite blanchisseuse de fin doit aller porter le linge à ses pratiques, les jeunes gens s'étaient revus, d'abord très-fréquemment et très-amoureusement, puis moins souvent et avec moins d'ardeur. Gustave avait enfin négligé tout à fait la petite Lise, qui de son côté s'était consolée et avait bien fait.

Cependant on conserve de l'amitié pour un joli garçon qui, quoique volage, a toujours des manières aimables. On aime à revoir une jolie femme qui nous a fait connaître toutes les douceurs de l'amour et qui nous en inspire encore quand nous la rencontrons. Ce n'est plus, à la vérité, que le plaisir du moment que nous goûtons avec elle ; mais un moment de plaisir est quelque chose. Gustave et Lise se retrouvaient toujours avec amitié et se procuraient ensemble ces moments-là.

Quatre ans étaient écoulés depuis l'enlèvement de la petite, et il s'était passé bien des événements. La mère de la demoiselle était morte ; celle-ci travaillait pour son compte ; elle avait pris sa chambre dans un autre quartier que celui où elle était née, parce que ses aventures avec M. Gustave avaient fait beaucoup de bruit dans la rue Saint-Antoine, et que les commis du *Petit-Saint-Antoine* se permettaient de ricaner lorsque la petite blanchisseuse passait devant le magasin. Mademoiselle Lise était désormais sa maîtresse ; elle voulait faire ce que bon lui semblait, mais elle ne voulait pas être en butte aux propos des mauvaises langues : elle alla donc louer une chambre dans la rue Charlot ; là elle était proche des petits spectacles, elle pouvait espérer la pratique de quelque acteur de l'Ambigu ou de la Gaîté, et cela pouvait lui procurer des billets (vous voyez que la demoiselle est prévoyante) ; du reste, elle était fort tranquille, et se conduisait aussi honnêtement que peut le faire une jeune fille qui gagne vingt sous par jour et veut porter des chapeaux.

Gustave s'était rappelé Lise ; elle lui avait donné son adresse à leur dernière rencontre, et le jeune homme savait pas que les petites ouvrières en chambre ne se logent jamais dans les maisons à portier.

Notre héros arpente les boulevards, il arrive rue Charlot ; mais il a oublié le numéro : comment faire ? parbleu ! frapper à toutes les allées ; tant pis pour les personnes que cela dérangera dans leur sommeil et qui s'en trouveront mal ; tant pis pour les malades, pour ceux qui rêvent avoir ce qu'ils n'ont point ; tant pis pour l'auteur qui rêve un succès ; tant pis pour le rentier qui se voit devant une bonne table ; tant pis pour l'amant qui obtient un aveu ; tant pis pour le poëte qui se croit reçu à l'Académie ; tant pis pour la coquette qui désole vingt amants ; tant pis pour la vieille qui se croit rajeunie ; tant pis pour le joueur qui rêvait un quaterne à la loterie ; tant pis pour le malheureux qui ne sait pas comment il donnera le lendemain du pain à ses enfants : tant mieux pour la femme qui est couchée avec celui qu'elle adore, tant mieux pour celui dont le bonheur est parfait et à qui la réalité ne présente qu'un avenir couleur de rose ! Mais au total il y a plus de tant pis que de tant mieux.

— Bon ! voilà une allée... frappons... et frappons fort...

On ouvre une fenêtre au second : une tête coiffée d'un bonnet de coton s'avance pour regarder dans la rue.

— Qui est là ?... que demandez-vous ?

— Voudriez-vous bien m'indiquer la demeure de mademoiselle Lise, blanchisseuse de fin ?

— Que la peste vous étouffe, vous et votre blanchisseuse !... Vit-on jamais une chose pareille ! réveiller toute une maison à une heure du matin pour demander une adresse !...

— C'est une affaire pressée.

— Si la garde passait, je vous ferais arrêter...

— Vraiment !... et moi, si vous ne vous taisez pas, je vais jeter des pierres dans vos carreaux.

Le monsieur se retira, ferma sa fenêtre en envoyant de bon cœur Gustave au diable.

La petite Suzon

Notre héros, sans se décourager, avança une quinzaine de pas et frappa à une autre allée.

— Cette fois, dit-il, frappons avec plus de douceur ; tâchons de ne réveiller les habitants que par degrés.

Il lâche légèrement le marteau d'une petite porte verte ; on ouvre de suite une fenêtre au premier.

— Pour cette fois, dit Gustave, on ne dormait pas, ou l'on a le sommeil bien léger !... — Est-ce toi, mon ami ? demande une jeune femme d'une petite voix douce. — Oh ! oh !... encore une aventure... Allons, voyons ce que cela deviendra. Et notre étourdi répond un oui étouffé. — C'est bien mal de te faire attendre si longtemps !... tu sais bien que mon mari est de garde au Château-d'Eau... et qu'il ne quitterait pas son poste pour venir coucher avec sa femme... Attends... je vais te jeter le passe-partout, car je ne puis descendre, je suis en chemise.

La petite femme se retire de la fenêtre, et Gustave se gratte l'oreille, très-indécis sur ce qu'il doit faire. — Une petite femme dont la voix est très-douce, et qui vous attend chez elle au milieu de la nuit pendant que son mari fait sentinelle près du Château-d'Eau, cela est bien séduisant... ; mais enfin ce n'est pas Gustave que cette femme attend, et lorsqu'elle s'apercevra de sa méprise, elle sera confuse, désolée ; puis si l'ami vient après, comme c'est présumable, ce sera bien une autre affaire ! il faudra encore se quereller, se battre, mettre une maison sens dessus dessous !... Non !... ce serait une folie, et décidément il ne faut pas accepter le passe-partout.

Tel est le résultat des réflexions de Gustave. Voilà, je pense, une conduite bien sage pour un jeune homme accusé d'être mauvais sujet ; mais, entre nous, je crois que le petit amour-propre de notre héros fut en partie cause de cette belle résolution. Un jeune élégant ne se sent pas le courage de se montrer pour la première fois à une femme sous un costume qui ne lui va pas, et avec un œil poché et un nez meurtri ; la première impression pourrait ne pas lui être agréable, et quand on est habitué à faire des conquêtes, on ne s'expose pas volontairement à se faire rire au nez.

La petite dame reparaît à la fenêtre ; elle noue un mouchoir après une clef, et va jeter le tout à Gustave, lorsque celui-ci fait entendre distinctement sa voix.

— Veuillez recevoir mes excuses, madame ; mais je crois que nous nous trompons tous deux. — Grand Dieu ! ce n'est pas lui !... — De grâce, madame, ne vous éloignez pas sans m'entendre. — Monsieur... vous allez croire des choses... c'est mon frère que j'attends, et comme il est brouillé avec mon mari... voilà pourquoi j'avais choisi ce moment pour lui parler... — Madame, je ne doute pas de ce que vous venez de dire !... vous pouvez d'ailleurs compter sur ma discrétion... Vous voyez que je mérite quelque confiance, puisque je n'ai pas accepté le passe-partout que vous alliez me jeter si je ne m'étais fait connaître. — Cela est vrai, monsieur. — Veuillez donc me dire si vous connaissez dans cette rue une jeune fille blanchisseuse de fin... — Une petite brune ?... — Oui, madame. — Un peu marquée de la petite vérole ?... — Justement. — C'est la petite Lise ? — C'est cela même, madame. — Vous la connaissez ? — Oui, monsieur, c'est une de ses pratiques.... Ah !... c'est-à-dire... non, monsieur, elle ne me connaît pas... mais elle blanchit une de mes amies.

— Bon, dit Gustave, la dame craint que je ne sache par Lise son nom et celui de son mari... Madame, pourriez-vous me dire le numéro de sa maison ? c'est elle que je cherche ; j'ai quelque chose de très-pressé à lui apprendre. — Le numéro, je ne le sais pas, mais je puis vous indiquer la maison... Tenez, à droite après la rue Sainte-Foi... Ah ! ciel ! une patrouille !... c'est mon mari !...

Ici la dame, qui s'était penchée pour désigner à Gustave la demeure de Lise, rentre précipitamment dans sa chambre, dont elle referme bien vite la fenêtre.

Gustave se retourne, il aperçoit en effet une patrouille de la garde nationale qui venait de détourner la rue Boucherat et marchait droit à lui. Un des soldats de la patrouille était le mari de la petite dame, et il avait prié son caporal de faire passer la ronde rue Charlot, parce qu'on est bien aise de pouvoir dire le lendemain à ses voisins : J'ai veillé cette nuit sur vous.

Mais le mari avait aperçu de loin sa femme à sa fenêtre causant avec un homme dont la tournure était suspecte ; il quitte son rang et court à Gustave en criant : — A moi, caporal, alerte !

Gustave regardait venir la patrouille, incertain s'il l'attendrait ; le mari le joint, le saisit au collet et lui ordonne de le suivre au corps de garde. Notre héros répond par un coup de poing qui renverse le pauvre homme sur une borne, puis il court vers l'autre bout de la rue. Le caporal ordonne à ses soldats de poursuivre le fuyard ; mais Gustave va plus vite que des gens qui ont fusil, sabre et giberne, et qui ne sont pas habitués à porter tout cela ; il ne se soucie point d'ailleurs de finir sa nuit au corps de garde. Il aperçoit sur son chemin une allée dont la porte n'est pas fermée ; il entre, rejette la porte sur lui, et grimpe quatre à quatre un escalier tortueux qu'en plein jour il n'eût pas monté sans regarder vingt fois à ses pieds. Pour échapper à la patrouille, il escaladerait les toits et marcherait sur les gouttières. Lorsque la tête est montée, on fait des choses que, de sang-froid, on n'oserait pas entreprendre.

Gustave s'arrête enfin... il était arrivé aux mansardes, et il fallait bien qu'il s'arrêtât : il n'y avait plus de marches à monter. Où ira-t-il ?... il n'en sait rien lui-même... il pousse au hasard une porte devant lui : elle s'ouvre... et Gustave recule et s'éloigne, parce que, sans voir clair, il y a des endroits qu'on devine parfaitement.

La patrouille qui poursuivait Gustave avait remarqué la maison dans laquelle il s'était caché. Elle frappait à son tour à la porte de l'allée et sommait les habitants d'ouvrir et de leur livrer le coupable. Mais les habitants ne se pressaient pas de répondre à l'invitation du caporal. Gustave entendait du sixième étage le bruit qu'on faisait dans la rue ; il descend au cinquième, il va descendre encore pour parlementer à la porte de l'allée... une voix bien connue frappe son oreille.

— Ah ! mon Dieu ! quel bruit on fait cette nuit dans la rue !... il n'y a pas moyen de dormir !... — C'est elle ! dit notre héros, je suis sauvé !...

Il frappe à une porte du côté d'où partait la voix.

— Qui frappe ?... — C'est moi, Lise... c'est Gustave... ouvre-moi vite... — Gustave !...

La petite blanchisseuse saute à bas de son lit et court ouvrir sa porte. Elle pousse un cri d'effroi en voyant le jeune homme, qu'elle ne reconnaît pas sous le costume qui le déguise. Celui-ci entre précipitamment, referme soigneusement la porte et se jette sur le lit de Lise en s'écriant : — Enfin me voilà sauvé !... Je brave ici le corps de garde, les maris et les patrouilles !...

Lise a pris sa lampe de nuit, qu'elle approche de la figure de Gustave. — Mais c'est vrai, parbleu ! c'est moi... Au fait, je dois être bien méconnaissable au premier coup d'œil !... — Ah ! mon Dieu !... dans quel état !... un œil tout noir... le visage en sang !... et tes habits !... Ah ! quelle horreur !... pour un jeune homme comme il faut !... — Quand tu sauras tout ce qui m'est arrivé !... Mais tiens... les entends-tu frapper comme des sourds à la porte de l'allée ?... — Oui, c'est donc pour vous qu'on fait ce tapage-là ? — Oui, ma chère amie ; j'ai mis le désordre à la Villette, la jalousie dans le cœur d'un garçon ébéniste, le désespoir dans l'âme d'un nouveau marié et le feu à la chemise de sa femme !... — Ah ! mon Dieu !... le mauvais sujet !... vous vous êtes donc battu ? — Oui ; et tu vois que, quoique vainqueur, on peut être blessé... — Mais ces gens qui frappent à la porte... — Laissons-les frapper. — Que veulent-ils donc ? — M'arrêter... c'est une ronde nocturne que j'ai mise aux abois, parce que... Ah ! à propos, dis-moi, connais-tu dans cette rue, à deux cents pas d'ici, une dame mariée qui demeure au premier, au-dessus d'une petite porte verte ? — Oui, sans doute, c'est madame Dubourg. — Est-elle jolie, madame Dubourg ? — Fort jolie ! une figure espiègle... un nez retroussé... — Ah ! diable ! si j'avais su tout cela plus tôt... et son mari ? — C'est un monsieur de quarante ans, un joli cœur !... il porte des jabots... — Il porte encore autre chose, à ce que je crois. — Comment donc ? est-ce que vous connaissez madame Dubourg ? — Nullement : je la verrais dans la rue, que je ne la reconnaîtrais point. Mais laissons cela... Écoute... entends-tu encore frapper ?... — Non. — Voyant qu'on ne leur répondait pas, ils ont pris le parti de s'en aller... j'en étais sûr. — Mais pourquoi couraient-ils après vous ? — Je te conterai tout cela. — Voyons... il faut que ce bassine votre œil et votre nez... car vous êtes dans un état... — Tu ne m'attendais pas, n'est-il pas vrai, Lise ? — Oh ! certainement. — C'est bien heureux pour moi que tu sois seule. — Comment, seule ?... — est-ce que je ne demeure pas seule ? — Oui !... oui !... mais cela n'empêche pas... on reçoit quelquefois des visites qui se prolongent un peu tard dans la nuit. — Oh ! monsieur, je ne reçois point de ces visites-là... — Bah !... vraiment ?... — Voyez donc !... cet air surpris !... — Tu es donc bien sage à présent ? — Est-ce que je ne l'ai pas toujours été ? — Oh ! si fait ; mais on peut être fort sage et avoir une petite connaissance... — Non, non, je ne veux plus de petites connaissances... les hommes sont trop faux !... trop perfides !... pour qu'on les aime. — Tu as bien raison, ma chère amie... Prends garde... tu me mouilles tout le visage avec ton eau-de-vie et ton eau... — Le grand malheur !... n'êtes-vous pas bien heureux que l'on vous soigne, qu'on panse vos blessures... quand c'est pour d'autres !... Ah ! le mauvais sujet !... votre oncle a bien raison de vous gronder !... — Tu trouves ?... pauvre Lise !... cet outrage t'aime, mais tu ne m'aimes plus ?... — Je te voudrais bien !... mais je vous aime toujours malgré moi... car vous ne méritez pas qu'on s'intéresse à vous !... Allons, finissez, monsieur, laissez-moi... je vois vous jeter tout cela au visage !... — Parbleu ! mon visage n'a plus rien à craindre... Tu es charmante, comme cela... en bonnet de nuit... — C'est bon, c'est bon... ah ! quel démon !... Monsieur Gustave, je me fâcherai... — Tu as les yeux plus brillants qu'à l'ordinaire... — C'est de colère qu'ils brillent... Eh bien ! que faites-vous donc ?... — Tu le vois, je me déshabille... — Et pourquoi faire ? — Mais pour me coucher, apparemment. — Ah ! vous allez vous coucher ? eh bien ! c'est une idée gêne... — Est-ce que tu voudrais que je passasse la nuit levé ? fatigué comme je le suis, je serais mort demain... — Mais c'est qu'il le fait comme il le dit !... et mais... où me mettrai-je ?... — Mais à côté de moi, je pense. — Ah ! par exemple !... ça serait joli !... au moins si vous me promettiez d'être sage !... — Ah !... au fait... puisque monsieur est si fatigué... je ne dois rien craindre... Eh mais ! je crois qu'il s'endort.... couchons-nous vite !...

Chapitre XI. — On fait connaissance avec madame Dubourg.

Après une nuit passée aussi gravement que peuvent le faire un homme de vingt ans et une femme de dix-neuf (qui ne sont pas mariés), Gustave s'éveilla ; Lise était déjà levée : elle soufflait son feu pour faire monter son lait, et pour offrir une tasse de café à Gustave.

— Ma chère amie, que fais-tu là ? — Vous voyez bien que je fais du café pour votre déjeuner... — Je te remercie ; j'aime beaucoup le café ; mais lorsqu'on a couru, qu'on s'est battu, qu'on a eu la patrouille à ses trousses, et une jolie femme pour hôtesse. on a besoin de prendre quelque chose de plus restaurant que du café. Tiens, prends ta bourse qui est dans cette grosse veste bleue, va chez le charcutier, chez l'épicier, chez le boucher ; fais apporter des côtelettes de mouton, de veau, et de porc frais, des saucisses, des andouilles, des cervelas, du jambon, du fromage, et surtout du vin, le meilleur que tu trouveras. — Ah ! mon Dieu !... quel déjeuner !... — Mais, pendant que je courrai, mon linge ne sera pas repassé, et c'est ce matin que je dois le porter à mes pratiques... — Tant pis pour les pratiques !... elles attendront un jour de plus... — Et cette petite brodeuse qui attend son bonnet pour aller danser ce soir au Colysée ? — Elle dansera en cheveux. — Et cet auteur de mélodrames, qui a besoin de son jabot pour aller luire aujourd'hui une pièce pour les chevaux de Franconi ?... — Les chevaux entendront sa pièce demain. — Et cette belle demoiselle à cachemire français, qui attend que je lui rapporte sa chemise de percale parce qu'elle a sur le corps depuis huit jours ?.. — Elle portera sa chemise sale un jour de plus. Allons, Lise, va me chercher à déjeuner, je meurs de faim. — Ah ! mon Dieu !... il faut faire tout ce qu'il veut.

Lise sort. Gustave récapitule ce qu'il a fait et ce qu'il doit faire : d'abord il est bien décidé à ne plus remettre le pantalon de toile et la veste bleue ; mais comment avoir d'autres vêtements ?... Parbleu ! il enverra Lise chez Olivier, qui remettra à la petite ou à Benoît ce qu'il lui faut pour paraître dans les rues de Paris. Olivier est à peu près de la taille de Gustave, ainsi un de ses habits peut aller à celui-ci. Oui, mais pourvu qu'Olivier, qui n'est pas non plus excessivement rangé, se trouve avoir deux habits à sa disposition !... En effet, Benoît doit avoir rapporté à Paris l'habit que son maître portait à Ermenonville, à moins que l'imbécile ne l'ait perdu en route. En tout cas, Gustave possède encore de l'argent ; à Paris, un goujat peut en vingt minutes se faire habiller comme un marquis.

Lise revient portant un panier chargé de comestibles. Gustave se lève ; il passe le premier pantalon qu'il trouve sous sa main, il endosse la camisole de feu la vieille douairière de la rue des Trois-Pavillons, et se dispose à aider Lise pour la confection du déjeuner. On allume un grand feu, le gril remplace le petit réchaud sur lequel monte le lait. Les côtelettes, les saucisses sont étalées ; le feu pétille, le boudin se fend ; on dresse la table, on la couvre de fromage, de fruits, de gâteaux, de bouteilles ; en cinq minutes tout est prêt, on se met à table : le déjeuner est trouvé excellent ; Lise rit de l'appétit de Gustave, et tout en mangeant, en causant, en riant, on s'embrasse, on se chiffonne ; la petite donne une tape, puis un baiser ; elle se fâche quand Gustave n'est pas sage, elle le lutine quand il rit trop longtemps.

— Ah çà, ma chère amie, dit Gustave après avoir satisfait tous ses appétits, voilà assez de folies ; parlons raison maintenant : il faut nous occuper des moyens de te faire sortir d'ici... — Eh bien ! qui vous empêchera de vous en aller quand vous le voudrez ? — Tu as donc oublié que je suis arrivé sous ce costume de villageois, qui, par parenthèse, ne m'a pas porté bonheur, et que je ne remettrais pas pour tout l'or du monde ! — C'est vrai, je n'y pensais pas ; il vous faut des habits.. Voulez-vous que j'aille chez vous en chercher ? — Chez moi !... cela t'est bien aisé à dire ; mais je n'ai pas de chez moi pour l'instant ; tu sais bien que je demeure avec mon oncle ; mais comme il est, dans ce moment, fâché avec moi, je veux laisser à sa colère le temps de s'apaiser. — Ce pauvre colonel ! vous lui donnez de l'occupation. — C'est lui rendre service : un militaire à la retraite a besoin de dissipation. Tu vas donc aller chez Olivier... — Ah ! encore un bon sujet !... qui court les bals, les jeux, les filles, les cafés !... c'est lui qui vous a perdu !... il ne peut donner que de très-mauvais conseils !... — Tu crois !... En vérité, Lise, tu deviens forte sur la morale ! si mon oncle t'entendait, je suis sûr qu'il se raccommoderait avec toi, lui qui te croit une petite coureuse... — Ah ! votre oncle pense cela de moi !.. cela lui va bien, à ce vieux singe goutteux, de mal parler des autres !... Quand je le verrai, je lui arracherai les yeux !... — Un peu de respect pour mon oncle, mademoiselle Lise !... — Vieux renard sans queue !... ce n'est pas à la guerre qu'il a attrapé tous ses rhumatismes... — Mademoiselle Lise !... — Ah ! il m'appelle coureuse !... il me le payera !... — Auras-tu bientôt fini ? — C'est que je ne veux pas qu'on se permette de dire quelque chose sur ma conduite !... — C'est juste, ce serait une horreur !... — Moi qui suis si sage ! qui ne sors pas, qui ne vois personne !... — C'est vrai, tu vis comme une vestale. — Et dire que je suis... — Ah çà, morbleu, en voilà assez !... quand on a touché l'endroit sensible d'une femme, il n'y a plus de raison pour que cela finisse... Tu vas donc aller chez Olivier ? — Et où de-

meure-t-il maintenant votre Olivier ? — Rue des Petites-Ecuries, près le faubourg Poissonnière... Je lui demanderai des vêtements pour vous ? — Oui ; tu lui raconteras ce qui m'est arrivé... — Ah ! je ne lui dirai pas que vous avez passé la nuit chez moi, à coup sûr. — Non, tu diras que j'y suis venu ce matin.... Enfin tu diras tout ce que tu voudras ; mais songe qu'il me faut un habit, un chapeau, un pantalon et des bottes... — Et il faudra que je porte tout cela ? — Tu prendras, si tu veux, un petit commissionnaire ; je craindrais que Benoît, mon domestique, fût reconnu et suivi. — Allons, je vais faire mes commissions ; vous, pendant mon absence, n'ouvrez à personne !... Cela me ferait du tort si l'on voyait un jeune homme chez moi, et vêtu avec un pantalon et une camisole qui appartiennent à mes pratiques. — Sois tranquille ; viens qui voudra, je n'ouvre pas... mais que ferai-je pendant ton absence pour me désennuyer ?... — Fouillez dans cette armoire, vous y trouverez des livres... et qui sont joliment amusants : Jean Sbogar ; Faublas ; Mon Oncle Thomas ; Victor ; l'Enfant de ma femme.... — C'est bon, je verrai tout cela ; mais dépêche-toi, je t'en prie. — Oui, oui, je vais me dépêcher, ne vous impatientez pas.

Lise embrasse Gustave, met sa clef dans sa poche, et va rue des Petites-Ecuries.

Notre jeune homme, resté seul, feuillette les romans, lit quelques pages, se promène dans la chambre, regarde à la fenêtre si la petite revient ; mais la fenêtre donne sur les toits, on ne peut apercevoir dans la rue. Gustave s'impatiente, trouve le temps long, et songe pas qu'il y a loin de la rue Charlot à celle des Petites-Ecuries, et que d'ailleurs il faut le temps de rassembler ce qui doit compléter la toilette d'un jeune homme à la mode.

On frappe doucement à la porte.... — Ne faisons pas de bruit, dit Gustave, songeons à ma consigne. On frappe encore... on appelle... Ouvrez, mademoiselle Lise... c'est moi, c'est madame Dubourg.

— Madame Dubourg ! s'écria Gustave, oh ! ma foi, je veux la connaître : ne laissons pas échapper cette occasion. Il court à la porte, ouvre à celle qui l'a prié à un entretien nocturne, et dont il brûle de voir la figure.

Madame Dubourg craignait les suites que pouvait avoir son aventure de la nuit, et était curieuse de savoir quel était ce monsieur assez délicat pour refuser le passe-partout d'une jeune femme, et assez original pour chercher, à une heure du matin, l'adresse d'une blanchisseuse. Pour avoir quelques renseignements sur lui, il était naturel d'aller trouver la personne qu'il demandait, et qui, justement, blanchissait madame Dubourg ; entre femmes on se dit mille petites choses qu'un mari doit ignorer ; on espérait donc faire causer mademoiselle Lise, et lui recommander ensuite la plus grande discrétion, si le monsieur en question avait parlé de sa conversation avec une dame du premier au-dessus de la petite porte verte.

Madame Dubourg fit un mouvement de surprise en apercevant Gustave, que cependant elle ne reconnut pas, par la raison qu'elle n'avait pu, la nuit, distinguer ses traits, quoiqu'il y eût un réverbère non loin de la maison ; mais les réverbères ne sont probablement pas faits pour éclairer, puisqu'on n'y met d'huile que ce qu'il faut pour empêcher qu'on n'y voie goutte.

Madame Dubourg ne pouvait présumer que le monsieur qui voulait parler à mademoiselle Lise à une heure du matin fût encore chez elle à une heure après midi ; cependant elle ne savait si elle devait entrer, parce qu'une femme y regarde à deux fois avant de rester seule avec un homme en camisole. Mais Gustave, d'un ton poli et déguisant sa voix le mieux possible, engage la dame à attendre un moment, en lui assurant que mademoiselle Lise va rentrer.

Madame Dubourg entre et s'assied ; Gustave, après l'avoir considérée tout à son aise, reprend sa voix naturelle, et lui demande si son mari se ressent de sa chute contre une borne, et si son frère l'a fait veiller encore longtemps. Madame Dubourg se trouble, pâlit, regarde Gustave, et cache sa figure dans son mouchoir. — Ah ! madame ! lui dit Gustave, soyez persuadée que mon intention n'est pas de vous causer de la peine ; j'ai moi-même trop besoin d'indulgence pour me permettre de censurer les actions des autres. Que devez-vous penser d'un jeune homme qui frappe la nuit à toutes les portes, qui se cache le jour chez une blanchisseuse, et dans un costume !... C'est à moi, madame, à réclamer de vous l'oubli de mes folies, et à vous prier de ne pas me juger sur l'apparence.

Ce discours calma l'agitation de madame Dubourg ; elle ôta son mouchoir de devant son visage, et regarda Gustave en souriant. Malgré quelques marques, suite de son combat de la veille, elle le trouva fort bien ; elle vit aussi, par sa manière de s'exprimer, que ce n'était point un homme sans éducation, et un homme qui sait vivre est habitué aux aventures galantes, et n'y met pas l'importance qu'elles méritent.

— Je vois bien, monsieur, dit madame Dubourg, que nous devions nous connaître... Je ne pensais pas cependant vous retrouver sitôt... je me doute que vous êtes ici par suite de quelque étourderie, bien excusable dans un jeune homme. Je ne puis avoir mauvaise opinion de vous... veuillez être persuadé aussi que cette nuit c'est mon frère que j'attendais... — Je n'en doute pas, madame : mais je le trouve bien heureux d'avoir une sœur aussi aimable !... — Je suis fâché que la pa-

2.

trouille vous ait poursuivi... mais mon mari est cruel pour cela... il voit des voleurs partout !... — Les maris sont tous comme cela !... — J'ai été enchantée d'apprendre qu'on ne vous ait pas arrêté ! — Je le crois. — Je crois qu'on doit venir aujourd'hui s'informer dans la maison si l'on vous a vu... — Oh ! soyez tranquille, on ne m'y trouvera plus. — J'ai dit à mon mari que je m'étais mise à la fenêtre pour prendre l'air, me sentant incommodée... et qu'un inconnu m'avait demandé son chemin. J'espère que mademoiselle Lise ne sait pas... — Non, madame !... elle ne saura rien. — Alors je n'ai plus besoin de l'attendre, car je vous avoue franchement que c'était pour la pressentir à ce sujet que je suis venue chez elle. — Je m'en doutais, madame, et c'est pour cela que je désirais vous rassurer entièrement. — Adieu, monsieur ; si quelque jour je puis vous être bonne à quelque chose, veuillez ne pas m'oublier. — Vous oublier, madame ! vous ne devez jamais craindre de l'être.

Madame Dubourg fait à Gustave un salut gracieux, et va pour sortir, lorsque mademoiselle Lise rentre avec un paquet sous son bras. Elle s'arrête, regarde Gustave qui se mord les lèvres, et madame Dubourg qui rougit. — Que veut madame ?... que demande madame ? dit la petite blanchisseuse d'un air moqueur. — Mademoiselle, je voulais savoir... si les jabots de mon mari sont plissés... — Les jabots de votre mari ?... vous savez bien, madame, que je ne vous les porte jamais qu'à cinq heures. — C'est vrai... mais il dîne en ville, et il n'en a pas de blancs... je vais les prendre si vous n'avez pas le temps... Les voilà, je crois ?... oui, c'est cela....

Madame Dubourg prend trois jabots qu'elle voit sur une table, les chiffonne dans sa main, les fourre dans son sac, et se sauve bien vite, sans écouter les cris de Lise qui l'appelle dans l'escalier en lui disant qu'elle emporte les jabots d'un artiste du café d'Apollon pour ceux de son mari.

— Ah ! monsieur Gustave ! dit la petite en rentrant, je ne sais pas ce que vous faisiez avec cette dame ; mais elle est bien troublée ; elle ne sait plus ce qu'elle fait. — Comment peux-tu avoir de pareilles idées, Lise ? — Pardi !... ça serait bien étonnant !... mais je vous avais défendu d'ouvrir... — J'avais cru entendre ta voix. — Menteur !... Vous connaissez madame Dubourg, je le gagerais. — Moi ! voilà la première fois que je la vois. — Et vos questions de cette nuit, croyez-vous donc que je les ai oubliées ?... Mais j'irai mardi à quatre heures ; c'est l'heure où le mari y est ; je verrai s'il dîne en ville, et si elle m'a menti... — Lise, vous parlez toujours mal des autres ; vous ne ménagez personne, et vous voulez qu'on ne dise rien de vous !... Mais je vous préviens que si vous cherchez à faire de la peine à cette dame, que je crois très-honnête, je me fâche avec vous, et ne vous reparle de ma vie !... — Le beau malheur !... on se passera de monsieur... Il faut que je te trouve chez moi faisant l'amour avec une petite prude qui ne vaut pas deux liards !... et que je ne dise rien encore... ça serait commode !... Je sais bien que vous avez des maîtresses de toutes les tailles et de toutes les couleurs ; mais je ne veux pas qu'elles viennent vous relancer chez moi... Ces femmes mariées ! ah ! elles sont d'une audace !... il semble que tout leur soit permis ; elles devraient rougir... et mourir de honte de tromper leurs bonasses de maris !... Au moins, une demoiselle est sa maîtresse !... elle peut aller tête levée !...

Pendant que mademoiselle Lise parlait, Gustave s'habillait, non sans jurer après la négligence d'Olivier et la sottise de Benoît. En effet, on lui envoyait une culotte de bal avec des bottes à l'écuyère, un gilet de drap, et l'on était en été.

— Est-ce Olivier qui a choisi ces vêtements ? dit enfin Gustave à Lise. — Non, votre ami n'y était pas, je n'ai vu que votre domestique... Benoît. Ah ! qu'il a l'air godiche !... c'est lui qui m'a donné ce paquet. — Je ne m'étonne plus du choix des effets.... — Ah ! ah !... que vous êtes drôle !... vous avez l'air d'un marié de village... cet habit vous est trop court... — Il semble que le coquin l'ait fait exprès : je crois vraiment que c'est un de ses habits qu'il m'a envoyé... Il me payera ce tour-là... mais il est décidé que je sortirai d'ici déguisé.... Mademoiselle veut-elle bien alors m'aller chercher une voiture ? — Oui, monsieur, et je vais voir si madame Dubourg vous attend à la porte.

Lise descend, et revient bientôt avec un fiacre. Adieu, mademoiselle Lise ; dit Gustave. — Adieu, mauvais sujet... Eh bien ! il s'en irait sans m'embrasser !... — Je vous croyais fâchée contre moi !... Adieu, ma chère amie... viens me voir chez Olivier... tu sais l'adresse ? — Ah ben, oui ! j'irai comme cela chez des jeunes gens !... on en dirait de belles !... A quelle heure vous trouverai-je ? — Parbleu ! le matin.... tu sais bien que je me lève tard. — C'est bon, j'irai vous réveiller.

Gustave descend les cinq étages, monte dans le fiacre qui l'attend à la porte, et se fait conduire chez Olivier.

Olivier était un jeune homme de l'âge de Gustave. Ayant perdu de bonne heure ses parents, il s'était trouvé trop tôt maître de ses actions. Il aimait le jeu, le vin et les femmes ; il était employé dans une administration, où il allait bien régulièrement vers la fin des mois, parce

qu'on approchait du jour des payements ; mais lorsqu'il avait touché son argent, il décampait du bureau, et l'on était quelquefois huit jours sans l'y voir. Ses chefs lui faisaient souvent des réprimandes, qui le rendaient sage pendant vingt-quatre heures. Comme, lorsqu'il le voulait, il travaillait vite et bien, on était indulgent pour lui.

Olivier était chez lui lorsque Gustave descendit de voiture : il l'aperçut de la fenêtre, et vint au-devant de lui en riant aux éclats. — Me voici, dit Gustave ; j'ai cru que je n'arriverais jamais chez toi !... — Ah ! ah ! ah ! — Eh bien ! qu'as-tu donc à rire ? — Regarde-toi dans la glace... Ah ! d'honneur, tu es impayable... Viens comme cela faire un tour au Palais-Royal... on te prendra pour un nouveau débarqué.... Tu feras la conquête de toutes les nymphes des galeries de bois. — C'est ce coquin de Benoît qui m'a envoyé ce costume... Benoît !... — Me v'là, monsieur. — Tu m'as envoyé ton habit au lieu du mien ? — Ah ! monsieur... c'est une malice : en entrant dans Paris, je craignais d'être vu par votre oncle, et j'avais mis votre habit pour ne pas être reconnu... — Ah ! tu as mis mon habit ! c'est très-agréable pour moi... — Je voulais mettre aussi un de vos pantalons, mais je n'ai pas pu entrer dedans... il me gênait trop... — C'est dommage !... Ah çà ! Benoît, je te prie de ne plus faire de ces malices ; cela me me plaît pas du tout. Mon cher Olivier, il faut que tu me loges. — Tu sais bien que tu seras ici comme chez toi : j'ai trois pièces, il y a une une pour chacun de nous. — Je veux avant de reparaître devant mon oncle, qu'il ait oublié son projet de mariage.... Ah ! je te conterai tout ce qui m'est arrivé ; cela t'amusera. A propos, as-tu vendu les chevaux ? — Oui, tout de suite. — Bien cher ? — Mais, pas mal... Nous compterons cela plus tard.... Habille-toi, et allons dîner... — Je veux dîner ici ; je ne sortirai qu'à la nuit pendant quelque temps... — Tu as donc bien peur de ton oncle ? — Oh ! il ne plaisante pas... et je dois éviter sa colère. Benoît, va chez un traiteur, et fais apporter à dîner avec toi... Auras-tu l'esprit de commander un dîner pour deux ? — Ah ! pour ça, vous serez content, monsieur.... mais si on me voit en route !... — Mets ce vieux carrick, ce grand chapeau sur tes yeux... C'est cela... Tu as l'air d'un vieux juif. Va chez le meilleur traiteur, et dépêche-toi.

Resté seul avec son ami, Gustave lui raconta une partie de ses aventures, glissant cependant sur ce qui avait rapport à madame de Berly. Quoique étourdi, notre héros savait garder le secret d'une bonne fortune, lorsqu'il s'agissait d'une femme dont la réputation devait être ménagée. Il aimait à faire des conquêtes, mais il avait le bon esprit de ne point parler de toutes celles qu'il faisait. Bien différent en cela de ces fats, qui vont partout parler de leurs bonnes fortunes et des faveurs qu'on leur prodigue ; mais il faut se défier de la véracité de ces grands séducteurs : ceux qui se vantent le plus sont presque toujours ceux qui réussissent le moins.

Pour un inconstant, Gustave avait des principes ; il n'avait jamais fait aux femmes d'autres chagrins que celui de les tromper. Il passait pour mauvais sujet ; mais n'était-il pas plus excusable que celui qui, sous des dehors hypocrites, cherche à triompher d'une femme, et la perd de réputation lorsqu'elle ne veut pas céder à ses désirs ? De tels hommes sont trop communs dans le monde ; ceux-là sont véritablement les mauvais sujets. On peut excuser l'inconstance, la légèreté, l'étourderie ; mais l'hypocrisie, la calomnie, sont les vices des âmes lâches et corrompues.

Benoît revint, suivi d'un garçon traiteur, d'un pâtissier, d'une écaillère, d'un marchand de vin et d'un limonadier. Chacun apportait ce qu'il fournissait pour le dîner de ces messieurs. — Peste ! dit Gustave, il me paraît que Benoît veut se dédommager de la cuisine un peu simple de madame Lucas ; allons, fêtons ce dîner superbe !... mais, une autre fois, ayons soin de lui faire la carte de ce que nous voulons.

Pendant le dîner, Olivier apprend à son ami qu'il a fait connaissance, dans sa maison, avec une petite dame qui enfile des perles, et à laquelle il donne quelques leçons de guitare, parce que la dame aime beaucoup la musique, et doit le mener incessamment dans une société bourgeoise, où l'on fait des concerts d'amateurs. — Parbleu ! dit Gustave, un concert d'amateurs, c'est mon affaire ; tu sais que je joue à livre ouvert, sur le violon, un accompagnement de sonate ; je risque même quelquefois le trio de Rasetti. Tu me mèneras avec toi. Il faut d'ailleurs que j'essaie de me distraire de mes amours malheureux.

Après le dîner, Olivier alla courtiser la dame aux perles, et Gustave alla se promener dans la rue du Sentier. Il demanda la maison de M. de Berly ; on la lui indiqua, et il se promena quelque temps devant la porte-cochère, regardant aux fenêtres s'il apercevrait Julie ; mais il ne vit rien. — Si elle savait que je me promène devant sa porte, disait-il, elle trouverait quelque moyen pour sortir et me parler ! Si je pouvais voir cette bonne fille qui m'a remis son billet !... mais je ne puis entrer dans la maison !... ce serait exposer Julie à de nouveaux désagréments.

Gustave retourna chez Olivier. Plusieurs jours se passèrent de la sorte ; notre héros ne sortait que le soir pour se promener rue du Sentier ; Olivier allait le matin mettre son chapeau à son bureau, puis revenait en voisin faire la cour à son élève sur la guitare. Ces messieurs faisaient grande chère pour se désennuyer de leur conduite rangée. L'argent se dépensait, mais on n'en gagnait point ; Olivier ne touchait que le quart de ses appointements; les trois autres quarts étaient partagés entre ses créanciers. Gustave commençait à voir le fond de sa bourse, mais il comptait sur Olivier, qui devait avoir l'argent provenant des chevaux. D'ailleurs, le colonel ne pouvait être toujours fâché: déjà son neveu lui avait écrit une lettre bien respectueuse, bien soumise, dans laquelle il parlait de son amour pour madame de Berly comme d'une passion qui avait égaré sa raison au point de le faire s'introduire dans la chambre de cette dame, qui ne partageait pas ses coupables sentiments. Gustave ne se flattait pas que son oncle fût dupe de ce mensonge, mais il devait chercher à excuser madame de Berly, et appuyer de que celle-ci avait dit à son mari.

Gustave commençait à trouver fort monotone la vie qu'il menait, lorsqu'un matin, après le départ d'Olivier, on frappa à la porte, et Benoît ouvrit à mademoiselle Lise.

La petite était en toilette : elle avait mis le chapeau rose, la robe garnie, le châle boiteux, et personne n'aurait deviné, à sa mise et à sa tournure, que ce n'était qu'une blanchisseuse de fin. Mais à Paris rien n'est si trompeur que l'apparence !... Vous êtes assis au spectacle entre deux hommes dont la toilette est la même; leur fortune est donc à peu près égale? non pas : l'un est chef de division dans un ministère, l'autre est valet de chambre et bat les habits dans un hôtel garni. La lingère porte des cachemires, l'épicière met des plumes, l'ouvrière des chapeaux, le perruquier un carrick, le garçon traiteur un jabot. Quel dommage qu'on ne puisse pas acheter un organe comme on achète un fichu ! Alors nous n'entendrions point une voix de rogomme sortir de sous une capote de velours. Patience, cela viendra peut-être; nous avons déjà l'enseignement mutuel pour réformer les *t* et les *s*, qui se glissaient trop souvent dans la conversation de nos dames à la mode.

— Me voilà, monsieur, dit la petite; je viens vous voir; je suis de parole. — Ma foi, ma chère amie, tu ne pouvais arriver plus à propos; je faisais des réflexions mélancoliques... Ta présence me rend ma gaieté... — Vous, réfléchir?... ce serait donc la première fois !... — Écoute donc, il y a un commencement à tout; je deviens vieux... — Ce vieux de vingt et un ans !... — Tu vas passer la journée avec moi?... — Je le veux bien. — Tu dîneras ici? Olivier ne t'effraie pas? — J'aimerais mieux être seule avec vous, mais puisqu'il est chez lui... — Et ce soir je te reconduirai : est-ce arrangé? — Vous savez bien que je fais tout ce que vous voulez. — Tu es charmante; laisse-moi t'embrasser. — Finissez donc; monsieur qui nous regarde !... — Mais il faut, avant le dîner, que j'aille faire une visite à ma tante. J'y vais de suite, afin de ne plus vous quitter. — Va, et ne reviens pas trop tard.

Lise sort, Gustave appelle Benoît : — Benoît, il faut aujourd'hui nous faire avoir un dîner délicieux, superfin et surtout friand : les petites filles aiment beaucoup les friandises, et moi, je suis assez du goût des petites filles. — Monsieur, c'est que je ne sais pas si vous aurez seulement un petit dîner. — Comment cela, butor? — Parce que le traiteur, à qui on en doit déjà cinq, a dit qu'il ne fournirait plus rien avant d'être payé de l'ancien. — On doit cinq dîners?... — Oui, monsieur, sans compter les déjeuners que j'ai fait venir de chez un autre... — Et pourquoi n'as-tu pas dit cela à Olivier? il faut qu'il les paye. — M. Olivier me renvoie toujours à vous quand il s'agit d'argent. — Il croit donc que ma bourse est inépuisable?... Il doit être en fonds; nous n'avons pas encore touché aux chevaux. — Mais je l'entends justement qui descend de chez son *enfileuse de perles*.

Olivier descendait en effet de chez sa voisine; il entra dans l'appartement d'un air tout joyeux.

— Tu arrives bien, lui dit Gustave... mais qu'as-tu donc?... Quel air triomphant!... Aurais-tu touché ton mois tout entier?... — Mon mois!... je n'en ai rien vu. Mais apprends ce qui m'enchante; je viens de chez ma voisine : c'est une femme toute sans façon... tu sais... — Parbleu! une grisette!... — Laisse donc, une grisette : une femme dont le mari est mort capitaine de vaisseau !... — Oui, ou à fond de cale... Mais enfin ! — Enfin sa tante... cette vieille dame avec laquelle elle demeure, est allée passer la journée à Belleville, et j'ai fait consentir ma voisine à venir dîner aujourd'hui avec nous. — Bah!... Eh bien, cela se trouve à merveille; Lise vient aussi; nous ferons partie carrée. — C'est cela... comme nous allons rire !... — Oui, mais pour rire, il faut d'abord que nous soyons de ces dames un joli dîner. — Oh! un dîner soigné... C'est pour cela que j'accours te trouver. — Et moi j'allais envoyer au diable à ton bureau. — Pourquoi faire? — Pour avoir de l'argent... Le traiteur ne veut plus fournir sans être payé de l'ancien... Allons, va le solder et commande le dîner. — Que j'aille le solder !... et avec quoi? — N'as-tu pas l'argent des chevaux?... — Ah! mon pauvre Gustave!... je n'avais pas encore osé te l'apprendre... mais... — Que veux-tu dire? — J'ai mis tes chevaux sur la rouge et la passe! ils sont bien loin maintenant !... — Comment, tu as joué l'argent à la roulette!... — Oui, mon ami; le jour même que je les ai vendus, j'avais un billet à payer à mon tailleur; j'ai voulu doubler notre somme... J'avais imaginé une nouvelle martingale... — Au diable les martingales... Tu as fait une belle chose!... — Tu es incorrigible... Jouer et perdre!... — Parbleu! si j'avais gagné, tu n'aurais pas de reproches à me faire. — Nous voilà bien; ma bourse est vide... — La mienne n'est jamais pleine!... — Et nous ne sommes qu'au neuf du mois; encore trois semaines sans toucher mon quart!... — Et le traiteur qui

ne veut plus fournir à dîner!... — Et ces dames que nous avons invitées pour aujourd'hui!... — Pauvre Lise! que je comptais régaler... — Ma voisine qui m'a avoué qu'elle aime beaucoup le champagne!... — Oui?... bien heureuse si elle a de la piquette !... — Mon pauvre Gustave!... j'ai envie de m'arracher les cheveux ! — Finis tes bêtises, et tâchons de trouver quelque moyen pour sortir d'embarras. Benoît?... — Me voilà, monsieur. — As-tu par hasard quelque argent en réserve? — Oui, monsieur... Oh ! j'ai quelque petite chose de côté... — Vraiment!... Tu es un garçon charmant, Benoît; combien as-tu à peu près ? — Mais, monsieur... j'ai bien... oui, j'ai environ une trentaine de sous... — L'imbécile !... et il appelle cela quelque chose !... Donnerons-nous un joli dîner avec tes trente sous? Au moins si tu avais du génie pour trouver quelque heureux expédient... Mais avec un valet comme toi, on peut mourir de faim!...

Olivier se promenait dans la chambre en frappant du pied et en maudissant le sort et la roulette. Gustave se creusait la tête pour trouver les moyens de se procurer à dîner, et Benoît, immobile devant les deux jeunes gens, attendait les ordres qu'il leur plairait de lui donner. Tout à coup la physionomie de Gustave s'éclaircit. — Mon ami, dit-il à Olivier, nous dînerons... à la vérité, je ne sais trop comment nous payerons notre repas, mais le principal maintenant, c'est de dîner. Tu sais qu'il y a six mois, pendant le séjour que mon oncle fit à la campagne, je restai alors dîner quelquefois dans un restaurant tenu par une petite mignonne de soixante ans, qui a six pieds de tour, un bras d'Hercule et une figure de jubilation. Cette aimable dame aime beaucoup les jeunes gens : elle me regardait avec complaisance, souriait en me parlant, et lorsque je passais au comptoir, elle m'offrait toujours de ne me payer que plusieurs dîners à la fois. J'étais alors en argent, et je n'ai pas profité de ses offres obligeantes; mais aujourd'hui je vais mettre sa bonne volonté à l'épreuve; je cours chez elle; je feins d'arriver de la campagne, j'ai quelques amis à traiter, et je m'en rapporte à sa complaisance pour me guider en cette occasion. La bonne dame, flattée de ma confiance en elle, me donnera tout ce que je voudrai. Je vais me commander un dîner charmant, et quand il sera mangé nous aviserons aux moyens de le payer. — C'est cela !... ton idée est un coup de la Providence. Cela me rappelle la nièce d'un confiseur avec laquelle j'ai eu quelques relations amicales, tout en faisant à son oncle des devises pour ses pistaches. Je vais à la boutique du confiseur; je suis certain d'avoir un joli dessert en sucreries. — Allons, c'est à merveille; dépêchons-nous d'aller commander ce qu'il nous faut pour régaler nos belles. — Mais je m'expose pour ces dames; je sors en plein midi, au risque d'être aperçu, reconnu par le cher oncle... — Bon !... tu ne vas pas précisément le rencontrer ce matin. — Je m'abandonne à ma destinée !

Les jeunes gens allaient sortir, Benoît les arrête. — Messieurs... il me semble que pour votre dîner il manque encore quelque chose.... — Qu'est-ce donc ? — Dam' ! vous n'avez pas de vin... — Oh! le drôle a raison; c'est l'essentiel. Comment avoir?... — Olivier, connais-tu la femme, la nièce ou la fille d'un marchand de vin?... — Fi donc, mon ami ! j'ai toujours choisi mes conquêtes dans un rang plus élevé... Ma foi, dans ce moment-ci, une petite passion bourgeoise avec une marchande de vin nous tirerait d'embarras !... un dîner sans vin... cela ne serait pas trop gai... — Le limonadier d'en face nous connaît ; il nous donnera de la bière. — Jolie boisson pour mettre en belle humeur ! — Nous dirons à ces dames que c'est du vin de *Lacryma-Christi*. — Elles ne s'y tromperont pas!... — Nous pourrons même avoir un ou deux bols de punch avec du fricandeau. — Nous le ferons faire au vin. — Va te promener ! — Ah! Gustave, une idée sublime... Nous aurons du vin... du bordeaux et du champagne... Veux-tu me confier Benoît? — Oh! je te l'abandonne; fais-en ce que tu pourras.

Gustave court chez la grosse maman qui tient un restaurant ; Olivier reste avec Benoît, dont il compte se servir pour avoir du vin. Le grand garçon regarde d'un air étonné l'ami de son maître, qui se met une cravate bien roulée, un habit bien long, un gilet bien court, se peigne les cheveux bien lisses, se frotte de rouge le bout du nez, prend une cravache, met des guêtres, un petit chapeau pointu, et s'étudie dans la glace à se donner un air bête et insolent.

— Est-ce que monsieur va jouer la comédie? dit enfin Benoît. — Mais à peu près; me voici costumé. A ton tour, Benoît... — Comment, monsieur, vous voulez me déguiser aussi? — Tais-toi, et obéis. Mets cette vieille culotte de peau, qui m'a servi à monter à cheval dans mes moments de prospérité. — Monsieur, je ne pourrai jamais entrer là-dedans. — Si fait, cela prête. — Prends ce gilet rouge... cette veste de nankin que je porte le matin, et coiffe-toi de cette petite casquette... — Monsieur, j'étouffe là-dedans. — Tant mieux, c'est ce qu'il faut; tu en auras davantage l'air d'un échappé des bords de la Tamise... Vous voulez me mettre dans un tamis, monsieur? — Écoute bien, Benoît; et ne vas pas te tromper... — Je suis tout oreilles, monsieur. — Je suis un mylord, et tu es mon jockei... comprends-tu? — Est-ce qu'un mylord, monsieur? — C'est un Anglais qui vient à Paris voir les monuments, les spectacles, les jeux et les filles : on les reconnaît facilement dans les rues à leur tournure grotesque; dans les spectacles, à leur mine étonnée; au jeu, à leurs jurements; près des filles, leurs guinées. — Ah ! oui, monsieur... j'en ai vu l'autre jour deux, dans la rue de l'Echiquier, qui pleuraient de joie en regardant deux coqs se battre... Ils disaient comme ça, en voyant ces deux animaux se déchirer le visage, que ça leur rappelait leur pays. — Eh bien! Benoît, il faut te donner la tournure anglaise; tu vas me suivre chez un gros marchand de vin. Songe bien, si l'on te parle, à ne jamais répondre que *yes*. — *Yes?* — Oui, à tout ce qu'on pourra te dire, *yes*, et toujours *yes*. — Ça suffit, monsieur!... Oh! c'est facile à retenir. — Ce n'est pas tout : quand je m'en irai, tu resteras chez le marchand, jusqu'à ce que moi ou Gustave allions t'y chercher; si tu reviens ici sans notre permission, tu recevras vingt-cinq coups de bâton, entends-tu? — Je n'y reviendrai pas, monsieur. — Tu en recevras cinquante si tu donnes notre adresse... Ainsi, souviens-toi de tout cela, tu ne reviendras pas ici?... — Non, monsieur, et toujours *yes* quand on me parlera. — C'est cela même. Suis-moi, Benoît.

Olivier sort de la maison; Benoît le suit, pouvant à peine marcher avec sa culotte de peau, enfonçant sa casquette sur ses yeux, et repassant dans sa mémoire la leçon qu'il a reçue : le pauvre garçon était inquiet : les coups de bâton et les manières anglaises le tourmentaient beaucoup; Olivier avait bien de la peine à garder son sérieux lorsqu'il voyait le visage contrit de son jockey.

Arrivé à une place de fiacres, Olivier monte en voiture avec Benoît, et baragouinant l'anglais, il ordonne au cocher de le conduire chez un des premiers marchands de vin de Paris. Le cocher fouette ses rosses, on part; en route Olivier rappelle à Benoît ses instructions, dont il ne doit point s'écarter. On arrête devant un magasin de vin. Olivier descend, et entre dans la boutique en se dandinant et poussant le ventre; Benoît le suit, marchant les jambes écartées et les yeux baissés. Notre étourdi prononce quelques mots anglais, et comme les marchands aiment beaucoup avoir affaire avec les étrangers, on s'empresse autour de mylord.

— Moi, vouloir un joli panier de vin pour régaler deux milords de mes amis, *if you please*. — Du vin, milord? nous en avons de toutes les qualités, de tous les pays, de tous les âges.... — Donnez-moi du meilleur et du plus vieille, *if you please*; je ne regarde point le prix. — Vous serez content, milord... Combien de bouteilles? — Nous être trois, *I will*, neuf bouteilles : trois bordeaux, trois beaune, trois champagne... dans un panier... — Oui, milord... Du champagne mousseux? — *Yes*, *I will*, que le bouchon saute au visage. — Il sauvera même au plafond, milord. — *Is it good?* — Non, milord, vous n'en perdrez pas une goutte.

On s'empresse de mettre les neuf bouteilles de vin dans un panier qu'on porte dans le fiacre; le marchand présente le mémoire à milord, qui ne fait aucune difficulté sur le prix, mais ne fouille pas à sa poche. — Je vais laissé mon bourse à l'hôtel; monsieur le marchand, faites venir un de vos jockeis avec moi pour toucher la petite somme, *if you please*. — Oui, milord, c'est très-facile. François, allez avec ce milord anglais; vous toucherez soixante francs pour les neuf bouteilles. Milord, je vous demande votre protégé. — *I will* vous acheter souvent, monsieur le marchand. *Good morning, Benoît-son*, suivez-moi... — *Yes*.

Benoît-son suit milord sans lever le nez; on monte en voiture avec François, qui n'ose pas s'asseoir devant milord. Olivier avait dit au cocher de le mener du côté des Champs-Elysées. Lorsque l'on eut roulé quelque temps, milord se frappa le front comme quelqu'un qui a oublié quelque chose d'important, puis ordonna au cocher d'arrêter. — Mon ami, dit-il à François, j'ai oublié l'essentiel; il me faut six bouteilles de vin d'Espagne; allez vite me les chercher; mon jockei va vous accompagner; vous reviendrez avec lui à l'hôtel des milords. *Benoît-son*, allez avec ce jeune marchand.

François ne fait aucune difficulté pour laisser le vin dans la voiture, ayant pour nantissement le domestique de milord. Il descend du fiacre, ainsi que le jockei, et se hâte de retourner chez son maître chercher du vin d'Espagne.

Olivier, débarrassé du garçon, se fait conduire à la Porte-Saint-Martin; là, il descend de voiture, paye son cocher, prend un commissionnaire, lui fait porter son panier de vin, et revient trouver Gustave, auquel il présente en triomphe le beaune, le bordeaux et le champagne.

— Comment diable as-tu fait pour avoir ce panier de vin? demande Gustave à son ami. Olivier lui raconte le moyen qu'il vient d'employer et le succès de son déguisement. Gustave secouait la tête et ne paraissait pas fort content de l'espièglerie d'Olivier. — Sais-tu, lui dit-il enfin, que ce que tu viens de faire n'est pas délicat!... — Pourquoi donc? — Se déguiser pour acheter du vin qu'on ne veut pas payer! — Si fait, je veux bien le payer, et la preuve, c'est que j'ai laissé les gages. — Beau gage! cet imbécile de Benoît! — Mon ami, tout niais qu'il soit, un grand garçon de vingt ans vaut bien soixante francs. — Mais il nous trahira. — Impossible; je lui ai fait sa leçon.... Allons, bannis de ton esprit tous scrupules; je te promets d'aller dégager Benoît dès que je toucherai quelque chose sur mon mois. — Alors il restera longtemps en nantissement. — Mais toi, tu ne me parles pas de ce que tu vas dire? — Oh! nous aurons un dîner superbe!... poissons, rôtis, entremets, rien n'y manquera. — Mon ami, ce n'est pas délicat de manger un dîner qu'on ne peut pas payer... — Quelle différence!... on ne fait crédit volontairement!... La grosse maman m'a offert de me fournir au mois... — Au mois!... ah! mon ami! quelle trouvaille tu as faite

là!... encore onze traiteurs de bonne volonté, et nous voilà en pension pour l'année. — Allons, cesse tes folies, et mettons le couvert; nos dames ne tarderont pas à venir... Ah! que tu es gauche! tu ne sais point placer une assiette... Que penseront nos belles, en ne nous voyant pas un domestique pour nous servir! — Elles penseront que nous avons renvoyé nos gens pour être plus libres de nous livrer à la gaieté et à la tendresse... elles nous en sauront même bon gré. — Tu vois tout cela du bon côté; mais je crains que ce nigaud de Benoît ne fasse des sottises... — Chut!... on frappe... — Regarde au trou de la serrure : est-ce le dîner? — Non, c'est ma voisine.

La petite voisine est introduite; elle se blâme la première sur son inconséquence de venir dîner chez des garçons; mais ces messieurs lui promettent d'être discrets, et la rassurent en lui apprenant qu'elle ne sera pas la seule dame au dîner. En effet, mademoiselle Lise ne tarde point à venir; elle fait une petite moue en apercevant une femme, mais son humeur se dissipe lorsqu'elle voit que ce n'est pas pour Gustave que la voisine est descendue.

Le traiteur arrive enfin, courbé sous le poids des matelote, fricandeau et bifteck; on s'empresse de le débarrasser des plats qu'il apporte, on en couvre la table, et on se livre sans réserve à son appétit et à sa gaieté.

Pendant que ces messieurs et ces dames sont à table, voyons un peu ce que faisait le pauvre Benoît, métamorphosé par Olivier en *Benoît-son*, jockei anglais.

François arpentait les Champs-Elysées avec son compagnon, qui n'avait garde de desserrer les dents, mais qui maudissait tout bas Olivier, le panier de vin et la culotte de peau.

François essaie d'entamer la conversation, mais Benoît ne répond que par des *yes* à tout ce qu'on lui dit, et le garçon marchand de vin cesse un entretien dont il fait seul les frais. On arrive enfin au magasin, François tout essoufflé, Benoît rouge comme un coq, parce qu'il prévoit que cela tournera mal pour lui.

— Est-ce que milord n'est pas content de son vin? demande le marchand en apercevant Benoît. — *Yes*, répond celui-ci. — Ce n'est pas cela, monsieur, dit le garçon; milord n'a pas encore goûté le vin, mais il s'est rappelé en chemin qu'il lui fallait six bouteilles de vin d'Espagne, et nous venons les chercher. — Six bouteilles de vin d'Espagne!... mais duquel, encore?... — Milord n'a pas dit autre chose. — Savez-vous, monsieur le jockei, quel est celui que votre maître préfère? — *Yes*. — Est-ce le madère, le xérès, le malaga? — *Yes*, et toujours *yes*. — Ah! j'entends, c'est le malaga... Voilà son affaire... Tiens, François, prends ce panier... Tu toucheras quatre-vingt-dix francs, au lieu de soixante... Milord demeure-t-il loin?... — *Yes*... — A l'hôtel des Milords, dit François en prenant le panier... Allons, marchez, monsieur Benoît-son; je vous suis.

M. Benoît-son, qui ne savait plus ce qu'il devait faire, puisque Olivier lui avait défendu de donner son adresse et de retourner vers son maître sous peine de coups de bâton, ne répondait rien à François, et restait comme un terme au milieu de la cour.

— Est-ce que ce jockei a oublié son chemin? dit le marchand impatienté : où est l'hôtel des Milords, mon ami? — *Yes*. — Que le diable l'emporte avec ses *yes!*... Il paraît que ce jockei n'entend pas le français... Comment savoir à présent où loge son maître... Ah!... c'est sans doute à l'hôtel Meurice où descendent les gros milords?... — *Yes*. — Bon; je l'ai heureusement deviné... François, va vite à l'hôtel Meurice avec M. Benoît-son. — Oui, monsieur.

François se remet en route et pousse de nouveau Benoît le jockei dans la rue pour le faire trotter près du garçon marchand de vin; il cède enfin, et accompagne François en rechignant. On arrive à l'hôtel Meurice; François fait des signes à son silencieux compagnon pour savoir s'il reconnaît l'hôtel, Benoît lâche une douzaine de *yes*. Le garçon entre et demande l'appartement de milord. Le concierge lui répond qu'il y a une vingtaine de lords dans l'hôtel et qu'il faut qu'il s'explique mieux; François pousse Benoît devant lui et dit qu'il demande le maître de ce grand jockei-là; le concierge examine Benoît et répond qu'il ne l'a jamais vu, que d'ailleurs on dîne parfaitement, et que les lords qui l'habitent n'ont pas l'habitude d'envoyer chercher du vin dehors.

François est furieux; il regarde Benoît entre les deux yeux, lui demande si c'est dans cet hôtel que son maître est logé ou dans un autre quartier. Le jockei ne répond que ses *yes* et ce qu'on lui demande; le concierge éclate de rire; et François, fort ennuyé de ses promenades, pousse Benoît devant lui et ne le perd pas de vue en retournant chez son bourgeois.

Le marchand de vin s'emporte contre François en le voyant revenir avec le jockei : il commence à craindre d'avoir été dupé par un fripon et à suspecter la loyauté du milord. Il y a des voleurs en Angleterre comme ailleurs : cette idée inquiète le marchand, qui presse enfin Benoît de s'expliquer et d'indiquer la demeure de son maître. Enfin il trouve un moyen pour connaître la vérité : il se rappelle qu'un monsieur qui loge dans sa maison sait parler anglais; par lui on saura faire répondre le jockei. François court chercher le voisin, qui vient de suite interroger Benoît.

Mais en vain on presse le jockei de questions anglaises et françaises, il ne sort pas de ses *yes* et on ne peut tirer de lui aucun renseignement sur son maître. Le marchand de vin voit qu'il a été dupé; mais il lui faut une victime, et Benoît va être conduit en prison. Déjà François saisit au collet le faux Benoît-son, lorsqu'un militaire entre dans la cour de la maison. A sa vue, Benoît recouvre la parole; il crie, pleure, se débat, et va se jeter aux genoux du colonel Moranval.

Le colonel allait dans la maison du marchand visiter un de ses anciens camarades, lorsqu'il entendit les cris de Benoît; il lui demande où est son neveu. Le marchand vient réclamer son argent et expliquer ce qui lui est arrivé. Le colonel, qui devine une partie de la vérité, paye au marchand le prix du valet, se rend caution du valet, donne pour boire à François pour l'engager à ne point ébruiter cette aventure, et s'éloigne en emmenant Benoît, par qui il espère savoir enfin des nouvelles de Gustave.

Chapitre XIII. — Encore une folie.

Nos jeunes gens avaient oublié Benoît et leurs créanciers : tout au plaisir d'être à table avec deux femmes jeunes, aimables et jolies, ils se livraient à la gaieté la plus folle que leurs belles partageaient : on chantait, on riait, on disait tout ce qu'on pensait; on était aimable sans chercher à l'être; on avait de l'esprit sans prétention, de la malice sans méchanceté. Par-ci par-là ces messieurs prenaient un baiser à leur voisine, mais rien de plus : les petites femmes savaient maintenir les mains trop entreprenantes des jeunes gens, et elles faisaient bien : pour qu'une fête soit gaie, il ne faut pas qu'elle dégénère en débauche.

On était au dessert; le bouchon du champagne avait été frapper le plafond (ainsi que le marchand de vin l'avait promis à milord), le vin moussait dans les verres, et la liqueur pétillante achevait d'échauffer les esprits déjà exaltés des convives, lorsque plusieurs coups frappés rudement à la porte interrompirent Gustave au milieu d'un couplet bachique.

Les jeunes gens se regardent, incertains s'ils doivent ouvrir; les dames regardent ces messieurs, et cherchent à deviner dans leurs yeux le motif de leur inquiétude. On frappe de nouveau. — Eh bien! messieurs, dit mademoiselle Lise, est-ce que vous n'entendez pas? — Si fait, nous entendons, dit Gustave, mais nous ne savons pas si nous devons répondre... c'est peut-être quelque visite importune... — Ah! je devine! quelque dame qui vient voir ces messieurs... et on craint qu'elle ne nous trouve ici... Je vais ouvrir, moi; je veux connaître cette beauté dont on redoute la colère...

Mademoiselle Lise, qui n'écoute jamais ce qu'on lui dit lorsqu'il s'agit de quelque chose qui pique sa curiosité, court dans la première pièce, et, malgré les prières de Gustave et d'Olivier, va ouvrir la porte d'entrée, lorsqu'un jurement bien prononcé se fait entendre sur le carré, et change la résolution de la petite, qui revient pâle et tremblante vers Gustave.

— Ah! mon Dieu! c'est ce vieux bougon de colonel!... — Qui? mon oncle?... — Lui-même... Oh! j'ai bien reconnu sa voix!... — Ah! mon Dieu!... il m'aura vu passer ce matin dans la rue!... — Comment faire, Olivier?... — Parbleu! qu'il frappe tant qu'il voudra, nous n'ouvrirons pas, — Votre oncle est donc bien méchant? dit à son tour la petite voisine. — Ah! madame! il n'est qu'emporté... mais il m'en veut parce que je ne me suis pas marié avec une jeune prude qu'il me destinait... Tenez, entendez-vous comme il frappe? Écoutons; je crois qu'il parle...

— Ouvrirez-vous, mille bombes! crie à travers la porte le colonel Moranval; si vous n'ouvrez pas, j'enfonce la porte!...

— Ah! mon Dieu!... il le fera comme il le dit... s'écrie Lise en courant dans la chambre pour chercher un endroit capable de la dérober aux regards du colonel, qu'elle craint comme le feu.

Gustave se frotte le front, et cherche un moyen pour éviter son oncle; la petite voisine tremble à la voix de ce colonel qu'on paraît tant redouter, et Olivier avale plusieurs verres de champagne pour rappeler ses idées.

— Allons, il n'y a que ce moyen à tenter, dit Gustave en ôtant son habit, son gilet et sa cravate. — Qu'allez-vous donc faire? demandent les dames. — Me coucher. — Vous coucher!... devant nous!... quelle horreur! — Mesdames, dans un cas urgent, on glisse sur ces puérilités... D'ailleurs, je garde ma culotte, et vous ne verrez que ce qu'il vous plaît d'appeler maintenant une horreur... — Finis cette dissertation, dit Olivier; quel est ton projet?... — Je suis au lit, malade à la mort, depuis hier... tu me gardes... — Bon! je comprends... mais ces dames? — Ah! il faut les cacher pour un moment... — Oui... mais où?... pas d'armoires assez grandes... Ah! le petit cabinet à l'anglaise; on y tient deux facilement... Le colonel n'ira pas vous y chercher... — Eh bien! vous desserrez que vous nous donnez là! dit la voisine. — Pour moi, dit Lise, j'irai volontiers; l'arrivée du colonel m'a déjà donné la colique. — Ce ne sera pas pour longtemps, mesdames; mais, de grâce, laissez-nous apaiser le vieux oncle... — Allons, puisqu'il le faut... entrons dans le cabinet à l'anglaise... Au moins, monsieur Olivier, donnez-moi votre flacon d'eau de Cologne. — Le voilà, madame.

Les deux petites femmes se cachent dans le cabinet qui est derrière

le lit de Gustave ; Olivier enlève aussi vite qu'il le peut les débris du dîner et les quatre couverts ; puis, pendant que Gustave enfonce un bonnet de coton sur ses yeux et se fourre sous la couverture, il a un mouchoir à la main et d'un air sentimental ouvrir la porte au colonel Moranval.

Le colonel s'impatientait; il allait effectuer sa menace et enfoncer la porte, lorsque Olivier parut devant lui. — Ah! vous vous décidez donc à m'ouvrir enfin, monsieur! Savez-vous bien qu'il est indécent de laisser frapper aussi longtemps?... — Monsieur le colonel, vous étiez le maître de ne pas rester à la porte. — Oui, vous espériez que je m'en irais, je m'en doute bien... Je m'étais fait connaître, monsieur, et vous deviez... — C'est pour cela, monsieur le colonel, que je n'ouvrais point. — Comment, vous osez... — C'était pour ménager votre sensibilité... Ma sensibilité!... laissons ce verbiage. Où est mon neveu?... — Chut!... — Qu'est-ce à dire?... — Chut!... de grâce!... — Qu'entendez-vous par vos chut?... je veux voir mon neveu!... — Vous allez le voir, monsieur le colonel... veuillez me suivre dans la seconde pièce... et marchez sur la pointe des pieds je vous en prie... — Vous moquez-vous de moi, monsieur Olivier? — Ah! monsieur, je n'ai pas envie de rire... Ce pauvre Gustave!... — venez, je vous y mène, monsieur le colonel; voyez dans quel état!...

Le colonel arrive devant le lit dans lequel Gustave se frottait le visage avec des figues sèches (pendant que son ami amusait son oncle) afin de se rendre le teint jaune et terreux.

Le colonel examine son neveu avec étonnement; Olivier se retourne et étouffe une envie de rire que lui donne la vue du visage barbouillé de Gustave.

— Qu'a-t-il donc? dit enfin le colonel en examinant son neveu d'un air assez incrédule. — Ce qu'il a? monsieur le colonel!... une fièvre cérébrale et qui semble vouloir devenir putride et maligne. — Une fièvre cérébrale!... depuis quand? — Depuis... hier... — Et c'est pour guérir sa fièvre que vous avez été ce matin, déguisé en Anglais, escroquer du vin chez un marchand?... — Monsieur le colonel, le terme est un peu fort... et si mon ami n'était point malade... — Morbleu! monsieur, je ne crois plus à vos contes... On ne guérit pas un malade avec du champagne. — Aussi, monsieur, ne l'avais-je pris que pour moi afin de me remettre des forces pour veiller mon ami. — Et pour cela vous laissez son domestique en gage!... — Nous n'en avions pas d'autres à offrir. — Exposer ce garçon à être mis en prison!... — Monsieur le colonel, Patrocle s'est fait tuer pour Achille; Pollux meurt six mois de l'année pour Castor; Orphée va aux enfers pour sa femme; saint Vincent de Paul s'est fait mettre aux galères pour des gens qui n'en valaient pas la peine; M. Benoît peut bien coucher en prison pour son maître. — Mais qu'est question d'Orphée et de Pollux!... mais de mon neveu qui, grâces à vous, monsieur Olivier, ne fait plus que des sottises... — Ah! monsieur le colonel, vous me flattez... — Est-ce qu'il ne parle plus?... — C'est qu'il est dans un assoupissement momentané, suite de l'accès qu'il vient d'avoir... — Que diable a-t-il donc sur la peau?... — Rien... c'est l'effet de la fièvre. — Avez-vous été chercher un médecin?... — Pas encore, monsieur le colonel... — Quoi! lorsque votre ami est malade... — Monsieur le colonel, nous n'avons pas d'argent pour acheter les drogues qu'il ordonnera sans doute... — Quelle conduite!... pas d'argent pour vivre!... — Monsieur le colonel, cela arrive tous les jours à des gens fort honnêtes. — Cela ne devrait pas vous arriver, à vous qui avez un emploi... Au reste, je veux savoir la vérité. Allez me chercher un médecin, monsieur Olivier! — Un médecin!... et pourquoi faire? — Mille escadrons! la question est singulière!... Allez, monsieur, je veux savoir si mon neveu est aussi malade que vous le dites; et dans tous les cas je ne le laisserai pas ici... Quel désordre!... des vêtements à terre!... des assiettes sous la table!... — C'est que j'ai un chat, monsieur le colonel. — Des bouchons... des... ah! ah!... qu'est-ce que ceci?... Est-ce aussi pour votre chat, monsieur Olivier, que vous avez fait sous cette chaise ce ridicule de femme?... — Ah!... mon Dieu!... je le trouve donc ici!... c'est le sac à ouvrage de ma femme de ménage; elle l'a cherché ce matin pendant deux heures au moins, cette pauvre Fanchette!... elle croyait l'avoir perdu dans la rue!... — Ah! vous avez une femme de ménage qui porte un sac de maroquin à fermeture d'acier? — Oui, monsieur le colonel; oh!... tout le monde en porte maintenant... cela est devenu très-commun... — C'est fort bien. Allons, monsieur, ne perdez pas de temps... Je resterai près de mon neveu pendant que vous serez dehors... — Oh! ce n'est pas la peine, monsieur le colonel; la portière montera le garder; d'ailleurs je crois qu'il dort... — Je le veux ainsi, monsieur, et mille cartouches! je vous prouverai que j'ai du caractère.

Le colonel se fâchait, il n'y avait pas moyen de le faire changer de résolution. — Ma foi, se dit Olivier, Gustave et nos petites s'en tireront comme ils pourront; quant à moi, j'ai fait ce que j'ai pu, je me sauve.

Gustave n'était pas à son aise pendant la conversation du colonel avec Olivier; il avait pensé vingt fois éclater de rire, mais il s'était contenu dans l'espoir que son oncle ne resterait pas. Lorsqu'il vit Olivier sorti et le colonel assis au milieu de la chambre, il perdit courage et fut sur le point de jeter en l'air draps et couvertures; il craignait aussi que les jeunes femmes ne fissent du bruit dans le petit cabinet. Afin de distraire l'attention du colonel il se décida à lui parler, et, pour entamer la conversation, poussa un gémissement plaintif.

— Ah! ah!... dit le colonel, vous ne dormez plus, monsieur Gustave? — Comment, c'est vous, mon oncle? — Oui, mon neveu... Vous ne m'attendiez guère ce soir!... je conviens que sans Benoît je ne serais pas venu vous chercher ici... — Ah! c'est Benoît qui... vous a dit... — Oui, après avoir reçu vingt coups de bâton pour prix de son silence, et la promesse du double s'il me mentait... — Pauvre Benoît!... il n'a pas reçu d'autres gages depuis qu'il est avec moi. — Il me paraît que vous n'avez plus le délire, monsieur? — Mon oncle, je me sens mieux pour le moment; demain j'aurai l'honneur d'aller chez vous si j'ai la force de marcher. — Non, monsieur, vous y viendrez ce soir à pied ou en voiture. Je ne suis pas dupe de votre maladie, et... Qu'est-ce que j'entends? on dirait... — Ce n'est rien, mon oncle... c'est le carlin d'Olivier qui fait ses ordures... — Un carlin! un chat!... vous avez donc tous les animaux ici? — Olivier aime beaucoup les bêtes... — Diable!... quel bruit!... votre carlin a donc le dévoiement?... — Oui, cette pauvre bête a trop bu de lait... — Mais

UNE PARTIE CARRÉE.

— Ah! mon Dieu! dit mademoiselle Lise, c'est ce vieux bougon de colonel.

il est donc sous votre lit?... Je crois que cela se sent jusqu'ici... — Si vous vouliez aller chercher du sucre pour en brûler, mon oncle?... — En brûler! sur quoi? à la chandelle sans doute... mais votre ami tarde bien à revenir?... — Le soir, il n'aura trouvé personne. — Allons, Gustave, habillez-vous et suivez-moi... — Je vous assure, mon oncle, que je n'en aurai pas la force, et je puis à peine... — Morbleu! j'entends du bruit. Cette fois ce n'est pas un carlin... c'est dans ce cabinet...

Le colonel approche du cabinet; Gustave se lève sur son séant, et, pour arrêter son oncle, oublie qu'il n'est déshabillé qu'à demi; le colonel, qui aperçoit la culotte de Gustave, ne doute plus qu'il ait été dupe de nouveaux mensonges; pour s'en éclaircir, il court au cabinet malgré les supplications de son neveu; il veut l'ouvrir, mais on a mis le verrou en dedans.

— Ah! ah! dit le colonel, c'est probablement la femme de ménage de M. Olivier qui cherche son ridicule dans les lieux à l'anglaise! Mais je suis curieux de connaître cette pauvre Fanchette; et dussé-je rester ici jusqu'à demain, je réponds qu'elle ne sortira pas sans que je la voie.

Cette menace épouvante les deux jeunes femmes, qui étouffaient enfermées dans le petit cabinet. Déjà plusieurs fois la voisine, qui avait vidé le flacon d'eau de Cologne pendant que mademoiselle Lise soulageait sa colique, avait voulu en sortir; mais la petite blanchisseuse, qui redoutait beaucoup le colonel, avait toujours retenu sa compagne en lui faisant un portrait effrayant de l'oncle de Gustave, et en lui exagérant les dangers qu'il y aurait à s'exposer à sa colère. La honte

d'être trouvée dans une pareille cachette retenait la petite enfileuse de perles, et la crainte fortifiait la résolution de Lise. Cependant toutes deux étaient fort mal à leur aise, lorsque Gustave, qui devinait le désagrément de leur position, se sacrifia généreusement pour elles.

Il se lève, met en un instant habit, gilet et cravate, et s'avance vers son oncle en lui annonçant qu'il est prêt à le suivre. — Ah, drôle! dit le colonel, je m'expose à toute votre colère, vous le voyez; mais c'est pour deux femmes intéressantes, charmantes et innocentes, qui ne doivent pas s'amuser dans ce cabinet... je me sacrifie pour elles... je vous attends, mon oncle. — Je devrais, avant de m'en aller, donner le fouet à ces innocentes qui se cachent dans le cabinet de garde-robe de deux mauvais sujets, mais je veux bien leur en faire grâce pour cette fois. Allons, marchez, monsieur, hâtons-nous de sortir : vos belles doivent être jaunes comme des citrons, et fumées comme des harengs.

Gustave prend son chapeau et sort de l'appartement avec le colonel en jetant un dernier regard sur les lieux à l'anglaise.

CHAPITRE XIV. — Trop long ou trop court.

Voilà Gustave revenu chez son oncle; il s'attend à une forte mercuriale, à des reproches sévères sur sa conduite passée et présente; vous aussi, lecteur, vous croyez que le colonel Moranval va crier, jurer, sermonner!... eh bien! pas du tout; le colonel ne dit pas un mot à son neveu; ils se retirent chacun dans leur appartement sans s'être adressé une parole. D'où provenait ce changement dans la conduite du colonel? Peut-être voulait-il s'épargner des discours inutiles; peut-être, comme tant de gens, avait-il trop de choses à dire pour savoir par où commencer; peut-être enfin, et je crois que nous tenons le véritable motif de son silence, craignait-il en se livrant à toute sa colère de faire remonter sa goutte dans son estomac.

Gustave ne sait que penser de la modération de son oncle; mais il est résolu de se rendre digne de son indulgence, et pour cela, il reste huit jours chez lui, menant une conduite exemplaire, ne sortant que rarement, travaillant une partie de la journée, et se couchant de bonne heure.

Le colonel ne disait mot; mais il observait son neveu : il commençait à sentir qu'avec un caractère comme celui de Gustave, on cède à la douceur, à la prière, tandis qu'on se révolte contre la force et l'autorité. — Soit, dit le colonel, je veux bien être doux, et ne plus tant crier; Gustave est un jeune homme : il est étourdi, mais sensible; il aime les femmes, je les ai aimées jadis, je les aimerais bien encore, si ma goutte et mes rhumatismes me le permettaient : avant de gronder les autres, rappelons-nous ce que nous avons fait. Tâchons seulement que Gustave ne fasse pas de mauvaises connaissances, ce qui est la perte des jeunes gens, et marions-le, si cela est possible, puisque le mariage étant le tombeau de la folie, de l'amour et des plaisirs, Gustave deviendra nécessairement raisonnable, sage et rangé, lorsqu'il entendra sa femme crier, ses gens se disputer, et ses enfants pleurer; petit concert qui est en effet bien capable de faire fuir les ris et les amours.

Gustave commençait à étouffer de sagesse, et, pour se désennuyer, cherchait un peu. Tu dois être la vie dissipée que tu as menée chez son oncle, administré un léger correctif pour lui apprendre à mieux jouer au jockeis anglais. Mais Benoît n'était pas ne pour être le valet de chambre d'un jeune homme à bonnes fortunes; il n'entendait rien à l'intrigue, et Gustave perdait son temps et ses leçons, lorsqu'un matin son oncle le fit prier de passer dans son cabinet.

Gustave se hâte d'obéir; il s'approche de son oncle avec le respect et la soumission d'un neveu qui n'a plus le sou dans sa poche.

— Gustave, dit le colonel, il me semble que tu commences à te ranger un peu. Tu dois être la vie dissipée que tu as menée jusqu'ici. Pour achever de mûrir ta tête, j'en reviens à ma première idée, et je veux te marier. — Encore, mon oncle! Est-ce que vous pour moi une autre épouse en vue? — Non; tiens, décidément je veux te laisser maître de choisir; je crois que tu me sauras gré de cette condescendance. — Oui, mon oncle; vous êtes d'une bonté... Mais où choisirai-je une femme? — A coup sûr ce ne sera pas dans les sociétés que tu fréquentes avec tes Olivier et tes grisettes. Tu vas venir avec moi dans des maisons honnêtes; tù y verras de jolies femmes; tu te fixeras et tu épouseras. — Allons, mon oncle, ainsi soit-il.

Gustave accompagne le colonel dans plusieurs sociétés où il trouve en effet des femmes qui lui plaisent, mais qu'il ne voudrait pas épouser. Lorsque M. de Moranval voit son neveu empressé près d'une nouvelle beauté, faisant le galant, lançant des œillades, il le croit amoureux, et le questionne au retour sur ses sentiments : — Eh bien, Gustave! cette grande blonde te plaît?... — Oui, mon oncle; elle est gaie, aimable, spirituelle... — As-tu envie de l'épouser? — Non, elle a trop de prétention à l'esprit : en causant avec moi elle cherchait à se faire écouter des autres; elle parlait haut pour fixer l'attention; elle est coquette, enfin!... et je ne veux pas épouser une femme coquette. — Et cette petite brune à laquelle tu as dit tant de douceurs, comment la trouves-tu? — Charmante!... elle a de la grâce, de la tournure, une voix expressive... — L'épouseras-tu? — Non pas... elle chantait un *duo* avec un jeune homme et y mettait une expression.... Mon oncle, une demoiselle qui l'est encore ne pourrait pas mettre autant d'expression dans son chant!... — Mais cette autre, si vive, si folle, qui danse si bien?... — Ah! celle-là est bien séduisante!... — Tu l'aimes? — Comment ne pas l'aimer? ses yeux malins disent tant de choses!... elle rit avec une gentillesse!... et sa danse!... quelle légèreté!... quelle grâce! quelle précision dans ses pas!... — Ah! c'est donc celle-là qui sera ta femme!... — Ma femme!... Dieu m'en garde!... elle aime trop la danse; elle recherche l'hommage de celui qui pirouette le mieux, et je ne veux pas conquérir un cœur par des entrechats!... — Mille cartouches! Gustave, tu es bien difficile à marier! — Convenez, mon oncle, que j'ai raison dans ce que je vous ai dit sur ces demoiselles? — Tu trouves toutes les femmes coquettes! —

— Ce qu'il a, monsieur le colonel! une fièvre cérébrale, et qui semble vouloir devenir putride et maligne.

Il y a du plus ou du moins; mais en général toutes les dames sont portées à la coquetterie, penchant bien naturel, bien excusable chez un sexe qui doit à ses charmes des hommages qu'on ne rend pas toujours au mérite et à la vertu. Les femmes doivent donc s'occuper de plaire pour affermir leur empire; c'est ce qu'elles font depuis leur printemps jusqu'à leur hiver. — Elles ont raison, morbleu! et nous autres qui les trompons dans les quatre saisons de notre vie... comment nommeras-tu cela? — C'est de la séduction, mon oncle. — Ah! c'est de la séduction! quand tu as six maîtresses à la fois; quand tu te livres à la première brunette qui t'agace, quand tu courtises en même temps la mère et la fille, la maîtresse et la soubrette, la marquise et la brodeuse, c'est de la séduction!... Cela ressemble diablement à du libertinage!... Oui, mon neveu, les hommes sont libertins, séducteurs, si tu veux; tu l'es plus qu'un autre: ne t'érige donc plus en censeur des femmes, et estime-toi heureux qu'elles veuillent bien encore écouter tes sornettes et ne pas te rire au nez quand tu pousses de gros soupirs. — Mon oncle, je vous assure que je ne censure personne... — En voilà assez!... te marieras-tu, oui ou non? — Oui, mon oncle; quand j'aurai trouvé une femme parfaite.

— Te moques-tu de moi? La perfection n'est pas dans la nature; nous naissons tous avec des défauts que l'éducation peut affaiblir et les leçons déraciner, mais je ne suis pas de l'avis de ceux qui prétendent que nous venons au monde bons comme des agneaux et doux comme du miel. Si cela était, verrait-on un enfant de deux ans trépigner des pieds et se pâmer de colère? Sont-ce les caresses de sa mère, les soins de sa nourrice, qui ont rendu celui-ci, à quatre ans, menteur, voleur, gourmand et entêté? Nous naissons avec des défauts qui deviennent des vices, lorsque l'éducation et la surveillance des parents ne les ont pas corrigés. Il ne s'ensuit pas de là que nous sommes, en grandissant, excusables de nous livrer aux penchants de la nature; nous avons alors la raison pour nous éclairer et nous servir de guide; tant pis si nous

n'écoutons pas ses conseils. Mais si la sagesse nous retient souvent, la faiblesse humaine l'emporte quelquefois: il est donc impossible d'être parfait. En quel lieu trouverons-nous les hommes sages et commandant à toutes leurs passions? J'ai beau remonter à la création du monde, je n'y trouve point cet âge d'or dont ont parlé les poëtes, et ce que chaque génération a appelé *le bon vieux temps*... Le premier homme eut une femme coquette, et deux fils dont l'un a tué l'autre; les descendants de Caïn et d'Abel se sont si bien comportés, que Dieu a été obligé de leur envoyer le déluge. Les descendants de Noé se sont constamment battus les uns contre les autres. Est-ce dans l'Asie, au temps de Sémiramis, qu'il faut placer l'âge d'or?... Quel assemblage de vices renfermaient ces villes fameuses, Ninive, Babylone, Persépolis, Ecbatane! Et cette Grèce si vantée, qui n'était composée que de petits royaumes toujours prêts à se déchirer eux-mêmes, toujours livrée à des tyrans ou à des fripons! Aristocratie, démocratie, oligarchie, factions, guerres, trahisons, esclavage décoré du nom pompeux de liberté, voilà quelle fut la Grèce. Est-ce chez les Romains que nous trouverons la perfection?... Si elle est dans les arts, elle est bien loin de leurs mœurs! Leur république n'offre que batailles, carnage, décemvirs, tribuns, révolution, loi agraire, des dictatures perpétuelles, des proscriptions; la pourpre des Césars ne nous montre qu'un Titus pour opposer aux Tibère, Néron, Caligula, Caracalla.

Est-ce sous les pontifes que les Romains étaient heureux? Je vois le fils d'un pauvre vigneron parvenir à la dignité suprême. Sixte-Quint s'assied sur le trône pontifical, et remplit l'univers du bruit de sa grandeur: il embellit Rome, élève des monuments; mais il augmente les impôts, le peuple est malheureux et appauvri. Sixte-Quint fut plus haï qu'admiré.

Est-ce le temps de la chevalerie que l'on appelle l'âge d'or? Sans doute il était beau de rompre une lance pour sa belle, et de se consacrer à la défense des dames; mais je vois, dans ces beaux temps, les vilains mangés par les vassaux, les vassaux mangés par les suzerains, et les suzerains dépouillés par les moines; je vois une jeune mariée forcée de donner sa fleur à un châtelain brutal, et des hommes appelés

Benoît ne conçoit rien à l'appétit de son maître, il monte doucement une volaille dans un plat.

serfs, traités par d'autres hommes comme le prophète Élie traita de pauvres petits garçons qui l'appelaient *tondu*. C'est donc sous le bon roi Henri IV que l'on a connu le bon temps? C'était en effet le désir de ce grand homme de rendre son peuple heureux; et, s'il n'eût tenu qu'à lui, les Français auraient alors connu l'âge d'or. Mais les rébellions, les guerres civiles, les fanatiques, les empoisonneurs, les assassins troublèrent le règne de Henri IV, qui périt comme Henri III.

Après ce bon roi, où irai-je chercher le bon temps et l'âge d'or... et cette perfection, cette sagesse constante qui n'existent pas?

— Mon cher oncle, vous avez oublié Salomon, dit *le Sage*. — Ah! parbleu! une sagesse comme celle-là te conviendrait beaucoup: trois cents femmes et sept cents concubines! Peste! quel homme que ce Salomon! Mais voilà une dissertation qui m'a mené plus loin que je ne voulais, et tout cela est ta faute. Tu veux une femme parfaite! Tu ne te marieras donc pas? — Pardonnez-moi, mon cher oncle. Il suffit pour cela que je sois amoureux : celle que nous aimons est parfaite à nos yeux. — Si tu m'avais dit cela plus tôt, mon cher neveu, tu m'aurais épargné ce bavardage sur la perfection, l'âge d'or et le bon vieux temps. — Il est facile de trouver une maîtresse... mais une femme... Ah! mon oncle!... — Est-ce qu'une maîtresse n'est pas une femme? — Si fait; mais... — Est-ce qu'on ne couche pas avec l'une comme avec l'autre? — Sans doute... Est-ce qu'on ne fait pas des enfants à toutes les deux? — Certainement... mais... — Allons, va te promener avec tes *mais*... Tu n'as pas le sens commun, mon pauvre Gustave!... Ces messieurs qui ont tourné toutes les têtes, qui ont trompé des maris et fait le malheur des petites filles, sont, quand on veut les marier, d'une sévérité extrême sur le choix d'une épouse... Va, mon cher ami, quoique tu sois bien au fait de toutes les ruses des belles, ta femme, si cela lui plaît, te trompera comme un homme bien ignorant sur cet article. — Je n'ai jamais douté de cela, mon oncle. — Oui? Eh bien! en ce cas, allons nous coucher.

Chapitre XV. — L'Amour vrai.

Un soir que Gustave revenait seul du spectacle, son oncle ayant préféré ne pas sortir, il aperçut une femme assise sur le banc à côté de la porte cochère de l'hôtel du colonel. Sans faire beaucoup attention à elle, Gustave allait rentrer, il tenait le marteau pour frapper, lorsqu'une voix touchante l'arrêta.

— C'est vous, monsieur Gustave, et vous ne me dites rien?... — Grand Dieu!... quelle voix!... — Vous ne me reconnaissez donc pas?... — Serait-ce toi, Suzon!... — Oui, monsieur, c'est moi, c'est la pauvre Suzon... — Et que viens-tu donc faire à Paris?... — Je viens vous voir... — Me voir' ... — Certainement. Je suis là à vous attendre depuis deux heures... On m'a dit que vous étiez sorti, mais que vous reviendriez bien sûr, et je n'ai pas voulu m'éloigner de votre maison. — Chère Suzon!... Mais je ne conçois pas... Avec qui es-tu venue à Paris? — Avec personne... — Et tes parents? — Je ne leur ai pas dit que je m'en allais... — Quoi! tu les as quittés?... — Ils voulaient toujours me marier avec Nicolas, et moi je ne voulais pas, parce que je pensais toujours à vous. Hier on a fixé le mariage pour dimanche... et je me suis sauvée ce matin pour ne pas épouser Nicolas... — Comment savais-tu mon adresse?... — M. Benoît m'avait dit la rue et le numéro, et je n'avais garde de rien oublier!... — Est-ce que vous êtes fâché de me voir?... — Pauvre Suzon!... fâché de te voir... Ah! je t'aime trop pour cela... Mais cependant... comment allons-nous faire? — C'est bien facile, je resterai avec vous,... — Mais il faut te loger... te coucher... — Je coucherai avec vous... Vous savez bien comme je faisais lorsque vous étiez chez vous... — Si j'étais seul, ce serait fort aisé... mais je demeure chez mon oncle, et je ne suis pas le maître de faire tout ce que je veux... — Ah! monsieur Gustave, vous ne m'aimez plus, je le vois bien!... Vous me chassez, vous me renvoyez d'auprès de vous!... vous voulez toujours que j'épouse Nicolas Toupet!... — Ne pleure pas; Suzon, je ne te chasse pas... Moi, te renvoyer! non, ma chère amie... Tu as fait une étourderie en quittant ta famille; mais j'en suis la première cause, et certes je ne t'abandonnerai pas. Cependant je voudrais bien que mon oncle ne sût rien de tout ceci... Si je pouvais te cacher... — Oh! je ferai tout ce que vous voudrez!... Que je sois avec vous seulement, et je serai contente. — Je vais frapper... je laisserai la porte entr'ouverte. Pendant que je parlerai au portier, tu entreras, tu te glisseras au fond de la cour... Nous verrons ensuite si les domestiques sont couchés... Tu m'entends bien?... — Oh! soyez tranquille.

Gustave craignait le bavardage du portier, qui était le père de Benoît et aussi bête que son fils.

Notre jeune homme frappe, entre, va se placer devant le carreau du portier, qui lui apprend qu'une jeune fille est venue le demander; pendant ce temps, Suzon entre et se glisse au fond de la cour. Gustave ferme la porte et va retrouver la petite sous la remise. — Te voilà dans la maison, dit-il à Suzon, maintenant je vais te mener à ma chambre... puissions-nous ne rencontrer personne dans l'escalier! Il la prend par la main et monte un escalier qui conduisait à son appartement et à celui de son oncle.

Arrivé sur le carré, Gustave s'arrête devant la porte; il aperçoit de la lumière dans la pièce d'entrée qui précède sa chambre à coucher; il fait monter un étage de plus à Suzon, et entre chez lui. Il trouve Benoît endormi sur une chaise en l'attendant son maître.

Benoît s'éveille, il demande à Gustave s'il n'a besoin de rien, et va monter à sa chambre, qui est sur les toits; mais il rencontrerait Suzon sur l'escalier; il faut donc, au contraire, le faire descendre. — Benoît, je veux souper, dit Gustave; va à l'office me chercher quelque chose.

Benoît sort et descend; pendant ce temps, Suzon est introduite dans la chambre à coucher de Gustave. Benoît revient apportant une vo-

laille et du vin; pendant qu'il pose cela sur une table, et que Gustave le presse de se dépêcher, Suzon, qui était dans la chambre sans lumière, renverse une chaise en cherchant à s'asseoir.

Benoît pâlit; la volaille qu'il tenait sur un plat roule à terre; il n'ose plus lever les yeux; Gustave ne sait que dire. — Avez-vous entendu, monsieur?... dit enfin Benoît en tremblant... — Oui, j'ai cru entendre... — Il y a des voleurs dans votre chambre... et moi qui suis resté seul ici pendant une heure!... — Ah, mon Dieu!... si je m'étais douté de ça!... — Allons, tu rêves, Benoît. — Comment, monsieur! est-ce que cette chaise est tombée tout seul? — C'est le chien de mon oncle, sans doute. — Oh! il y a longtemps que Fidèle est dans sa niche... ce sont des voleurs... je vais éveiller tout le monde... — Garde-t'en bien... je te le défends... va te coucher, Benoît. — Quoi, monsieur! vous voulez rester seul ici!... — Va te coucher, te dis-je, et ne réveille personne, ou demain je te chasse! — Mais, monsieur, vous voulez donc être tué cette nuit? — Je n'ai rien à craindre. Tu es un sot; va-t'en, et tais-toi. — Allons, bonne nuit, monsieur... je vais armer ma carabine; vous m'appellerez si vous avez besoin de moi... je tirerai mon fusil en l'air, ça réveillera tout l'hôtel. — Benoît, fais-moi le plaisir de ne pas toucher à ta carabine, si tu ne veux pas que demain ma canne touche à tes épaules. Va te coucher et dors.

Benoît s'en va enfin, et Gustave est seul avec Suzon; il peut la voir, lui parler, l'embrasser tout à son aise; il la trouve embellie, formée davantage depuis son départ du village. La petite se laisse embrasser, caresser. Elle revoit Gustave, il lui promet qu'il ne la renverra pas; elle est heureuse, elle ne désire plus rien.

Les jeunes gens soupent, et Suzon raconte à Gustave son voyage : elle est venue à pied d'Ermenonville à Paris; elle a fait onze lieues presque sans se reposer, tant elle craignait de ne pas arriver assez tôt près de son ami; aussi ses pieds sont écorchés, ses membres meurtris; mais en route elle ne sentait pas la fatigue, l'amour doublait son courage et ses forces.

— Pauvre petite! disait Gustave... Oh! cette femme-là m'aime bien!...

Il n'osait parler à Suzon de la douleur qu'elle causait à ses parents; il sentait bien qu'elle avait eu tort de les quitter pour venir le trouver, mais pouvait-il faire des reproches lorsqu'elle lui donnait une si forte preuve d'amour! — Le sort le veut ainsi, pensait Gustave; il était écrit que Suzon n'épouserait pas Nicolas, parce que j'aurais été à Ermenonville... Allons, jouissons du présent et ne nous inquiétons pas de l'avenir.

Gustave fit coucher Suzon avec lui. La petite retrouva dans les bras de son ami ces nuits d'amour qui avaient fait depuis le charme et le tourment de sa vie. Elle s'endormit enfin, heureuse et plus aimante encore, sur le sein de Gustave; pour lui, réfléchissant à ce qu'il ferait de Suzon et aux moyens de la dérober aux regards de son oncle, il n'était pas aussi tranquille que la petite. La colère du colonel serait terrible s'il trouvait la jeune paysanne chez son neveu; mais s'il apprenait que cette jeune fille, séduite par Gustave, a pour lui abandonné ses parents et son pays, cela serait bien pis encore!... Comment donc faire pour éviter tout cela?... Renvoyer Suzon chez ses parents, qui peut-être la maltraiteront!... Ah! Gustave ne se sent pas ce courage... Suzon, qui est si sensible, si jolie!... Quel cœur pourrait se priver volontairement d'un pareil trésor!... ce ne peut être celui d'un jeune homme de vingt ans.

— Gardons Suzon avec moi, dit Gustave, cachons-la avec soin, tâchons de ne point donner l'éveil à mon oncle... et, ma foi, cela durera tant que cela pourra.

Chapitre XVI. — La Journée aux contrariétés.

Il était tard lorsque Gustave s'éveilla. Suzon dormait encore : faire onze lieues à pied, et coucher avec son doux ami! double raison pour avoir besoin de repos. Notre héros considérait la pauvre petite qui, pour venir le trouver, avait abandonné amis, parents, et le village où elle était née : Gustave faisait, la voulait, des réflexions mélancoliques : l'avenir de Suzon l'inquiétait.

On frappe à la porte de l'antichambre. Gustave se lève doucement pour ne pas réveiller Suzon, et va demander : — Qui est là? — C'est moi, monsieur, répond Benoît. — Que me veux-tu? — Comme d'ordinaire monsieur se lève à huit heures, et je craignais que les voleurs n'eussent tué monsieur... et puis monsieur le colonel vous attend pour déjeuner... — Est-ce bien, je vais y aller. — Est-ce que monsieur ne me donne pas son habit et ses bottes?... — Plus tard; laisse-moi tranquille.

Gustave revient près de la petite, qui dort toujours. Il ne sait qu'il doit faire : son oncle l'attend, il faut se rendre près de lui... Mais que fera Suzon?... Elle ne peut passer la journée à dormir; il faut qu'elle déjeune, qu'elle dîne... Et Benoît, qui tous les jours fait la chambre et le lit de son maître, comment lui cacher Suzon? Si Benoît n'était pas un sot, on le mettrait dans la confidence, et il pourrait servir les jeunes gens; mais il n'y a pas moyen de se servir de lui. Non-seulement il est bête, mais il est bavard, indiscret; il ne pourrait se taire avec son père, et, le portier une fois instruit, c'était comme si l'on eût fait tambouriner la nouvelle dans l'hôtel.

— Diable!... disait Gustave en s'habillant, c'est embarrassant!... fort embarrassant!... Commençons par nous rendre près de mon oncle; fermons à clef la porte de ma chambre à coucher, et défendons à Benoît de parler de cette circonstance... Nous verrons ensuite avec Suzon ce que nous devons faire.

Gustave, étant habillé, dépose un baiser sur les lèvres de sa jeune amie, qui est toujours plongée dans un profond sommeil, puis sort, ferme à double tour la porte de sa chambre à coucher, dont il met la clef dans sa poche, et se rend chez le colonel. Il trouve, devant son antichambre, Benoît qu'il attend sur le carré.

— Benoît, tu n'entreras pas dans ma chambre... Tiens!... — Je n'ai pas besoin que tu mettes tout en désordre chez moi... D'ailleurs... j'ai acheté deux colombes que je veux apprivoiser, et tu les effaroucherais!... — Oh! que non, monsieur; oh! je me connais en volatiles!... — Je ne veux pas que tu y touches.

— Mais votre lit, monsieur, est-ce que vous apprendrez aux colombes à le faire? — Je le ferai moi-même; cela m'amusera. — Ah ben! par exemple!... — Et je te défends de parler de cela devant mon oncle ni à personne de la maison... sinon... tu sais, Benoît, que tes oreilles se tirent facilement?... — Oh! monsieur... je ne parlerai pas... vous êtes bien le maître de faire votre lit si ça vous amuse!... — C'est bien heureux! — Ça fait que j'aurai moins de besogne!... v'là tout, et si monsieur veut battre ses habits et décrotter ses bottes?... — Non pas : tu ne dois entrer dans mon antichambre; tu y trouveras tout cela.

Gustave monte chez son oncle, qui l'attendait pour déjeuner. Le colonel était en grande tenue; Gustave n'y fit pas d'abord attention; mais, après le déjeuner, il fut surpris d'entendre son oncle s'informer si l'on avait mis le cheval à son cabriolet.

— Vous allez sortir, mon oncle? — Oui, Gustave, et tu vas venir avec moi?... — Comment! moi?... — Sans doute, tu vas m'accompagner; je ne vois rien là qui soit capable de te faire ouvrir de si grands yeux!... — Mais, mon oncle... je voulais ce matin travailler à... — Peste! quel amour du travail! mais tu as toujours le temps. Tu peux faire demain ce que tu comptais faire aujourd'hui. — Cependant... si cela vous était indifférent, je préférerais... — Non pas, je veux que tu viennes avec moi... Allons, le cheval est mis, partons.

Gustave suit son oncle d'assez mauvaise humeur, mais il espère en être quitte pour quelques visites; pendant ce temps, Suzon achèvera de se reposer, et, comme ils ont passablement soupé la veille, elle attendra facilement le retour de Gustave.

On monte en cabriolet. Le colonel conduit, et Gustave voit avec inquiétude que l'on traverse la ville sans s'arrêter, et qu'on se dirige vers la barrière de l'Étoile : — Mais que faites-vous donc, mon oncle? dit-il avec impatience, vous allez sortir de Paris?... — Je sais où je vais, mon neveu. — Comment! vous me menez à la campagne?... — Je te mène dans une maison charmante où tu t'amuseras, j'en suis certain. — Mais j'en doute fort!... — C'est ce que nous verrons... D'ailleurs, tu peux bien te sacrifier une journée... — Comment, une journée?... — Ce soir tu me remercieras... — Ce soir! mais vous comptez donc me garder jusqu'à ce soir?... — Peut-être même passerons-nous la nuit chez M. de Grancière. — Passer la journée... la nuit?... oh! non, assurément.

Gustave étouffait de dépit, d'impatience, d'inquiétude; il voulait sauter hors du cabriolet et laisser là son oncle; cependant quelques réflexions sages le calmèrent un peu. Il ne pouvait ouvertement désobliger et contrarier son oncle. En se jetant sur la route, il pouvait se blesser et ne pas revenir plus vite à Paris; il dut donc prendre patience et attendre une occasion favorable pour s'esquiver de chez M. de Grancière.

— Ah! Suzon! pauvre Suzon!... que vas-tu penser!... que vas-tu faire toute la journée!... Mais je lui conterai ce qui m'est arrivé, je l'embrasserai; elle oubliera facilement les maux passés, et elle trouvera dans mes bras le dédommagement des chagrins de la journée.

C'est ainsi que Gustave cherchait à se consoler et à prendre patience. Le colonel lui racontait les exploits de M. de Grancière, son ancien camarade et compagnon d'armes; mais M. de Moranval perdait son éloquence à tracer le tableau des batailles, des assauts, des escarmouches où il s'était trouvé avec son ami; Gustave n'entendait rien de ce que lui disait son oncle; il ne pensait qu'à Suzon, qui pour lui allait passer la journée sans dîner.

— Mon oncle, est-ce que nous ne sommes pas bientôt arrivés? dit Gustave, interrompant le colonel au milieu d'un récit animé. — Eh! morbleu! c'est comme cela que tu t'intéresses à mes dangers... quand je suis entouré d'ennemis et blessé à la tête... — Mais, mon oncle, vous vous portez bien... nous ne sommes plus sur le champ de bataille... et nous avons déjà passé Courbevoie. — Que diable y a donc avec toi? il ne m'est jamais vu si pressé d'arriver... Mon oncle... j'ai des inquiétudes dans les jambes... et la voiture me fait mal... — Si tu avais été, comme moi, douze heures blessé sur le champ de bataille, au milieu des morts et des mourants, tu ne te plaindrais pas d'inquiétudes dans les jambes!... Tu as aussi des vapeurs, sans doute?... Allons, calme-toi, nous voici arrivés; cette belle maison, à droite, est celle de M. de Grancière.

Gustave calcule qu'ils sont à peu près à deux lieues et demie de Paris; mais avec un bon cheval, on peut faire ce trajet en moins d'une heure.

On descend devant une jolie maison de campagne. Le domestique fait entrer le cabriolet dans la cour. — Ne dételez pas, lui dit Gustave. — Si fait, si fait, dételez, dit le colonel : parbleu! le cheval aura le temps de se reposer.

Gustave se mord les lèvres et suit son oncle en enrageant. On entre dans le salon; le colonel présente son neveu à son ami... M. de Grancière est un homme aimable qui fait beaucoup de politesses à Gustave, et auxquelles celui-ci répond par quelques mots sans suite, prononcés d'un air distrait.

— Mon ami, dit le colonel à M. de Grancière, je te prie de pardonner à mon neveu; mais il a des jours où il ne sait pas ce qu'il dit, et ma foi, je te l'ai amené dans un de ses mauvais moments.

Cette plaisanterie fait rougir Gustave; il s'efforce de modérer son impatience et de prendre sur lui de cacher ses tourments. Une jeune femme d'une tournure élégante, d'une figure charmante, entre alors dans le salon : — Voilà ma fille, dit M. de Grancière, ma chère Eugénie, que je vous présente.

Le colonel pousse Gustave, alors occupé à regarder dans les jardins, pour qu'il salue la fille de son ami. Gustave se retourne et se trouve devant une femme jeune et jolie; on ne veut pas paraître sot et gauche auprès d'une personne qui paraît réunir le bon ton à la beauté et aux grâces. Notre héros redevient aimable, enjoué, galant; il reprend tous ses avantages. Le colonel sourit, s'approche de son neveu. — Eh bien! lui dit-il, es-tu toujours fâché de m'avoir suivi?... Gustave ne répond rien; il admire la charmante Eugénie; mais il soupire, il se retourne, il pense à la pauvre Suzon.

Plusieurs habitants de la ville arrivent; Gustave remarque qu'ils tiennent des bouquets et les présentent à la belle Eugénie. — Il y a donc une fête ici? demande-t-il à son oncle. — Oui, la fête de madame Fonbelle. — Qu'est-ce que c'est que madame Fonbelle? — C'est la fille de M. de Grancière, Eugénie. — Ah! elle est mariée? — Non, elle est veuve, et possède quinze mille livres de rente. Non-seulement elle est jolie, mais elle est sage, bonne et remplie de talents et d'esprit... Que dis-tu de tout cela, Gustave? — Je dis, mon oncle, qu'il faut se méfier de ces réunions de toutes les qualités; je suis certain que vous flattez un peu le tableau! — Tu verras bientôt qu'il est loin du modèle. — Et pourquoi donc, mon oncle, ne m'avez-vous pas présenté plus tôt à madame Fonbelle? — Parce qu'elle habitait en Touraine, où je ne voulais pas t'envoyer là pour que tu la conduisisses comme chez ce pauvre de Beriy. Oh! je sais ce dont tu es capable.

La société se rendit dans les jardins avant le moment du dîner. Gustave cherchait un moyen honnête pour s'en aller, mais il n'en trouvait pas. Sortir brusquement d'une maison où il était reçu pour la première fois aurait été manquer à toutes les bienséances. — Il faut absolument dîner ici, disait-il en lui-même; mais après dîner je feins une indisposition... un rendez-vous... ou bien je ne dis rien du tout, et je me sauve sans être vu. Mon oncle criera, se fâchera, tant pis!... Et madame Fonbelle... que pensera-t-elle de moi?... que je suis un original... un homme sauvage, sans politesse!... Il est bien désagréable d'être jugé ainsi par une femme charmante. Mais ma petite Suzon m'attend... elle n'a pour dîner et déjeuner que le restant de notre poulet d'hier... et il ne restait que la carcasse... Il est vrai que Suzon m'adore; et quand on est bien amoureux, on se nourrit de souvenirs et d'espérance.

Gustave se promenait dans une allée du jardin en faisant ces réflexions. Il aperçut madame Fonbelle, et s'approcha d'elle dans l'espoir de trouver le temps moins long en causant avec cette femme, dont son oncle faisait un portrait si flatteur. Il était bien aise aussi de paraître aimable, et devant le soir; car brusquement le soir, voulait laisser quelques regrets : l'amour-propre ne s'endort jamais.

La fille de M. de Grancière était réellement séduisante : de l'esprit, des grâces, de l'enjouement, un peu de coquetterie, beaucoup de sensibilité; telle était Eugénie. Gustave lui témoigna le plaisir qu'il aurait à cultiver sa connaissance. Eugénie l'assura qu'il serait toujours le bienvenu, soit à Paris, soit à la campagne; elle reçut ses compliments en souriant, mais ne voulut point admettre ses excuses pour le soir. — Non, monsieur, dit-elle, vous ne nous quitterez pas ainsi. Vous manquerez ce soir un rendez-vous, sans doute fort agréable; mais vous ferez ce sacrifice, et je vous en saurai beaucoup de gré.

Que dire à une femme charmante qui vous retient avec tant d'amabilité et pour laquelle on éprouve déjà... Eh quoi! de l'amour? allez-vous dire. Que voulez-vous! ce diable de Gustave a un cœur qui s'embrase si facilement... et madame Fonbelle a tant de charmes! Mais Suzon... cette pauvre Suzon qui a tout quitté pour lui!... Oh! rassurez-vous, lecteur, il aime toujours Suzon; il n'a point oublié Julie. Il rira encore avec Lise; et ne croyez pas que mon héros soit un être imaginaire... presque tous les hommes lui ressemblent. Nous ne sommes plus au temps où l'on n'aimait qu'une belle (si toutefois ce temps a existé); nous avons fait de grands progrès dans la galanterie : nous aimons le beau sexe, généralement parlant. Vivent les Français pour faire l'amour! Laissons les Allemands soupirer, se promener et admirer en

silence avec leur amie « la goutte de rosée tombant sur la dernière
» feuille d'automne; le vent du soir murmurant dans les rochers et por-
» tant à l'oreille d'un cœur passionné le soupir amoureux échappé d'une
» bouche brûlante, et la lune répandant sur la terre cette teinte douce
» et mélancolique qui élève et transporte dans les régions éthérées
» une âme exaltée et contemplative! »

Laissons les Anglais se brûler la cervelle ou se pendre avec leur
amante; les Hollandais fumer au nez des femmes, et envoyer les bouf-
fées de tabac en guise de compliments; les Turcs enfermer de jolis
minois sous la garde de vilains eunuques toujours prêts à présenter le
poignard ou le cordon; les Espagnols passer la moitié de leur vie à
pincer de la guitare et à donner des sérénades; les Russes faire l'amour
à coups de bâton; les Ecossais vendre leur femme au marché; les In-
dous prendre une épouse âgée de dix ans; les Arabes se cacher le visage et montrer leur derrière; les Hottentots se peindre le corps pour
plaire; les Malais s'aplatir le nez et s'allonger les oreilles; laissons les
Italiens attirer sur leur beau pays le feu qui brûla jadis Sodome et
Gomorrhe, et qui, au lieu de tomber du ciel, sort maintenant des flancs
du Vésuve.

Laissons... laissons tout cela, me direz-vous, et revenons à Gustave,
que nous avons laissé près d'Eugénie. Que fait-il maintenant? Il donne
la main à madame Fonbelle, et se rend avec toute la société dans un
carré de verdure où l'on a mis le couvert. Soit hasard, soit intention,
notre jeune homme se trouve placé à table près d'Eugénie, et le repas
ne lui semble pas long; il a cependant duré près de trois heures, et il
fait nuit lorsqu'on passe dans le salon. Gustave jette les yeux sur
une pendule... — Oh! ciel!... il est huit heures!... et le temps d'arriver
à Paris!... Cette pauvre Suzon doit se désoler.... Il faut partir... Il
se retourne... Eugénie est derrière lui; elle lui prend la main, l'en-
traîne au piano : — Je sais, lui dit-elle, que vous chantez avec goût,
que vous aimez la musique; venez, vous allons essayer un nocturne
fort joli.

Il n'y a pas moyen de refuser : il faut suivre Eugénie au piano; on
chante le nocturne, puis un duo, puis une romance. Toute la société
applaudit; le colonel paraît enchanté; madame Fonbelle remercie
Gustave, et ses yeux ont une expression de sensibilité!... On passerait
sa vie à les admirer. Mais la pendule sonne... dix heures... Gustave se
lève brusquement. — Dix heures! dit-il, et depuis ce matin elle
m'attend!

Il gagne la porte du salon, descend dans la cour, demande le cabriolet... mais le cheval est encore à l'écurie; Gustave le prend, lui
passe la première bride qu'il aperçoit, et sans bride, sans selle, il
monte, le presse, et se dirige ventre à terre vers Paris.

Il arrive dans la cour de l'hôtel en moins de trois quarts d'heure.
Le cheval tombe contre la loge du portier; le père Benoît jette un
cri, son fils fait un saut; Gustave n'est pas blessé, il se débarrasse du
cheval, l'abandonne aux domestiques, et pousse Benoît vers l'office.

— Ce pauvre cheval, dit Benoît en soupirant, il n'en reviendra
pas!... — Benoît, monte-moi vite un pâté, une volaille, du vin, des
confitures. — Un pâté, monsieur!... — Allons... va donc... ne m'as-tu
pas entendu?... Oh! que tu es lent!

Benoît ne conçoit rien à l'appétit de son maître : il monte doucement une volaille dans un plat; Gustave l'attendait devant sa porte :
— Comment! tu n'apportes qu'un plat?... — Monsieur, comme je ne
voulais rien casser, je n'ai pris qu'un plat à la fois... — O butor!...
viens avec moi...

Gustave met la volaille sur le carré et descend avec Benoît à l'office. Il prend tout ce qu'il trouve, pâtisseries, légumes, fruits, vin; il
charge Benoît et porte lui-même plusieurs plats. Benoît regarde Gustave d'un air étonné. — Il paraît que monsieur a bien faim?... —
Cela ne te regarde pas... Mais va donc, maudit lambin... — Monsieur,
prenez garde; vous allez me faire casser quelque chose.

On monte l'escalier; un chien descend avec une volaille dans sa
gueule; c'est Fidèle qui a flairé le plat que Gustave a laissé devant sa
porte. Notre héros est furieux... il frappe du pied... il crie après Fidèle... le chien, effrayé, court et se fourre dans les jambes de Benoît,
qui tombe sur l'escalier avec tous ses plats et se couvre la figure avec
du fromage à la crème.

Gustave ne se possède plus... il est désespéré, il ne sait plus ce qu'il
fait; enfin il prend le parti d'abandonner Benoît avec le chapon, et,
se contentant du pâté et de quelques fruits, il entre chez lui, referme
la porte de son antichambre, met le verrou et pénètre dans la retraite
où l'attend Suzon.

La petite villageoise est assise près du lit; son mouchoir est sur ses
genoux, elle a les yeux rouges et gonflés; elle fait un cri en apercevant Gustave, qui court l'embrasser.

— Me voilà, Suzon, me voilà... — Ah! je croyais que vous ne reviendriez plus... — Ah! Suzon, tu as pleuré... — Oui, presque toute
la journée... mais je vous assure que je n'ai pas fait de bruit... —
Pauvre petite... tu n'as donc pas dîné? — Dîner! oh! je n'en ai plus
envie... ce matin j'avais faim, mais mon appétit s'est passé!... — Tu
croyais donc que je ne t'aimerais plus? — Dam', sans doute, puisque
vous ne reveniez pas me voir... il y a bien longtemps que vous êtes
parti! — Ah! ce n'est pas ma faute... mon oncle m'a emmené : si tu
savais comme la journée m'a semblé longue!

Gustave mentait peut-être un peu; mais il est des circonstances où
un léger mensonge est nécessaire et même louable : il eût été barbare
de dire à Suzon : J'ai vu une femme charmante avec laquelle j'ai
causé, chanté, et qui m'a fait oublier le temps. C'était la vérité cependant; mais, comme vous voyez, toutes vérités ne sont pas bonnes
à dire.

Gustave mettait sur une table devant Suzon le pâté, le vin, les
fruits; il pressait la petite de manger, elle souriait à son ami; elle
voyait, à son empressement, à ses regrets, qu'il l'aimait encore; elle
oubliait les tourments de la journée, et mangeait pour faire plaisir à
Gustave.

Mais Gustave réfléchissait pendant que Suzon prenait son repas; il
se disait : — Ce qui est arrivé aujourd'hui peut arriver souvent encore, et entraîner de graves inconvénients; il ne faut pas laisser Suzon passer sa vie dans une chambre, sans oser parler haut ni remuer,
de crainte d'être entendue; d'ailleurs, sans sortir, elle tombera malade :
on ne change pas impunément sa manière d'exister; une jeune fille
accoutumée à courir dans la campagne, à se lever avec le soleil, à
prendre beaucoup d'exercice, ne supportera pas l'air épais et méphi-
tique de Paris, condensé dans une enceinte de vingt pieds carrés, et
qu'elle ne peut renouveler elle-même sans être aperçue par les gens
de l'hôtel. Et puis les propos de Benoît, auquel la conduite extraordinaire de son maître donnera des soupçons, peuvent parvenir jusqu'au colonel; et, s'il trouvait Suzon!... Allons, décidément elle ne
peut rester à l'hôtel; il faut lui louer une petite chambre que l'on meu-
blera proprement; là elle pourra chanter, parler, prendre l'air et manger quand bon lui semblera, et Gustave ira la voir tous les jours, le
matin et le soir.

— Ma chère amie, dit Gustave à Suzon, je viens de trouver un
moyen pour que nous puissions nous voir sans danger : dès demain,
je te loue une jolie chambre sur les boulevards et je t'y installe...

Suzon laisse tomber son verre et sa fourchette; elle écoute avec attention Gustave lui détailler les agréments dont elle jouira dans sa
nouvelle demeure; quand il a fini, elle reste muette encore, mais deux
ruisseaux de larmes s'échappent de ses yeux, et elle se jette aux genoux de Gustave et le regarde d'un air suppliant.

Celui-ci, surpris de cette action, la presse de parler et veut la relever; elle s'obtine à rester à genoux et s'écrie en sanglotant : — De
grâce, ne me renvoyez pas de chez vous... monsieur Gustave! je vous
promets que je ne vous ferai plus de chagrin... je ne dînerai pas de la
journée, ça m'est égal; je ne ferai pas de bruit... je ne pleurerai
plus... vous sortirez tant que vous voudrez... mais ne me chassez pas
d'auprès de vous!... — Que dis-tu, ma chère amie? mais je ne te
chasse pas... c'est pour que tu sois plus heureuse.. tu pourras sortir
avec moi... — J'aime mieux rester dans votre chambre... — J'irai te
voir tous les jours. — Oh! quand vous seriez parti, j'aurais trop peur
de ne plus vous revoir; au lieu qu'ici il faut bien que vous rentriez
coucher. — Mais si mon oncle te découvre?... — Ah bien! alors il sera
toujours temps de me renvoyer... mais dans ce Paris!... Ah! je serais
perdue si je ne demeurais pas avec vous.

Gustave ne put calmer la petite qu'en lui promettant de la laisser
habiter sa chambre. — Tu le veux, lui dit-il, reste ici : je désire que
nous ne nous repentions jamais de cette résolution.

Cette promesse rendit à Suzon toute sa gaieté; elle embrassa Gustave, courut dans la chambre, sauta, fit mille folies; elle croyait son
bonheur désormais assuré. Gustave ne pensait pas de même, mais il
ne voulut pas troubler sa joie, et s'endormit dans les bras de Suzon,
regrettant pour la première fois peut-être que la raison n'eût pas triom-
phé de l'amour.

CHAPITRE XVII. — La Chambre mystérieuse.

Avant huit heures du matin Benoît frappait à la porte de son
maître. Gustave se lève, et demande sans ouvrir pourquoi on fait tapage. — M. le colonel veut vous parler, répond Benoît.

Gustave s'attend à être grondé; il s'habille, ferme à clef sa chambre
à coucher, et va chez son oncle. Benoît est très-intrigué de voir que
son maître a fermé sa chambre comme la veille, mais cependant il
n'ose renouveler ses questions.

— Morbleu! monsieur, dit le colonel en apercevant son neveu, me
direz-vous quel vertige vous a passé par la tête hier soir? Vous sortez
d'une maison charmante où l'on vous fait mille politesses sans offrir
vos hommages à la maîtresse du logis, que vous laissez là au moment
où il faut accompagner une sonate!... vous sauvez comme si le diable
était à vos trousses!... vous montez un cheval qui n'a jamais été qu'au
brancard... un cheval excellent... qui m'a coûté quarante louis! et,
pour terminer vos exploits, vous abîmez, vous crevez cette pauvre
bête!... vous tombez dans la cour comme un boulet de quarante-huit;
vous cassez les carreaux de la loge du concierge; vous effrayez tout
le monde!... vous rendez presque imbécile mon portier (qui l'était
déjà à moitié); et tout cela c'est pour courir à l'office... pour manger
un pâté, une volaille... pour mettre le buffet au pillage, que vous aviez
tant d'empressement à revenir! Je n'y conçois rien; vous aviez pourtant assez bien dîné... — Mon oncle, il m'a pris en route une fringale

insupportable... — Eh! mille escadrons!... mange tant que tu voudras, tu en es le maître; mais il ne faut pas pour tes fringales crever mes chevaux et mettre ma maison sens dessus dessous! — Mon oncle, est-ce que madame Fondelle a paru fâchée de mon départ!... — Oh! elle est trop bonne!... elle a été la première à m'apaiser!... mais tu lui dois des excuses... — Oh!... je lui en ferai, mon oncle... j'irai la voir... — Et il faut, moi, que j'achète un autre cheval!... J'avoue que je te croyais quelque amourette en tête!... et je pensais que tu nous avais quittés aussi brusquement pour aller courtiser quelque minois chiffonné!... mais j'ai été bien surpris en rentrant d'apprendre que tu étais arrivé ici, ventre à terre, pour souper!... Peste! quel appétit!... Ah! je t'en prie, une autre fois mets un pâté et des brioches dans tes poches, afin de ne plus t'exposer à me jouer le même tour.

Gustave quitte son oncle. En retournant à sa chambre, il rencontra Benoît, auquel il appliqua quelques soufflets pour lui apprendre à rendre compte de sa conduite à son oncle. Benoît pleura en protestant que Fidèle était le seul coupable, parce qu'il avait été tourner auprès du colonel en tenant encore dans sa gueule une partie de la volaille qu'il avait volée sur le carré.

Gustave, après avoir embrassé Suzon, prit un cabriolet et se rendit chez M. de Granciére. Il vit Eugénie, et s'excusa sur son départ de la veille. On reçut ses excuses; mais cela ne plaisanta sur son entre-vous. Gustave crut s'apercevoir que madame Fonbelle était piquée; il en éprouva une secrète joie, il se flattait déjà de ne point lui être indifférent; mais malgré le plaisir qu'il goûtait dans sa conversation, il abrégea sa visite et fut de retour à l'hôtel avant quatre heures.

Il se hâta de se rendre auprès de Suzon, et ne la quitta plus de la journée. Il fit venir dans sa chambre tout ce qu'il fallut pour le dîner de la petite. Benoît avait été assez corrigé pour n'avoir plus envie de parler; d'ailleurs il ne passait jamais l'antichambre sans son maître.

Plusieurs jours s'écoulèrent ainsi : Gustave ne quittait l'hôtel que pour aller voir madame Fonbelle, qui était revenue à Paris avec son père, la saison de la campagne étant passée. Hors ses visites à Eugénie, Gustave ne quittait point Suzon; il ne sortait de sa chambre que pour déjeuner et dîner avec son oncle lorsque celui-ci mangeait chez lui.

Le colonel était émerveillé de la conduite rangée de Gustave; il lui faisait même quelquefois la guerre sur son amour démesuré pour le travail. — Mon ami, disait M. Moranval à son neveu, il ne faut pas donner toujours dans les extrèmes : jadis tu étais étourdi, coureur, tu faisais le diable toute la journée; maintenant, tu t'enfermes dans ta chambre et tu n'en bouges plus!... tu travailles trop!... tu te rendras malade!... et la preuve, c'est que, malgré ta sagesse et ta conduite régulière, eh bien! tu n'engraisses pas du tout; au contraire, tu as une mine pâle, allongée, les yeux creux.... cernés!... on croirait à te voir que tu passes toutes les nuits au bal ou en bonnes fortunes!... — Mon oncle, l'étude fatigue aussi beaucoup. — Eh! morbleu! n'en fais pas tant! voilà ce que je te dis. Viens avec moi dans le monde, et ne t'enferme pas dans ta chambre pour te dessécher sur des livres et du papier!

Le temps devait agir plus efficacement que les conseils du colonel; Gustave tenait encore souvent compagnie à Suzon; mais, pour passer les heures qu'on ne peut pas employer les amusements de l'amour (malgré l'envie qu'en auraient ces dames et ces demoiselles), Gustave enseignait à lire et à écrire à la petite, qui n'avait eu que quelques leçons du maître d'école d'Ermenonville (lequel n'était pas de la première force), et qui, pour plaire à son bon ami, étudiait tout le temps qu'elle était seule. Ces moments devenaient chaque jour plus longs. Suzon était bien gentille, bien douce, bien aimante; mais Gustave la voyait tant qu'il voulait; il la retrouvait la nuit, il était accablé de ses caresses, et près d'elle il consultait souvent sa montre et inventait des prétextes pour sortir. C'était près de madame Fonbelle qu'il paraissait : là il trouvait le temps trop court. Eugénie, cependant, ne recevait qu'en plaisantant les hommages de Gustave; elle riait quand il soupirait, elle changeait de conversation lorsqu'il parlait de ses sentiments; elle se moquait de lui lorsqu'il était triste et rêveur. Mais, à travers cette conduite si coquette, Gustave découvrait des mouvements de sensibilité, de tendresse, qu'on cherchait à lui cacher, mais qu'on ne dérobe pas facilement à l'œil d'un amant.

Suzon n'adressait jamais un reproche à Gustave sur la fréquence de ses absences; elle soupirait lorsqu'il s'éloignait, elle pleurait lorsqu'il était longtemps sans revenir; mais dès qu'elle l'entendait rentrer dans la première pièce elle se hâtait d'essuyer ses yeux, elle renforçait les larmes et n'offrait à Gustave qu'un visage doux et riant.

Le colonel savait que son neveu allait souvent chez M. de Granciére; il voyait naître avec joie l'amour de Gustave pour Eugénie, il ne doutait pas que cette nouvelle passion ne fût cause du changement heureux qui s'était fait dans la conduite de son neveu. Il avait parlé à son ami de ses désirs, de ses espérances, et M. de Granciére avait répondu que sa fille était entièrement maîtresse de faire ses volontés et de se remarier si bon lui semblait. — D'après cela, dit le colonel, les choses iront comme je le souhaite; car Gustave doit plaire à Eugénie, il a tout ce qu'il faut pour cela; et elle l'épousera, parce qu'elle est trop honnête pour lui céder sans être sa femme, et qu'il est ennuyeux de refuser toujours ce qu'au fond on désire soi-même accorder.

Suzon avait, d'après les désirs de Gustave, écrit une lettre à ses parents, contenant les expressions de son repentir pour le chagrin que sa fuite avait dû leur causer; elle rejetait sa faute sur l'éloignement qu'elle ressentait pour Nicolas qu'on voulait lui faire épouser; elle disait être placée à Paris, mais elle ne donnait aucune adresse par qu'on lui fit réponse, car elle craignait qu'on ne vînt l'arracher d'auprès de celui qu'elle ne voulait pas quitter.

Un matin, que, contre son ordinaire, le colonel se promenait dans sa cour, examinant un cheval qu'il avait acheté nouvellement, il crut entendre du côté de la remise prononcer le nom de son neveu. Il approche contre le mur, s'arrête sans être vu, et entend la conversation suivante entre Benoît et son père qui nettoyaient le cabriolet du colonel.

— Tu dis donc, mon garçon, que M. Gustave ne veut plus qu'on entre dans sa chambre?... — Non, certes, papa, il ne le veut pas!... il me l'a même bien défendu!... — Et qui est-ce donc qui fait son lit... qui nettoie chez lui?.,. — Ah! dam', je n'en sais rien... il a acheté deux colombes à ce qu'il m'a dit, et il s'amuse à les apprivoiser... C'est avec ses oiseaux qu'il joue toute la journée, pendant que son oncle croit qu'il travaille... — Bah!... il élève des oiseaux... à son âge!... C'est donc ça, Benoît, que je vois quelquefois des objets passer derrière les rideaux de sa fenêtre quand il est sorti... — Oh! c'est ça! mais il faut que ces oiseaux-là mangent fièrement et boivent du vin; car M. Gustave en fait une jolie consommation!... Et des pâtés!... des volailles!... des fruits!... des gâteaux!... — Mais, Benoît, ne serait-ce pas plutôt un singe qu'il élèverait en cachette pour faire une surprise à M. le colonel pour ses étrennes?... — Ah! c'est possible!... Oui, ça doit être un ou deux singes!... car j'entends aussi quelquefois remuer des chaises... et c'te fois entre autres que j'ai cru que c'était un voleur!... A coup sûr des oiseaux n'auraient pas fait ce bruit-là!... Je serais bien curieux de savoir au juste ce que c'est. — Et moi aussi.

— Parbleu! je le saurai, moi, dit tout bas le colonel en s'éloignant de la remise... Des singes auxquels il faut des volailles et du vin!... Oh! il y a quelque chose là-dessous. Et cet amour extraordinaire que Gustave avait pris pour l'étude!... aurais-je été sa dupe?... voyons cela.

Le colonel n'était pas homme à différer de s'éclaircir sur un fait aussi singulier, et qui lui faisait concevoir mille soupçons. Il monte à la chambre de Gustave; il veut entrer, la porte est fermée à clef. — Allons, dit-il, Benoît me ment pas. Mais je verrai ce que l'on veut dérober à tous les yeux.

Il descend, et fait venir le valet de son neveu.

— Où est ton maître, Benoît? — Monsieur, il est sorti. — As-tu la clef de sa chambre? j'ai besoin d'y aller prendre quelque chose... — Moi... monsieur?... non, je ne l'ai pas.

Benoît rougit et se trouble. — Allons, calme-toi, lui dit Moranval, je sais que tu n'es pour rien dans les folies de mon neveu; il te trouve trop bête pour te prendre pour confident. — C'est vrai, monsieur le colonel. — Va me chercher des pinces, un crochet... — Si monsieur le colonel voulait un serrurier?... — Non, je m'en passerai : fais ce que je te dis, et tais-toi!

Benoît apporte au colonel ce qu'il demande, et suit M. Moranval, qui monte à l'appartement de son neveu; mais, arrivé devant l'antichambre, le colonel se retourne et ordonne à Benoît de s'éloigner, car celui-ci est à regret, car il est très-curieux de voir ce qu'il y a dans la chambre à coucher de son maître.

Le colonel sait plutôt enfoncer une porte que forcer une serrure : cependant il remue si bien celle de la chambre de Gustave, qu'il parvient à détacher les vis; le pêne cède.... il entre dans la chambre mystérieuse.

Mais il regarde en vain de tous côtés, il n'aperçoit ni singe ni oiseaux : cependant des vêtements qui ne peuvent appartenir à Gustave sont placés sur le pied du lit. — Il y a une femme ici, dit le colonel; mais par où diable a-t-elle passé?

En achevant ces mots, ses regards tombent sur une encoignure entre la cheminée et la fenêtre où Suzon s'était blottie en mettant un fauteuil devant elle. Le colonel aperçoit la petite, il reste immobile devant la jeune fille, qui, de son côté, n'ose pas lever les yeux.

— Que diable faites-vous là, ma petite?... dit enfin le colonel en recouvrant la parole. Mais Suzon fermait les yeux et ne bougeait pas. Le colonel dérange le fauteuil et prend la main de la jeune villageoise, qui tremble comme la feuille.

— Allons... rassurez-vous... je ne vous mangerai point... Répondez-moi, petite, et surtout dites la vérité... — Oui, monsieur. — Que faites-vous dans la chambre de mon neveu? — Je demeure avec lui, monsieur... — Ah! vous demeurez avec lui!... Je ne vois qu'un lit dans cette chambre. — Je couche avec lui, monsieur. — C'est fort bien!... Et depuis quand dure ce beau ménage?... — Depuis six semaines, monsieur. — Quoi! depuis six semaines vous êtes dans cette chambre!... vous ne sortez jamais? — Oh! non, jamais, monsieur; j'avais trop peur d'être vue!... Que faites-vous donc toute la journée?... — Quand il est là, je le regarde, je lui parle, je l'embrasse... Quand je suis seule, j'apprends à lire et à écrire. — Mais, morbleu! vous devez être seule souvent, car depuis quelques jours il sort beaucoup; et ce genre de vie ne vous ennuie pas ? — Non, monsieur ; je pense toujours à lui, je l'attends toujours... et je sais bien qu'il reviendra.

Le colonel considère Suzon : sa grâce, sa naïveté désarment sa colère ; il recommence ses questions : — Où avez-vous fait la connaissance de mon neveu ? — A Ermenonville, monsieur ; il a logé chez nous. — Ah ! il a logé chez vos parents ; et pour prix de leur hospitalité, il a séduit et enlevé leur fille ! — Oh ! il ne m'a ni séduite ni enlevée, monsieur ; cela s'est fait tout seul !... J'ai été dans sa chambre, par hasard, et puis nous nous sommes aimés de suite...— Et vous avez tout de suite couché ensemble ? — C'est vrai, monsieur. — Allons, il me paraît qu'à Ermenonville cela se mène aussi rondement qu'à Paris. Mais pourquoi avez-vous quitté votre pays, votre famille ? — Ah ! monsieur, on voulait me marier à Nicolas Toupet, que je n'aime pas du tout !... J'aurais été bien malheureuse... et puis, je pensais tous les jours à M. Gustave, et je mourais de chagrin de ne plus le voir... — Et votre mère, si elle mourait du chagrin que lui aura causé l'abandon de sa fille ?... Si votre fuite la conduisait au tombeau ?... — Ah ! monsieur !... ne me dites pas cela.

Suzon se mit à sangloter. Le colonel était vivement ému : il se promenait dans sa chambre, frappait du pied, regardait Suzon, s'arrêtait et jurait après son neveu.

Au bout d'un moment, il revint vers la petite, et lui prit la main : — Ne vous fâchez point, calmez-vous, ne pleurez plus, et écoutez-moi. Je ne vous ferai point de reproches sur votre conduite ; vous n'en avez pas senti vous-même toute l'inconséquence... vous avez agi d'après votre cœur ; et, quoiqu'on dise qu'il faut toujours se laisser guider par lui, je vois ne vous a fait faire que des sottises. Vous ne pouvez pas demeurer ici... c'est déjà beaucoup d'y être restée six semaines... Allons, mille escadrons ! ne pleurez pas ainsi, ou je me fâche... Vous allez quitter cet hôtel... — Ah ! monsieur !... prenez-moi pour votre domestique... je vous servirai, je travaillerai.— Non pas, pardieu !... une bonne comme vous mettrait mon hôtel sens dessus dessous !... Et croyez-vous que Gustave serait content de vous voir mêlée parmi mes gens ? Non, mon enfant, il faut sortir de cette maison : il n'y a point à revenir là-dessus. Voulez-vous maintenant rester à Paris, ou retourner chez vos parents ? — Ah ! monsieur, ne me renvoyez pas au village, on me ferait de honte pour me punir. — Morbleu ! vous détestez bien ce Nicolas ; et cependant si vous ressembliez aux femmes de Paris, cela ne vous empêcherait pas de... mais il n'est pas question de cela. Vous ne retournerez pas à votre pays, j'y consens ; je vais vous placer quelque part, et vous écrirez à votre mère où vous serez. Voyons... où diable pourrai-je vous placer?. ..— Cela m'est égal, monsieur ; puisque je ne serai plus avec lui, je ne puis plus être heureuse... — Bah ! bah ! pauvre d'enfant que tout cela... L'amour passe, ma petite ; et si vous aviez plus d'expérience, vous sentiriez que celui de Gustave est déjà... Bon, l'amour ne fait pas vivre, et il faut songer à votre avenir. Mon neveu est un étourdi qui vous aurait laissé moisir votre jeunesse dans sa chambre... tandis que lui... Ah ! morbleu! les hommes ne méritent guère les pleurs que vous répandez pour eux.

Le colonel ne sait à quoi se décider ; il cherche ce qu'il pourra faire de Suzon, qu'il ne veut pas et qu'il ne peut point garder à l'hôtel, mais dont il a résolu de prendre soin, parce qu'il a reconnu que, tout en demeurant dans la chambre d'un garçon, la jeune villageoise a moins d'expérience que n'en ont certaines demoiselles qui habitent avec leurs parents. Suzon ne dit plus rien ; elle regarde tristement M. Moranval, et attend qu'il dispose de son sort. Le colonel sort de la chambre à coucher, et ouvre la porte de l'antichambre pour appeler Benoît... mais il n'a pas besoin de prendre cette peine : le portier et son fils sont collés contre l'escalier, attendant que le colonel sorte de chez son neveu pour épier les curiosités qu'ils brûlent de voir.

M. Moranval les regarde avec sévérité : — Que faites-vous là ? leur dit-il brusquement. — Monsieur le colonel... nous... nous attendons vos ordres, répond le portier en ôtant respectueusement son bonnet de coton. — Dites plutôt que vous attendez que je sorte de cet appartement pour y entrer vous-mêmes, et voir le singe que mon neveu tient renfermé... — C'est donc un singe que mon neveu, monsieur le colonel ?... — Allez à votre loge ; je n'aime pas les indiscrets.

Le colonel pousse le portier, qui pousse son fils ; et tous deux s'éloignent confus d'avoir été surpris et mécontents de rien savoir.

M. Moranval se rend chez madame Duval, femme chargée de soigner le linge de la maison, et qui demeure dans une petite chambre de l'hôtel. Madame Duval n'est ni curieuse ni bavarde ; aussi depuis dix ans elle sert le colonel.

— Madame Duval, dit le colonel en entrant dans la chambre de la vieille ouvrière, j'ai une jeune fille à placer ; indiquez-moi quelque boutique où le genre de commerce ne l'oblige pas une fillette à courir sans cesse les rues de Paris ou à entendre les quolibets des acheteurs.

— Monsieur le colonel, répond madame Duval après avoir réfléchi un moment, je ne connais que madame Henry, mercière, rue aux Ours ; c'est elle qui me fournit ce dont j'ai besoin pour l'hôtel, et justement elle me demandait l'autre jour si je ne pourrais lui procurer quelqu'un. — Et votre madame Henry est honnête ? — Oui, monsieur ; c'est une femme veuve ; elle est jeune, gaie, elle va le diman-

che au spectacle ; mais du reste elle est sage, et ne reçoit point de gens suspects... — Fort bien !... Je ne veux pas d'ailleurs placer cette petite dans un couvent, ni chez quelque prude revêche !... Je veux qu'elle s'occupe et qu'elle s'amuse ensuite, rien de plus juste. Madame Duval, allez me chercher un fiacre, et disposez-vous à m'accompagner chez madame Henry. — Mais, monsieur le colonel, il faudrait au moins la prévenir. — Cela n'est pas nécessaire. Elle vous connaît ? elle doit me connaître de nom, au moins, puisqu'elle fournit ma maison, et cela doit suffire. Allez, madame ; vous ferez entrer le fiacre dans la cour, et il s'arrêtera tout contre l'escalier du milieu.

Madame Duval sort. Le colonel remonte près de Suzon. — Allons, ma petite, faites un paquet de ce qui vous appartient, et disposez-vous à me suivre. — Quoi ! monsieur... aujourd'hui ?... — Tout de suite. — Mais il faut que je l'attende... que je lui dise adieu. — Non pas ! cela serait fort mal vu ; il faut au contraire vous éloigner avant son retour. — Ah ! mon Dieu !... que dira-t-il lorsqu'il ne me trouvera plus?... — Je lui dirai que c'est moi qui vous ai emmenée. — Il aura bien du chagrin !... — Il sentira que j'ai eu raison. — Il sera bien en colère !... — Parbleu je voudrais voir cela.

Suzon pleure, se désole ; elle demande à attendre Gustave. Le colonel est inexorable. — Mais au moins, monsieur, dit-elle en sanglotant, viendra-t-il me voir ?... Lui direz-vous où je serai ? — Oui, dit le colonel qui ne veut pas la désespérer tout à fait; oui, mon enfant, vous le reverrez si vous êtes plus raisonnable, si vous vous conduisez bien.

Cette assurance calme un peu la douleur de Suzon ; elle essuie ses yeux, fait un petit paquet de ce que Gustave lui a acheté depuis qu'elle est avec lui, et attend les ordres de M. de Moranval.

Une voiture entre dans la cour et s'arrête tout contre l'escalier. — Descendons, dit le colonel. Il prend Suzon par la main ; elle tourne encore ses regards vers cette chambre qui était pour elle l'univers; son sein se gonfle, ses genoux faiblissent ; mais elle retient ses pleurs, de crainte d'irriter le colonel.

Le fiacre est en bas, la portière est ouverte, le colonel fait monter la petite ; il se place près d'elle, et fait mettre madame Duval de l'autre côté. Il ferme les glaces, et ordonne au cocher de les mener rue aux Ours. La voiture sort de l'hôtel ; MM. Benoît père et fils sont dans la rue en face de la porte ; ils lèvent la tête, tendent le cou pour découvrir ce qu'on emmène dans le fiacre, mais Suzon est cachée par madame Duval et le colonel ; ils en sont pour leurs œillades et quelques éclaboussures.

On arrive chez madame Henry. La mercière est bien surprise de voir entrer chez elle le colonel Moranval, madame Duval et une jeune fille qui a les yeux rouges et peut à peine se soutenir.

— Madame, dit le colonel, vous avez demandé une fille de boutique à madame Duval, je vous en amène une. Elle est fort triste, comme vous voyez, mais elle vous contera ses petits chagrins ; vous la plaindrez d'abord, vous lui parlerez raison ensuite, et avec le temps tout cela s'arrangera. Je vous recommande mademoiselle Suzon, à laquelle je m'intéresse beaucoup. Comme elle ne sait encore rien faire et qu'il faudra que vous preniez la peine de la former, voilà vingt-cinq louis pour la première année de sa pension. Répondez, madame, cela vous convient-il ?

Monsieur, dit madame Henry un peu étonnée de la promptitude avec laquelle le colonel traitait les affaires, certainement votre recommandation et celle de madame Duval suffisent pour que je reçoive mademoiselle chez moi... si toutefois elle veut bien y rester. — Oui, madame, dit Suzon en soupirant, je ferai tout ce qu'on voudra.

— Allons, voilà qui est terminé, dit le colonel à madame Henry, je vous recommande de nouveau cette enfant, qui n'a que le défaut d'être trop sensible. Au revoir, petite : madame Duval me donnera souvent de vos nouvelles, et si vous vous conduisez bien, je ne vous abandonnerai pas. Demain vos parents sauront que vous êtes dans un lieu où vous n'avez point à rougir.

Le colonel s'éloigne, laissant Suzon chez madame Henry. Nous retrouverons plus tard la petite villageoise : sachons d'abord ce que faisait Gustave pendant qu'on lui enlevait sa compagnie de nuit.

Notre héros avait passé une partie de la journée chez madame Fonbelle ; lorsqu'il revint à l'hôtel, messieurs Benoît père et fils étaient dans sa chambre, dont ils faisaient la visite. En voyant le fiacre s'éloigner avec le colonel, les deux domestiques avaient calculé qu'ils auraient le temps de monter à l'appartement de M. Gustave : ils avaient trouvé ouverte la porte de la chambre mystérieuse, et ils cherchaient dans tous les coins s'ils apercevraient quelque chose qui pût les mettre sur la voie de ce qu'on tenait caché dans cette pièce.

Gustave monte chez lui ; il trouve avec étonnement la porte de sa chambre ouverte, il croit que cet oubli de sa part. Il entre... mais, au lieu de Suzon, il voit le portier furetant dans une grande armoire, et Benoît à quatre pattes regardant sous le lit.

— Que faites-vous ici ? s'écrie Gustave... comment y êtes-vous entrés ?... Répondez donc, misérables !

Le portier et son fils ne trouvaient pas d'excuse, et restaient muets ; Gustave prend Benoît par une oreille, le secoue vivement : — Me diras-tu, drôle, où elle est maintenant ?... — Où elle est, monsieur?... — Oui, qu'en a-t-on fait ?... — Ce qu'on a fait de quoi, monsieur ?

nous n'avons pas aperçu vos colombes !... — Ce sont elles que je cherchais, monsieur, dit le portier en tremblant. — Mais enfin qui a ouvert cette porte ?... — C'est monsieur votre oncle, mais il est entré tout seul... Il a fait venir un fiacre... — Et il l'a donc emmenée ?...— Apparemment, monsieur. Il a emmené quelque chose, bien sûr , mais nous n'avons rien pu voir. — Sortez...

Le portier et son fils ne demandent pas mieux que de s'en aller. Gustave cherche dans sa chambre si Suzon a laissé quelque écrit ; mais il ne trouve rien ; c'en est fait , Suzon est perdue pour lui. Mais il ne l'aimait plus, direz-vous, il s'ennuyait auprès d'elle, il la quittait pour Eugénie. Oui , quand Suzon était chez lui , il n'éprouvait plus avec elle ces transports, cette ivresse qui caractérisent l'amour ; il la délaissait une partie de la journée ; à peine revenu près d'elle , il cherchait un motif pour la quitter encore !... mais depuis qu'elle n'est plus là , depuis qu'on la lui a enlevée , il sent renaître son amour ; il brûle de la revoir, de lui parler , de l'embrasser !... Voilà la bizarrerie du cœur humain, et comme dit fort bien certaine chanson :

On veut avoir ce qu'on n'a pas ,
Et ce qu'on a cesse de plaire.

Chapitre XVIII. — Une Nuit conjugale.

Gustave, désespéré d'avoir perdu Suzon, dont il est redevenu amoureux depuis qu'elle n'habite plus avec lui , sort de son appartement, descend dans la cour, et se dispose à parcourir la ville, pour essayer de découvrir la retraite où le barbare colonel (car on est toujours un barbare lorsque l'on contrarie nos passions) a conduit la jeune villageoise.

Mais la ville est bien grande ! et quand on ne sait point de quel côté on doit porter ses pas, il est probable que l'on fera beaucoup de chemin inutilement. Gustave n'a pas fait cent pas, qu'il s'arrête, regarde en l'air, et se demande où il va : comme il ne trouvait aucune réponse à cette question, il restait incertain au milieu de la rue, sans y faire attention, les coups de coude des passants, qui trouvaient fort mauvais qu'un grand jeune homme restât immobile sur la voie publique, et qui, s'il fût resté encore longtemps dans cette situation, se seraient probablement amassés autour de lui pour savoir ce qu'il regardait en l'air, où l'on ne voyait rien ; mais à Paris on est principalement curieux et musard : deux chiens qui se battent, un homme qui saigne au nez, un chapeau que l'on ôte, un homme qui se retroussant, montre sa jarretière, un ivrogne qui tombe, un enfant qui crie : en voilà plus qu'il n'en faut pour faire assembler deux cents personnes.

Tout à coup Gustave est tiré de ses réflexions par une voix qui prononce son nom. Cette voix est partie du fond d'un fiacre jaune, qui s'éloigne aussi vite que peuvent le faire deux vieilles rosses n'allant jamais que comme un cocher payé à l'heure.

— Eh mais ! c'est cela , dit Gustave, un fiacre... et je crois que Benoît m'a dit qu'il était jaune... une voix qui m'appelle... et une voix qui m'est bien connue ! C'est elle, c'est Suzon, que mon oncle emmène ; allons, suivons la voiture... s'il faisait nuit, je monterais derrière, mais en plein jour, je ne puis; n'importe, je ne la perdrai pas de vue... mais n'allons point trop près des portières, pour éviter les regards du colonel.

Le fiacre sort de la ville et entre dans le faubourg du Temple.

— C'est cela, dit Gustave, on va la cacher à la campagne ; peut-être même la reconduit-on à Ermenonville... mais à coup sûr ce ne sont pas ces deux pauvres chevaux qui feront ce voyage ; il faudra qu'on s'arrête, et pendant qu'on s'arrêtera, je trouverai l'occasion de parler à Suzon.

La voiture passe en effet la barrière, et monte la grande rue de Belleville ; arrivée dans le village, elle tourne à gauche, entre dans une rue qui mène aux champs, et s'arrête devant une maison assez jolie. Gustave s'arrête de son côté, il se tient collé contre une porte, à une cinquantaine de pas ; mais il regarde en tâchant de n'être point aperçu.

Deux dames et un jeune homme descendent du fiacre et entrent dans la maison. Les dames ont de grands chapeaux qui cachent leur figure; Gustave n'a pu d'aussi loin distinguer leurs traits ; mais il commence à craindre de s'être trompé ; aucune de ces dames n'a la tournure et la mise de Suzon ; il est possible cependant que le colonel ait fait prendre un autre costume à la petite, afin de la déguiser; mais le colonel n'est pas dans la voiture, et ce jeune homme, quel est-il ?... on ne lui aurait point confié la petite villageoise ; allons, décidément Suzon n'était pas dans ce fiacre ; notre héros s'est promené inutilement depuis la rue Montmartre jusqu'aux Prés-Saint-Gervais.

Gustave était de fort mauvaise humeur d'avoir ainsi perdu son temps. Les dames et le jeune homme étaient entrés dans la maison; le fiacre était reparti, et notre héros restait dans la petite rue des champs, indécis sur ce qu'il devait faire.

— Cependant on m'a nommé !... une de ces dames me connaît donc !... au fait, cela n'a rien d'étonnant, j'en connais tant moi-même... qu'il y en a que j'oublie !... je voudrais savoir pourtant quelles sont les personnes qui viennent d'entrer dans cette maison.

Tout en disant cela, Gustave approchait de la maison et regardait

aux croisées ; il cherchait à découvrir au travers des persiennes une figure de connaissance. Il croit entendre ouvrir une fenêtre ; bientôt une voix douce prononce encore son nom. Cette voix est la même qu'il a déjà entendue ; oh ! pour le coup, il n'y a plus à en douter, une de ces dames le connaît, et certes il ne retournera pas à Paris sans la voir : déjà il approche de la porte cochère. il prend le marteau, il va frapper, sans savoir cependant qui il demandera, mais la même voix l'arrête :

— Ne frappez pas, lui crie-t-on ; suivez le mur, tournez l'angle à gauche , et attendez devant la petite porte.

— Diable !... du mystère, dit Gustave, un mur... une petite porte!... c'est comme une scène de mélodrame !... allons, faisons ce qu'on me prescrit; je vais connaître mon héroïne. »

Gustave descend la rue, puis tourne l'angle à gauche, il suit encore le mur, et voit enfin une petite porte ; il s'arrête là. Il regarde au-dessus de ce mur qui s'étend fort loin; il n'aperçoit que le sommet de plusieurs arbres fruitiers ou des buissons de lilas ; il présume que ce sont les jardins des maisons de la rue qui sont clos par ce mur. Il s'appuie contre la petite porte, il attend avec impatience qu'on l'introduise dans le jardin ; enfin il entend les pas de quelqu'un qui s'avance... la personne marche vite... ce doit être une femme... il croit même distinguer le froissement d'une robe... il sent son cœur battre avec plus de force... pourquoi cette émotion ?... celle qui vient est peut-être laide ou vieille !... mais peut-être aussi elle est jolie, et dans le doute on aime à s'arrêter à l'idée la plus agréable ; et puis ce mystère, cette voix, tout cela a quelque chose de piquant qui fait travailler l'imagination. Eh! mon Dieu!... dans les circonstances les plus importantes de la vie, les événements ne nous affectent qu'en proportion de la situation où ils nous trouvent; les rêves de notre imagination disposent notre âme à l'amour, je les joue ou à la douleur ; dans les moments où nous ne demandons qu'à pleurer, d'autres où nous voyons tout en rose; et puisqu'au bal masqué on s'enflamme souvent pour un petit domino dont on ne peut distinguer les traits, Gustave pouvait bien sentir palpiter son cœur pour celle dont il entendait les pieds légers courir sur le sable et approcher de la petite porte.

On ouvre cette petite porte enfin ; Gustave entre dans le jardin, et presse dans ses bras, non pas Suzon, mais madame de Berly.

Le premier mouvement devait être à l'amour ; mais après s'être tenus longtemps embrassés, Gustave et Julie se firent mille questions. Notre héros ne revenait pas de la surprise que lui avait causée l'apparition de Julie. — Eh quoi! Gustave, vous n'aviez pas reconnu ma voix? dit madame de Berly en soupirant. Mais en effet, il y a si longtemps que vous m'avez vue !... vous m'aviez oubliée !... Ingrat !... et lorsqu'à chaque instant de la journée je pensais à vous, votre cœur était occupé d'une autre femme !... vous passiez à faire votre cour les moments que je passais à gémir !... Hélas !... voilà donc ces serments qui devaient être sacrés !... Mais que dis-je !... avais-je le droit de compter sur les vôtres ?

Julie versait des larmes ; Gustave ne savait comment s'excuser, il sentait qu'il était coupable, et pourtant la vue de Julie venait de rallumer dans son cœur les sentiments qu'elle lui avait jadis inspirés. Mais une femme qui nous aime est facile à consoler ! madame de Berly fut la première à se rapprocher de Gustave. — Pardonnez-moi ces reproches, mon ami ; je suis déraisonnable de vous en adresser!... Loin de moi, pouvais-je espérer que vous ne connaîtriez plus l'amour?... Mais vous ne dites rien... m'auriez-vous en effet oublié entièrement ? — Oh! non, mais je sens que j'ai des torts... — M'aimez-vous encore, Gustave ? — Plus que jamais. — Eh bien ! ne parlons plus de vos torts; les reproches que l'on se fait soi-même ont bien plus de force que ceux que l'on entend. — Chère Julie! que vous êtes bonne !... je ne mérite vraiment pas tant de générosité. — Ne m'en ayez point d'obligation !... si je vous aime, c'est bien malgré moi !... j'aurais voulu surmonter ce sentiment, mais l'amour est comme la fortune : ce sont souvent ceux qui le méritent le moins qu'il traite en enfants gâtés.

Gustave entourait Julie de ses bras ; il couvrait de baisers un sein charmant, que sa main avait débarrassé du fichu qui le cachait; dans son ardeur, il voulait déjà se dédommager d'une séparation de plusieurs mois, mais Julie arrêta ses entreprises. — Que faites-vous, mon ami? Songez-vous combien vous m'exposez!... — N'êtes-vous pas seule ? — D'un moment à l'autre on peut venir... Je ne suis pas même ici chez moi !... Vous n'avez donc pas reconnu la dame qui était avec moi ? — Non, sans doute, puisque je ne vous avais pas reconnue vous-même. Et quelle est cette dame ? — Aurélie, la nièce de mon mari, celle que vous deviez épouser et qui est mariée depuis six semaines à ce grand jeune homme qui était en voiture avec nous. — Lui pourrait-il ?... — C'est chez eux que je suis ; cette campagne leur appartient. Je viens quelquefois, par complaisance, y passer huit jours; et d'ailleurs, que je sois à la ville ou à la campagne, loin de vous tout m'était indifférent. Mais je crains que madame Frémont ou son mari ne remarque mon absence. Et si l'on vous voyait avec moi... Aurélie est méchante !... je serais perdue !... — Comment faire?... Je ne puis cependant me résoudre à vous quitter. M. de Berly vient-il ici ce soir ? — Non, il reste à Paris jusqu'à dimanche. — Nous sommes à jeudi. Je puis rester avec vous... — Je loge dans ce pavillon que vous voyez... à gauche... au milieu du jardin. — Bon!... donnez-m'en la clef; je vais m'y cacher et vous y attendre... — Ah! Gustave!... si Aurélie... si son mari... — Vous ne m'aimez plus autant, Julie!... — Méchant!... Tenez, voilà cette clef... mais prenez bien garde d'être aperçu!... — Comptez sur ma prudence...— Je retourne au salon... J'aurai une migraine, et je les quitterai le plus tôt possible... — Fort bien... je vous attends.

Madame de Berly s'éloigne par une allée qui conduit à la maison; Gustave se dirige vers le pavillon qu'on lui a indiqué. Ce bâtiment, isolé au milieu des jardins, est composé d'un rez-de-chaussée, d'un premier et surmonté d'une terrasse, sur laquelle on a établi un télescope que l'on braque à son gré sur les environs.

Madame Eugénie Fonbelle.

Gustave arrive au pavillon; mais il n'a pas besoin de faire usage de la clef qu'on lui a remise, car la porte est ouverte; il entre sur un petit palier; un escalier conduit à l'étage supérieur et à la terrasse, une porte près de cet escalier conduit à la pièce du rez-de-chaussée.

— Est-ce au premier? est-ce au rez-de-chaussée qu'elle habite? se demande Gustave; au reste... peu importe où je l'attendrai : elle m'a dit qu'elle logeait dans ce pavillon, et probablement elle y loge seule, puisqu'elle en a la clef. Entrons au rez-de-chaussée; je verrai bien si la chambre est disposée pour la recevoir.

La clef est à la porte : Gustave ouvre et aperçoit une jolie pièce élégamment meublée et fraîchement décorée. Il entre, persuadé que c'est la chambre de madame de Berly que l'on a disposée pour la recevoir. Rien ne manque en effet dans l'appartement : lit élégant, canapé, glaces, bergères, doubles rideaux, rien n'est oublié pour faire de cette pièce une retraite charmante. Gustave examine tout : il aperçoit avec étonnement une glace au fond de l'alcôve : — Diable, dit-il, quelle recherche!... quel raffinement!... Autrefois Julie ne connaissait point tout cela!... Allons, c'est un boudoir que ce séjour; c'est bien l'asile qui convient à une jolie femme. A coup sûr, l'appartement de madame Frémont ne doit point ressembler à celui-ci! Cette prude Aurélie, ne levant jamais les yeux sur un homme, et prenant avec humeur les plus légères plaisanteries, doit être bien drôle dans son ménage!... Elle doit bannir de son appartement tout ce qui peut amollir les sens ou effaroucher la pudeur. Je plains son mari!... rien n'est plus maussade qu'une prude... en compagnie du moins; mais j'aurais été curieux de savoir comment s'est passée la première nuit de ses noces.

Après avoir admiré l'appartement, Gustave repousse la porte et se jette dans une bergère. Là il se repose en attendant que Julie vienne le retrouver; il repasse dans sa tête les événements de la journée, et ne peut se dissimuler que ce n'était pas pour coucher avec Julie qu'il est sorti de l'hôtel, et qu'il ne trouvera pas Suzon dans l'appartement de madame de Berly. Pauvre Suzon!... serais-tu maintenant oubliée?... Non, Gustave se promet bien de poursuivre ses recherches et de dé-

couvrir l'asile où le colonel a conduit la petite; mais un jour ou deux de retard ne changeront rien au résultat de ses démarches; au contraire, cela rendra le succès plus facile : voyant que Gustave ne fait aucune tentative pour retrouver Suzon, on surveillera moins la jeune fille, elle pourra donner de ses nouvelles à son bon ami : c'est du moins ce que pense notre héros dans la chambre à coucher de madame de Berly. Mais, direz-vous, il ne pensait pas ainsi en sortant de l'hôtel de son oncle, en parcourant les rues au hasard, et en suivant jusqu'à Belleville le fiacre : c'est possible! mais

Autre temps, autres soins!

Il faisait nuit depuis longtemps, Gustave s'impatientait dans sa bergère après madame de Berly; enfin une lumière brille dans le jardin et approche du pavillon. Bientôt un bruit confus de voix arrive jusqu'à l'oreille de Gustave, qui se lève étonné et écoute plus attentivement.

Il distingue la voix d'Aurélie et celle d'un homme qui se mêlent à celle de Julie. Probablement les nouveaux mariés ont voulu accompagner madame de Berly jusqu'au pavillon, mais s'ils poussaient la politesse jusqu'à entrer dans l'appartement! cela serait possible!... Les voix approchent... il faut à tout hasard prévenir le danger, et Gustave, ne voyant aucune autre cachette, se fourre sous le lit, où il espère ne pas faire un long séjour.

On est arrivé au pied de l'escalier; Gustave peut entendre ce qu'on dit :

— Comment! Aurélie, vous voulez coucher dans ce pavillon? — Oui, ma tante; oh! je l'ai fait arranger exprès pour cela la semaine dernière. — Quelle folie!... vous étiez si bien dans la chambre qui donne sur la rue!... — Ma femme a comme cela des idées singulières : elle a fait tout cela sans me consulter!... — J'espère, monsieur, que je suis la maîtresse de coucher où cela me fait plaisir? — Sans doute, ma femme, mais... — Mais, mais... je vous dis que nous serons beaucoup mieux. — Cependant, Aurélie, ce pavillon est humide...— Vous y couchez bien, vous, ma tante? — Oui, mais pas au rez-de-chaussée. — Je ne crains point l'humidité... Venez voir, ma tante, comme j'ai fait arranger l'appartement.

— Que diable faites-vous là, ma petite? dit enfin le colonel en recouvrant la parole.

Sans attendre de réponse, Aurélie ouvre la porte et entre; Julie la suit en tremblant; elle craint que Gustave, à qui elle n'a point songé à dire qu'elle habite au premier, ne l'attende dans la pièce du bas; mais un seul coup d'œil la rassure : il n'est pas là. — Allons, restez donc ici, puisque cela vous arrange, dit-elle; je vais me coucher... j'ai un mal de tête!... Ah! je prévois que je me lèverai tard demain. Et madame de Berly quitte Aurélie et son époux, empressée de monter à son appartement, où elle croit trouver Gustave.

Mais ce pauvre Gustave se désolait sous le lit où il s'était réfugié; la conversation venait de lui apprendre qu'il était dans la chambre de monsieur et madame Frémont. Les deux époux s'enferment, et vont se coucher; il n'y a donc plus moyen de s'échapper; bien heureux encore s'il n'est pas découvert, car alors quelle serait son excuse?.... passer pour un voleur, cela ne lui serait même pas possible, puisque Aurélie le connaît : Julie serait donc compromise!... Allons, il faut rester sous le lit, et s'estimer heureux si personne ne le fait sortir de là.

Gustave s'étend sur le dos, invoque la Providence pour que M. et madame Frémont ne regardent pas sous le lit avant de se coucher, comme cela arrive aux âmes timorées, et attend dans le plus grand silence, et sans oser remuer ni respirer, que le hasard ou l'amour lui permette de sortir de sa cachette.

Madame Frémont met ses papillotes, le mari se déshabille. — Allons, dit Gustave, je vais être initié aux mystères de la couche matrimoniale; je comptais passer la nuit à faire l'amour, je l'entendrai faire aux autres; c'est bien différent, mais j'y gagnerai peut-être du côté de l'instruction; il faut prendre son parti.

Cependant la conversation des deux époux n'était pas montée sur le ton de la tendresse : — Délacez-moi, monsieur, je vous prie... Allez donc... Ah! que vous êtes gauche!...

— Ma femme, il y a un nœud...

— Coupez le lacet, un rien vous embarrasse!...

— Voilà ce que c'est...

— C'est bien heureux! je croyais que vous n'en finiriez pas!... Comment! vous mettez un bonnet de coton?

— Sans doute...

— Ah! que cela vous va mal!... Que vous êtes laid avec cela!

— Cela me tient chaud, et je ne veux pas m'enrhumer dans cette chambre, que l'on dit humide.

— Ah! mon Dieu! vous êtes déjà comme les vieux... Que ne mettez-vous un gilet de flanelle!...

— Mais c'est ce que je ferai incessamment, car cela préserve de beaucoup de maladies.

— J'espère que vous n'en ferez rien!... quelle manie! Pour moi, je ne veux pas coucher auprès d'un paquet de flanelle!... cela me gratterait la peau.

— On n'en met pas partout, ma femme.

— Ah! c'est dommage.

Madame Frémont se couche. — Peste! dit Gustave en lui-même, quelle femme!... pour une prude, il est bien extraordinaire qu'elle n'aime pas les gilets de flanelle! Quoi! cette fille... qui tenait continuellement ses yeux baissés quand un homme lui parlait!... Fiez-vous donc aux apparences!

— Eh bien! monsieur, avez-vous bientôt fait vos quinze tours... vous coucherez-vous ce soir?

— Me voilà, ma femme : je regarde si les volets sont bien fermés...

— N'avez-vous pas peur des voleurs?...

— Non, mais je crains les vents coulis, et à la campagne on prend aisément un torticolis!...

— Ah, mon Dieu, monsieur Frémont! si vous m'aviez dit avant de m'épouser que vous aviez peur des vents coulis, des torticolis... et que vous portiez un gilet de flanelle et un bonnet de coton, j'aurais pu faire mes réflexions!... En vérité... on est bien trompé par les apparences!... vous faisiez le rodomont!... le roué, l'infatigable, le fendant! et Dieu sait ce qui en est!...

— Madame, je pense que c'est pour les qualités solides qu'on se marie...

— Les qualités!... mais où sont-elles donc, monsieur, vos qualités solides?... Allons, venez vous coucher.

Frémont souffle la chandelle, et s'approche de sa chère moitié.

— Comment, monsieur... vous avez soufflé la chandelle?...

— Certainement, vous savez bien que je n'ai pas l'habitude de garder de la lumière pour dormir.

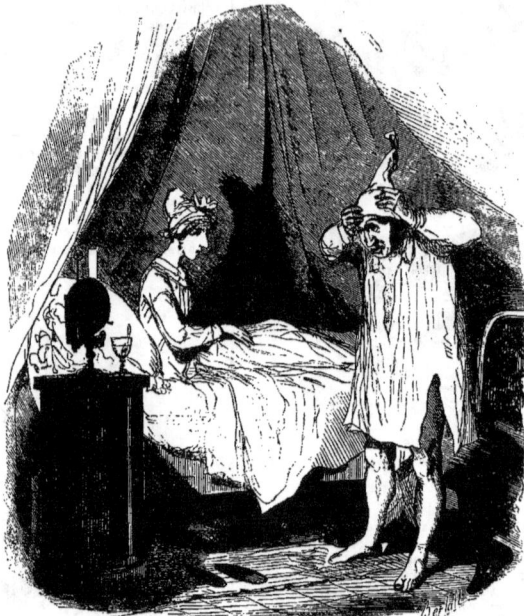
Gustave sous le lit de M. et madame Frémont.

— Pour dormir!... ah! oui... c'est bien vrai... vous n'avez pas d'habitude...

— Comment! cela vous fâche, ma chère amie?

— Ah! vous êtes d'une gaucherie!... c'est bien la peine que je fasse mettre une glace dans mon alcôve...

— Une glace!... Je ne pense pas que vous vouliez vous en servir la nuit?...

— Oh! non, monsieur, avec vous, je le vois, tout cela ne sert à rien.

M. Frémont se couche, sa femme ne dit plus rien; Gustave avait beaucoup de peine à contenir l'envie de rire que la conversation conjugale lui avait donnée. Pendant cinq minutes on ne rompt point le silence; cependant on ne s'endormait pas, car Gustave entendait se retourner fréquemment dans le lit. Enfin Aurélie reprend la parole :

— Ah çà, monsieur, est-ce que vous allez vous endormir comme cela?...

— Mais il n'y aurait rien d'étonnant, je pense, à ce que je m'endormisse... j'ai beaucoup couru ce matin dans Paris... je suis très-las.

— Vous êtes las!... voilà tout ce que vous savez me dire! Je ne suis point lasse, moi, monsieur, et je n'entends pas que cela se passe ainsi...

— Mais, ma femme, hier...

— Hier!... voyez donc la belle chose pour se vanter!... Comment, monsieur, après six semaines de mariage, c'est comme cela que vous vous conduisez!... c'est affreux!... c'est abominable!... nous nous séparerons si cela continue...

— En vérité, madame, vous m'étonnez!... je n'aurais jamais cru, quand je vous épousai, que vous me tiendriez un jour un pareil langage! vous, madame, si réservée dans le monde; si sévère sur la décence!... sur les mœurs!... vous qui me querelliez quand je chantais le Sénateur ou le Grand Clerc à papa; qui ne conceviez point que l'on allât à l'Opéra-Comique voir Joconde ou les Femmes vengées, et qui avez renvoyé deux femmes de chambre parce qu'elles avaient des formes trop marquées, et une cuisinière parce qu'elle levait les yeux en servant la soupe et le bouilli : c'est vous qui aujourd'hui me faites des reproches, parce que j'ai besoin de me reposer un peu!...

— Eh! monsieur, qu'a de commun tout ce que vous venez de me conter avec les devoirs du mariage?... Oui, sans doute, j'aime la décence en public!... mais je sais bien pourquoi l'on se marie... La religion nous ordonne de nous prêter aux désirs de notre époux... de les prévenir même... elle nous permet de jouir des plaisirs de l'hymen en procréant des êtres à notre image, à notre ressemblance; vous êtes un impie, monsieur, qui ne suivez pas les commandements de Dieu.

— Allons, madame, point de colère!... vous savez bien que je vous aime tendrement...

— Vous le dites, voilà tout...

— Ah!... je vous l'ai prouvé souvent... Embrassons-nous, ma chère amie, et faisons la paix...

— Vraiment... je suis trop bonne de vous céder... Ah!... qu'est-ce que vous faites donc?...

Ici Gustave ne distingua plus la suite de la conversation; les craquements du lit l'empêchèrent d'entendre les paroles d'Aurélie; mais, à l'ardeur qu'elle paraissait mettre dans ses discours, il ne put s'empêcher d'envier un moment la place qu'occupait M. Frémont.

CHAPITRE XIX. — Julie perd sa beauté et Gustave sa culotte.

La conversation des deux époux était achevée; le silence de la nuit n'était plus troublé par les exclamations d'Aurélie; on ne se retournait plus dans le lit, d'où Gustave conclut qu'on était endormi. Il résolut de profiter de ce moment pour s'échapper; il ne pouvait espérer une occasion plus favorable : en attendant le jour, il lui sera plus difficile d'éviter les regards des domestiques; il fallait donc mettre à profit le sommeil des époux.

Gustave se glisse doucement sur les mains et les genoux; il parvient au milieu de la chambre; il se lève et marche, les mains en avant, du côté de la porte; déjà il est tout proche, lorsque ses pieds heurtent un tabouret que ses mains n'ont pu sentir; sur ce tabouret était posée une cuvette, le pied de Gustave envoie la cuvette rouler au milieu de la chambre : le bruit réveille les deux époux.

— Qui est là? s'écrie M. Frémont. Gustave voit qu'il n'est plus temps d'aller en tâtonnant, il faut se sauver; il trouve la porte, l'ouvre brusquement, et monte l'escalier, pendant qu'Aurélie crie à tue-tête : — Au voleur! au secours!... et que Frémont court prendre son fusil.

Gustave arrive au premier étage; il frappe à la porte, il appelle à demi-voix Julie; mais on ne répond pas, et Frémont sort de sa chambre; il va monter l'escalier, il va atteindre Gustave, et peut-être lui envoyer une balle dans la tête, ce qu'il ne faut pas s'exposer à recevoir. Comment lui échapper? Notre étourdi monte encore l'escalier, la porte qui donne sur la terrasse est ouverte, il entre et referme la porte sur lui. Le voilà donc pour un moment en sûreté; mais Frémont sait qu'il s'est réfugié sur la terrasse; il descend l'escalier, et court rassembler ses domestiques, pendant que sa femme se sauve en chemise dans le jardin.

Mais pourquoi Julie n'avait-elle pas ouvert à Gustave? Parce qu'elle n'était point alors dans sa chambre. — Et pourquoi n'était-elle point dans sa chambre au milieu de la nuit? — C'est ce qu'il me sera très-facile de vous expliquer.

En montant chez elle, madame de Berly croyait bien y trouver Gustave. Quel est son étonnement de ne voir personne! elle regarde partout, dans les cabinets, dans les armoires, jusque dans le lit, point de Gustave!... Où peut-il être? elle monte sur la terrasse, il n'y est pas : mais où donc est-il ?... Elle entre dans la chambre de sa nièce, elle sait qu'il n'y est point. Julie ne conçoit rien à la conduite de Gustave; elle ouvre la fenêtre, regarde dans le jardin, écoute, tousse très-fort... personne ne paraît.

— Allons, dit-elle, il se sera ennuyé d'attendre... il sera parti... Mais non, Gustave ne m'aurait pas quittée ainsi... peut-être a-t-il craint d'être vu dans le pavillon, et a-t-il préféré m'attendre dans le jardin... car il faut bien qu'il soit quelque part... Visitons le jardin.

Julie prend une lumière, elle descend bien doucement l'escalier pour ne point donner l'éveil à M. et madame Frémont, et va visiter chaque bosquet, chaque buisson, en appelant à demi-voix Gustave, qui était alors couché sous le lit d'Aurélie.

Le jardin était fort grand, et Julie n'en avait encore visité que la moitié, lorsque les cris de Frémont et de sa femme parvinrent à son oreille. Elle s'arrête tremblante : — Il est découvert, dit-elle, nous sommes perdus!...

Madame de Berly précipite ses pas vers le pavillon; au détour d'une allée, Aurélie se jette dans ses bras :

— Ah! ma tante, sauvons-nous, il y a un voleur dans la maison...

— Un voleur?...

— Oui, ma tante... est-ce que vous ne nous avez pas entendus?...

— Si fait, et c'est pour cela que je suis descendue dans le jardin...

— C'est bien heureux que vous ne l'ayez pas rencontré! il est maintenant sur la terrasse...

— Mais es-tu bien sûre?...

— Oh! certainement; il était caché sous mon lit!... Ah! mon Dieu! et M. Frémont qui a voulu me... Ah! si j'avais su!... mais, ma tante, n'allez pas par là; vous approchez du pavillon... cet homme pourrait nous tirer un coup de pistolet de dessus la terrasse.

Madame de Berly n'écoutait pas Aurélie, et continuait de marcher vers le pavillon; elle y arrive, monte vite l'escalier, ouvre la porte, et jette un cri en apercevant un homme tout noir au milieu de sa chambre... mais sa frayeur est aussitôt dissipée; cet homme est son Gustave, qui, pour arriver chez elle et se sauver de la terrasse, n'a trouvé d'autre moyen que de descendre par la cheminée!

— Comment, c'est vous!... pauvre Gustave!... comme il est fait!... — Bien heureux encore d'avoir trouvé ce moyen pour leur échapper!...

— Mais ne vous trouvant pas sur la terrasse, que vont-ils penser?...

— Que j'ai sauté dans le jardin... Ah!... il me vient une idée... oui... je les entends...

Madame de Berly ouvre sa fenêtre; Frémont arrivait avec le jardinier, son valet de chambre et trois ou quatre voisins qu'il était parvenu à faire lever, et qui avaient consenti à le suivre pour arrêter le voleur.

Ces messieurs portaient des flambeaux et des fusils; ils allaient monter à la terrasse, madame de Berly les arrête.

— Le voleur est par là; je l'ai vu sauter de la terrasse dans le jardin, et monter par-dessus ce mur.

— En êtes-vous certaine, ma tante?... Cependant ce mur est très-haut... cet espalier n'est point endommagé...

— Ces gens-là sont si lestes!..

— N'importe, messieurs, dit Aurélie, visitez toujours le pavillon et la terrasse.

— Parbleu! dit Gustave, ils ne me chercheront pas ici, j'espère... surtout quand je serai dans votre lit.

Aussitôt il se déshabille et se couche; Julie va en faire autant... On descend rapidement l'escalier... on frappe vivement à sa porte...

— Ouvrez... ouvrez... ma tante, crie M. Frémont.

— Et pourquoi donc cela?...

— Le voleur doit être dans votre chambre ou dans la cheminée... nous sommes certains qu'il a descendu par là... le haut de la cheminée est cassé...

— Eh! monsieur, je vous dis qu'il n'y a personne dans ma chambre... je le verrais bien.

— Il est caché, ma tante; ouvrez vite, ou vous êtes perdue...

— Mais, monsieur, je suis toute nue... attendez donc un moment.

Julie se déshabillait en effet; elle fourre les vêtements de Gustave entre ses matelas, et s'approche de la porte : Messieurs, je vais vous ouvrir... mais n'entrez pas de suite, laissez-moi le temps de me remettre dans mon lit, je vous en prie...

— Oui, ma tante, ouvrez.

Julie ouvre la porte et va se recoucher près de Gustave, qui se fait le plus petit possible, et se blottit contre un endroit où certes on ne doit pas présumer que le voleur se soit réfugié.

Frémont, les valets et les voisins entrent le fusil en avant; ils visitent tous les coins, ils regardent dans la cheminée, ils tirent dedans deux coups de pistolet...

— Vous voyez bien qu'il n'y est pas, dit madame de Berly; c'est en sautant du haut en bas de la terrasse qu'il aura endommagé la cheminée.

— Eh mais, dit à son tour Aurélie, qui était restée près de la porte, s'il était caché sous le lit de ma tante.

On regarde sous le lit... personne. — Quand je vous dis que je l'ai vu franchir le mur à droite...

— Mais, ma tante, ils pouvaient être plusieurs.

— Enfin il n'y en a point ici, et j'espère que l'on va me laisser dormir.

— Dormir!... Comment, ma tante, vous pensez à dormir quand nous sommes entourés de voleurs?...

— Comme je suis certaine qu'ils ne sont plus dans la maison, je ne crains plus rien.

— Allons, messieurs, dit Frémont à ses voisins, allons faire une exacte visite dans les jardins.

— Eh mais, monsieur, dit à son tour le jardinier, si le voleur a sauté dans l' jardin à droite, il sera tombé chez M. Courtaud, le maître d'école d'à côté.

— C'est juste... il faut aller réveiller M. Courtaud; nous parviendrons peut-être à saisir le coquin.

Ces messieurs se disposent à sortir; Aurélie les arrête : — Et moi, messieurs, est-ce que vous m'abandonnez?... je n'ai pas envie de rester seule à ce rez-de-chaussée... on n'aurait qu'à forcer les volets...

— Venez avec nous, madame...

— Que je sorte comme cela... ô ciel! ces messieurs n'en ont déjà que trop vu! Ah!... je vais rester avec ma tante; elle a du courage; auprès d'elle je n'aurai pas si peur... Ma tante, voulez-vous que je couche avec vous?...

— Quelle folie!...

— Ah! je vous en prie, ma tante... Allez, messieurs; mais laissez-nous le jardinier pour sentinelle... il restera en bas.

Les hommes descendent, placent le jardinier en observation au rez-de-chaussée, avec ordre de tirer à la première alerte, et s'en vont réveiller M. Courtaud, laissant Aurélie dans la chambre de madame de Berly.

La situation de Gustave était pénible : dans tout autre moment il aurait profité de sa position; mais il fallait alors, nouveau Tantale, ne point goûter des biens qui s'offraient à lui. Notre héros n'avait pas la vertu de saint Robert d'Arbrissel, qui couchait entre deux filles pour mortifier sa chair, et défiait ainsi le démon (lequel finissait toujours par le laisser en repos). Gustave était possédé par l'esprit malin, et ne pouvait le combattre. Couché avec une jolie femme, à moins de faire usage du procédé d'Origène, j'aime à croire, lecteur, que vous seriez, comme mon héros, tombé en tentation.

Julie était encore plus mal à son aise que Gustave; elle regardait en frémissant Aurélie, qui était occupée à mettre un mouchoir sur sa tête, et se disposait à partager le lit de sa tante; encore un moment, et madame Frémont va tout découvrir... le lit est tout contre le mur, il n'y a pas moyen de se glisser dans la ruelle... Comment donc faire? Allons... un grand moyen; il faut souvent tout risquer pour conserver quelque chose!... Julie se lève au moment où Aurélie va se coucher, et prend la chandelle que celle-ci allait poser sur la table de nuit.

— Où allez-vous donc, ma tante?

— J'ai cru entendre du bruit... je crois que ces messieurs n'ont pas regardé dans cette grande armoire.

— Ah! ma tante! vous me faites frémir... n'approchez pas... si en effet il y avait là quelqu'un?...

— Eh bien! il faut s'en assurer...

— Mais attendez donc... je vais avertir le jardinier...

Aurélie ouvre la porte, et appelle le jardinier; pendant qu'elle a le dos tourné, Julie met le feu à des papiers qui sont au fond de l'armoire, puis se rapproche de madame Frémont. Le jardinier arrivait prêt à tirer sur le voleur. — Je n'ai rien vu, dit madame de Berly, je me suis trompée...

— N'importe, ma tante, laissez-le visiter encore partout.

Le jardinier entre dans la chambre, et aperçoit une fumée épaisse qui sort de l'armoire. — Ah! morgué, mesdames, en v'là ben d'une autre!... l'voleux a mis le feu chez vous...

— Le feu!...

— Ah! malheureuse! c'est moi qui en visitant cette armoire... une flammèche aura tombé...

— Sauvons-nous, ma tante, sauvons-nous... la fumée m'étouffe déjà!...

La fumée commençait à remplir l'appartement; Aurélie descend en poussant des cris perçants; le jardinier laisse là son fusil, et court chercher de l'eau. Julie est enfin seule avec Gustave, qui saute hors du lit et se jette dans ses bras.

— Sauvez-vous, mon ami, vous n'avez qu'un moment... grand Dieu! quelle nuit!...

— Chère Julie!... et c'est moi qui suis cause...

— Partez vite... la fumée va nous étouffer...

— Il faut cependant que je prenne mes vêtements... je ne puis m'éloigner ainsi...

— De grâce, sortez d'abord de cette chambre...

— Que je vous quitte!... On n'y voit plus... Ah! je les tiens, je crois...

— Descendez... voilà la clef de la petite porte... Adieu, Gustave... sauvez-vous...

Julie pousse Gustave hors de la chambre que la fumée remplissait; mais le jardinier montait alors l'escalier avec deux seaux d'eau; il aperçoit un jeune homme fuyant avec un paquet, il ne doute point que ce ne soit le voleur qu'on cherche; n'ayant pas d'armes pour le combattre, il pose un de ses seaux à terre et jette l'autre sur le corps de Gustave; celui-ci, trompé jusqu'aux os, repousse avec colère son adversaire; le jardinier perd l'équilibre, il roule, tombe sur les marches de l'escalier; Gustave saute par-dessus lui, il sort du malencontreux pavillon; heureusement Aurélie en était déjà éloignée; il suit l'allée qui conduit à la petite porte, il ouvre, il est enfin dans la campagne; pour la seconde fois il franchit presque nu les haies, les buissons et les fossés, et c'est encore pour Julie qu'il se trouve dans cette fâcheuse situation. — Ah! c'en est fait, dit notre héros en grelottant, je ne m'exposerai plus à pareille aventure! Cette femme-là coûte trop cher!

Étant à une portée de fusil de la maison de M. Frémont, Gustave s'arrête, et se dispose à s'habiller; mais, nouvelle disgrâce, au lieu d'un pantalon, il trouve un corset, un jupon pour un gilet, une robe pour un habit; enfin ce sont les vêtements de Julie qu'il a pris pour les siens; méprise d'autant plus naturelle que Julie avait caché les vêtements de Gustave entre les matelas de son lit, et posé les siens sur la chaise où étaient les autres. Au milieu de la nuit qui ne permettait plus de distinguer les objets, Gustave avait saisi ce qui était sur la chaise, sans s'apercevoir du changement de vêtements.

— On dit qu'il y a un dieu pour les amants, dit Gustave en nouant autour de son corps le jupon de percale et la robe de taffetas gris : mais il me semble que cette nuit le diable s'est mêlé de mes affaires. Allons... soyons femme, puisque je ne puis être autre chose; j'avoue que, pour le moment, ce déguisement ne me convient guère : quand on est trempé jusqu'aux os, un jupon de percale, une robe de taffetas et un petit bonnet de tulle ne valent point un habit et un pantalon de drap... Encore si nous étions en été!... mais nous sommes au mois de mars!... Quelle idée de venir à la campagne dans ce temps-ci!... Parbleu!... j'avais bien besoin de suivre ce monsieur!... ah! c'était pour Suzon... Que diable fait-on de tous ces cordons?... Je dois avoir l'air d'un vrai chic-en-lit... par malheur le jour commence à poindre... Ah! quelle nuit!... Coucher sous une robe charmante sans... Être arrosé, enfumé... et affublé de la sorte!... Ah, mon oncle! si vous m'aperceviez dans cet état... et madame Fonbelle, à qui je jure tous les jours que je suis sage, rangé, constant!... Au diable les lacets... et les rubans!... Dépêchons-nous, pour arriver à Paris avant qu'il fasse grand jour; car en me voyant ainsi on me mènerait à la préfecture de police.

Pendant que notre héros, assis sur les bords d'un fossé entre un groseillier et des plants de pommes de terre, procédait à sa nouvelle toilette, madame de Berly s'exposait pour lui aux plus grands dangers : Julie était derrière Gustave lorsque le jardinier l'arrosa de la tête aux pieds; elle le voit enfin renverser son adversaire et gagner le jardin. Il est sauvé, dit-elle : mais bientôt une réflexion vient modérer sa joie : ses vêtements sont cachés entre les matelas; se serait-il trompé?... aurait-il pris une robe pour un habit? Le malheureux, dans l'état où l'a mis le jardinier, gagnera une maladie, s'il ne peut bien vite se vêtir chaudement. Telles sont les pensées qui se présentent en foule à l'esprit de Julie; elle prend aussitôt une résolution hardie; les femmes ne calculent point le danger quand il s'agit de sauver l'objet de leur affection, et madame de Berly est persuadée que Gustave périra, s'il n'a pour se couvrir qu'une robe et un jupon.

Elle remonte l'escalier; la flamme circulait déjà dans une partie de la chambre, mais elle n'avait point encore gagné le lit; Julie ferme les yeux, retient sa respiration, elle s'élance dans l'appartement... elle touche les matelas, elle les soulève... elle sent les vêtements... elle les tire avec force... elle tient enfin ces objets précieux... elle cherche la porte : la fumée la suffoque... un tourbillon de flamme l'atteint; ses cheveux, qui pendent en désordre, sont bientôt embrasés; elle perd courage... elle tombe devant l'escalier. — Pauvre Gustave! s'écrie-t-elle.

Julie allait périr, si le jardinier, qui s'était relevé et remis de l'étourdissement que sa chute lui avait causé, ne fût venu à son secours. Le brave homme monte avec son seul seau plein qui lui reste : il aperçoit madame de Berly à terre; il la prend dans ses bras, la descend au jardin, et là lui jette son eau sur la tête pour éteindre le feu pris à ses cheveux. En ce moment les secours arrivent de toutes parts : Aurélie avait appelé son mari; Frémont et ses valets avaient réveillé toute la pension de M. Courtaud. Les voisins accouraient avec de l'eau; on parvint bientôt à se rendre maître du feu, les meubles de la chambre du premier furent brûlés, et avec eux les habits de Gustave.

Madame de Berly revint à elle, mais elle souffrait horriblement; sa figure était brûlée partout : elle devait porter toute sa vie les marques de sa blessure. Aurélie fit un cri en voyant sa tante : Julie se résigna...

— Je serai laide, dit-elle, il ne m'aimera plus!... mon cœur, cependant, est toujours le même!... mais du moins il ne s'exposera point pour moi, et je ne trahirai plus mes devoirs.

Julie perdit en effet tous ses attraits; elle fut punie par où elle avait péché!

Juste retour des choses d'ici-bas.

CHAPITRE XX. — Une Scène à la Courtille.

Gustave, le bonnet sur l'oreille, le corset passé en gilet et attaché par-devant, le jupon pendant d'un côté, et la robe traînant dans la crotte, marchait à longues enjambées dans la grand'rue de Belleville. Le jour paraissait, et sous ce costume féminin il faut éviter les aventures, surtout dans le quartier de la Courtille, séjour ordinaire des ivrognes. Gustave se félicitait d'avoir passé l'Île-d'Amour; il doublait le pas, retenant avec peine d'une main sa robe, de l'autre son jupon, et obligé souvent de lâcher l'un ou l'autre pour retenir son bonnet, que le vent menaçait d'emporter.

Par malheur pour notre héros, M. Favori, sauvage du grand salon de Calot, et chantre au lutrin, connu dans les belles réunions de Kokoli, la Belle-en-Cuisse, salon de Flore et autres, pour son talent sur la grosse caisse et sa superbe basse-taille, avait eu un différend avec Jean-Jean Courtepointe, tambour de la caserne des Marronniers, au sujet de mademoiselle Nanon Dur-à-Cuire, fille majeure, établie marchande d'œufs rouges devant le Grand-Saint-Martin, brûlant, par la vivacité de ses yeux, tous les cœurs des pratiques de M. Desnoyer, mais à cheval sur les principes, et ferme sur la vertu comme sur ses sabots.

M. Favori, beau parleur et grand enjôleur de jeunes filles, avait mille moyens pour captiver les innocentes qu'il jugeait dignes de ses hommages : il chantait avec une grâce séduisante la romance du *Pied de Mouton*, ou la complainte du *Sacrifice d'Abraham*. Il allait toutes les semaines aux Funambules pour se former dans la pantomime, et de temps à autre au café des Aveugles pour retenir de petits airs d'opéras.

Nanon aimait les beaux-arts, la musique surtout; elle battait la mesure sur sa chaufferette quand Favori fredonnait un refrain sensible, et faisait un second dessus à l'ouverture de *la Caravane*, quand le beau sauvage la jouait sur ses grosses caisses. Favori n'avait eu garde de négliger les belles dispositions de Nanon; il voulait près d'elle dans les entr'actes de service; il s'asseyait près de l'étalage et apprenait à la jolie marchande : *O pescator del ondin fideli*. Cet air enchanteur tournait la tête à Nanon, qui fredonnait : *O pescator*, soit en épluchant ses œufs durs, soit en faisant cuire un hareng.

De son côté, M. Jean-Jean Courtepointe lorgnait aussi la belle marchande; le jeune tambour ne chantait ni *Pescator* ni romance des boulevards; mais il se balançait avec grâce en portant sur sa caisse; ses mains, les baguettes roulaient avec une merveilleuse agilité; il faisait jouer les petits fifres quand on descendait la Courtille, et souvent s'arrêtait pour battre la retraite devant l'étalage d'œufs rouges.

Nanon était vertueuse, comme j'ai déjà eu l'honneur de vous le dire, mais elle était sensible au procédé, et peut-être fière d'inspirer des passions aux deux plus jolis hommes de l'arrondissement. Elle souriait au militaire, elle lui gardait des œufs qu'elle teignait en jaune exprès pour lui (galanterie qui prouvait toute la candeur et l'innocence de Nanon). Elle s'arrêtait dans la retraite passait, et Jean-Jean Courtepointe ne manquait jamais alors de faire sauter ses baguettes.

De plus, le jeune tambour était sur la danse aussi fort que Favori l'était sur le chant. Courtepointe avait appris l'allemande d'un paillasse des *Acrobates*, et il la dansait dans la perfection, les dimanches et lundis, dans le salon de Desnoyer ; on se foulait pour le voir faire ses passes, et les Suisses mêmes rendaient justice à son talent. Or, mademoiselle Nanon avait beaucoup de goût pour l'allemande, danse gracieuse dont son cœur ingénu ne connaissait point les dangers. M. Courtepointe avait offert de donner des leçons ; on avait accepté, et on s'exerçait tous les soirs, soit chez Calot, soit chez Desnoyer, en attendant qu'on eût assez d'aplomb pour se risquer à l'*Ile-d'Amour*.

Vous pensez bien que M. Favori ne voyait point de bon œil les assiduités de Courtepointe. Il rôdait autour de son rival en faisant des yeux de léopard ; il sentait une démangeaison de donner des coups de pied au tambour ; il voulait lui casser les baguettes sur la figure ; mais Nanon, par un regard majestueux, savait contenir la fougue de son sauvage, et calmer d'un mot la fureur de ses transports jaloux.

— Favori, lui disait-elle en s'appuyant une main sur la hanche, ne mettez point z'en doute ma vertu, ou je romps toute liaison de chants et de conversation ; sachez qu'une fille de mon *esphère* peut danser l'allemande sans faire de faux pas.

Favori baissait les yeux, poussait un soupir, prenait la main de Nanon, la baisait, s'approchait de la joue de sa belle, qu'il baisait aussi, recevait quelquefois un soufflet pour prix de sa témérité, et s'éloignait le cœur moins ulcéré.

Jean-Jean voulait aussi hasarder quelques libertés en faisant faire des passes ; mais Nanon avait bec et ongles : elle égratigna un jour le nez de Courtepointe, et depuis ce moment le tambour restait dans les bornes du respect.

Cependant cet état de choses ne pouvait durer : les rivaux se lançaient des œillades menaçantes ; quelquefois même des mots impolis s'échappaient de leur bouche ; Nanon avait peine à les contenir ; en vain elle leur jetait au nez sa vertu et ses mœurs, ces messieurs n'étaient pas tranquilles ; car

N'est pas toujours femme de bien qui veut.

Favori et Jean-Jean se connaissaient mutuellement pour de terribles séducteurs, ayant fait trébucher la vertu de plusieurs beautés jusqu'alors réputées pour insensibles ; ils devaient donc ne point se fier aux discours de la sévère Nanon, car la plus cruelle a ses moments de faiblesse ; il ne faut que saisir ces moments-là !... La chair est faible, et le malin, le tentateur, le démon, le diable enfin, comme il vous plaira le nommer, aime beaucoup la chair des pucelles et des jolies filles ; car c'est avec cela qu'il détourne tant d'âmes du chemin céleste, pour leur faire prendre celui de leur perdition.

Un soir, pendant que Favori, affublé de son costume de sauvage, régalait les nombreux spectateurs qui remplissaient le grand salon de Calot d'une scène dite *la douleur d'un Caraïbe loin du toit paternel*, M. Jean-Jean Courtepointe proposa à la belle Nanon une leçon d'allemande dans une des chambres de M. Desnoyer.

Nanon accepte ; elle commençait à être d'une certaine force, et espérait, le dimanche suivant, déployer ses grâces devant une brillante réunion. On monte dans une chambre au premier, et Nanon, fidèle à ses principes de sévérité, fait ouvrir les fenêtres et la porte, afin que M. Jean-Jean ne se permette aucun attouchement indécent.

Le tambour fait monter une bouteille de vin blanc ; Nanon en accepte un verre, cela est sans conséquence, et Jean-Jean boit un coup à chaque passe nouvelle.

Soit que le vin fît son effet, soit que la passion du tambour fût parvenue à son dernier période, il se sentait brûler d'une ardeur extraordinaire : il inventait des passes charmantes, les formait avec un fini parfait, et souriait à sa belle avec une expression très-voluptueuse ; Nanon, échauffée par le vin, électrisée par le talent de son danseur et voulant faire honneur à son maître, se surpassait aussi et tournait comme un tonton dans les bras de son rival.

Mais la roche Tarpéienne est près du Capitole, et le grand salon de Calot est en face de celui de Desnoyer. Favori, dont l'amour et la jalousie tourmentaient jusque sur le théâtre de sa gloire, aperçoit, au travers de la fenêtre, Nanon se dandinant à côté de son rival. Ce spectacle le rend furieux : il renverse trois tabourets représentant une hutte sauvage, et un manche à balai, surmonté d'un plumeau, qui figurait parfaitement un palmier ; il saute par-dessus ses grosses caisses, tenant sa massue à la main ; il enjambe les bancs, monte sur les tables, casse les verres, fait tomber sur le nez d'un invalide qui buvait son canon, et deux Auvergnats qui frottaient de l'ail sur leur pain ; il pousse, renverse tout ce qui se trouve sur son passage ; il descend l'escalier quatre à quatre : il traverse la rue, entre chez Desnoyer comme un furibond ; sa barbe postiche, qui lui a coûté quarante-quatre sous, tombe dans la boutique ; il ne s'en aperçoit pas ; son pantalon de tricot se déchire au-dessous du bas-ventre ; rien ne l'arrête !... il s'agit de se venger d'un rival odieux ; il monte... il arrive, il est entre Nanon et Courtepointe, au moment où celui-ci montre une passe dans laquelle on s'embrasse, et le tambour ne baise que l'estomac de Favori, qui lève sa redoutable massue en roulant les yeux comme un tyran de mélodrame.

— Malheureux !... qu'allez-vous faire ? dit Nanon d'une voix pathétique en retenant les bras du sauvage prêt à frapper son adversaire.

— V'là z'assez longtemps que vous faites des pirouettes avec ce vilain rataplan... il faut que ça finisse et qu'il sente le poids de ma massue !

Courtepointe était brave ; il met son schako sur l'oreille gauche, la main droite sur la poignée de son sabre, et recule deux pas en se haussant sur ses pointes pour mieux mesurer son adversaire.

— Qu'appelles-tu rataplan, mauvais sauvage de la rue Coquenard ?... Crois-tu me faire peur avec ta mine du Canada ?... Ai-je interrompu tes leçons d'harmonie imitative et ton *peste qu'a tort* ? Je danserai l'allemande avec la particulière tant que ça lui plaira.

— Tu ne la danseras plus !...

— Je la danserai, Fin !

La massue est levée, le sabre tiré ; le sang va couler !... Nanon crie, pleure ; on ne l'écoute pas, elle se jette entre les combattants, on la repousse ; elle s'arrache les cheveux, on laisse faire ; elle s'évanouit sur une chaise, on n'y prend pas garde ; la chaise glisse, Nanon tombe, son jupon s'accroche, une fesse paraît à découvert... les deux rivaux s'arrêtent spontanément.

— Ce n'est point z'ici, dit Courtepointe, que nous devons vider notre querelle ; demain, avant le jour, je serai sur le boulevard en dehors de la barrière...

— C'est convenu, dit Favori.

Ces messieurs se rapprochent alors de Nanon ; ils baissent son jupon, la placent sur un banc, lui jettent un verre de vinaigre sur le nez, et s'éloignent dès qu'elle a repris ses sens.

Mais soit que Nanon n'eût pas entièrement perdu connaissance, soit qu'elle devinât les desseins de ses deux poursuivants, elle parut le lendemain au rendez-vous au moment où Favori et Jean-Jean, armés chacun d'un bâton ferré, se disposaient à s'attaquer. — Ecoutez-moi d'abord, dit Nanon en s'avançant près de ces deux champions ; vous vous battrez ensuite si vous le voulez absolument. Je suis la cause de vos querelles ; mon innocence m'a égarée z'en m'entraînant dans des démarches inconséquentes : je ne devais pas tourner avec un tambour et roucouler avec un sauvage. Vous êtes braves tous deux, c'est connu ; votre réputation est *fisquée*, je veux rétablir la mienne que vos galanteries ont compromise ! Je consens à épouser l'un de vous... si vous mettez bas les armes.

— Ah ! Dieu ! s'écrièrent en même temps Favori et Jean-Jean en jetant de côté leurs bâtons, choisissez ; nous sommes à vos pieds !

— Un instant, messieurs, relevez-vous d'abord, car les commis à la barrière pourraient tirer des conséquences malignes de vos situations. Vous êtes tous deux de *bels hommes*, vous êtes aimables, vous êtes séduisants !... et je flotte entre vous deux ; il faut que le hasard en décide. V'là z'une pièce de quinze sous, prenez-la, et jouez à pile ou face : celui qui gagnera recevra ma main, et l'autre ne gardera pas plus de rancune qu'un hanneton.

— C'est dit, répètent les deux amants. Favori prend la pièce de quinze sous, et propose la question à son rival : — Face ! s'écrie Jean-Jean : c'est de ce côté-là que Nanon doit répondre à mes feux. La pièce vole en l'air ; Favori et Jean-Jean sont à terre... ils dévorent la pièce des yeux...

— C'est face ! s'écrie Courtepointe, et d'un saut il se relève pour aller retomber aux genoux de Nanon.

Favori est consterné, mais enfin il prend son parti et, en homme d'honneur, s'approche du couple amoureux et unit lui-même Nanon au tambour.

Tout le monde s'embrasse, et on se dirige vers le beau salon du Grand-Saint-Martin pour consacrer la matinée au plaisir et faire un déjeuner copieux. Il fait à peine jour, mais les traiteurs de la Courtille sont ouverts à toute heure. Courtepointe, qui régale, fait mettre dix casseroles sur le feu, tuer trois lapins, plumer six pigeons, et monter du vin à quinze. On se livre à la gaieté, et les futurs époux se prodiguent de tendres caresses. Favori est incapable de manquer à ses engagements ; mais il au cœur, et toutes les fois que Jean-Jean baise la joue à Nanon, il sent son pauvre cœur défaillir. Pour se distraire et noyer sa douleur, il se verse force rasades ; mais le vin n'éteint point ses feux ; bien au contraire, il augmente, il redouble son ardeur amoureuse. Comment donc faire ? fuir le tableau de deux amants heureux ; c'est ce que fait Favori ; il sort de la salle, allume sa pipe à la cuisine, et va prendre l'air sur le devant de la porte.

Une femme descend de Belleville à grands pas ; sa démarche, un peu cavalière, son bonnet sur l'oreille et sa robe retroussée jusqu'aux jarretières, donnent dans l'œil au sauvage, qui, comme vous savez, était dans des dispositions fort tendres. Favori admire une jambe un peu forte, mais bien proportionnée, une taille élancée, des yeux qui n'expriment point la timidité, et que les fumées du vin lui font trouver agaçants.

— Voilà mon affaire, dit le sauvage ; et il marche sur les pas de Gustave (vous avez dû le reconnaître à sa mise et à sa tournure).

— Un mot et un verre de vin, dit Favori en approchant de sa belle.

— Passe ton chemin.

— Vous êtes trop séduisante pour qu'on vous laisse aller seule...

— Passe ton chemin, tu m'ennuies.

— Je vous adore... j'ai un écu à dépenser avec vous...

— Va-t-en au diable !

Favori ne se rebute pas; il marche près de Gustave et lui pince le derrière; celui-ci se retourne et lui donne un soufflet.

— Ho! ho! dit Favori, de la rigueur! ça m'est égal, il faut que je te possède; je t'ai mis dans ma tête, et je ne te jouerai point à pile ou face, parce qu'il ne sera pas dit que toutes les femmes me passeront devant le nez ce matin... Or donc, pour ne pas faire *chou blanc* avec toi, je t'enlève!...

Gustave veut se débattre, mais Favori, taillé en Hercule, en aurait enlevé trois comme notre héros; il prend Gustave sous le bras et l'emporte en courant. Le sauvage, qui n'avait pu les voir venir, se jette brusquement sur le premier âne qu'il rencontre, renverse la paysanne de dessus sa monture, et fait couler le lait dans le ruisseau. Cet accident permet à Gustave de se débarrasser un moment des bras du sauvage; il se relève et veut fuir... Favori court après lui, l'âne de la seconde paysanne barre le passage à Gustave; notre héros prend son élan, espérant franchir aisément les paniers; mais sa robe s'embarrasse dans ses jambes, il tombe lourdement sur les œufs destinés aux habitants de la ville; le baudet effrayé se jette à genoux, et la villageoise roule avec Gustave au milieu d'une mare de lait et des œufs cassés.

En roulant avec l'âne et les paysannes, notre héros avait laissé voir certaines parties de son individu; car vous savez, lecteur, qu'il avait perdu sa culotte dans le pavillon de Julie; Favori ne voit pas ce qu'il cherchait et aperçoit ce qu'il ne cherchait point. Dès lors son ardeur s'éteint; il ne songe plus qu'à fuir pour éviter de payer le dégât.

Les paysannes se débarrassent enfin de leurs ânes; elles crient: *Au secours! au voleur!* le sauvage est déjà loin; elles n'ont plus que Gustave pour payer le lait renversé et les œufs cassés; mais Gustave s'est relevé, il roule ses jupons autour de son corps et se sauve vers la barrière. Les paysannes abandonnent ânes, paniers, œufs et lait, pour courir après Gustave.

Notre héros avait de l'avance; il passe la barrière, descend le faubourg; les paysannes le poursuivaient, criant aux passants : Arrêtez c'te voleuse qui nous doit des œufs et du lait. Les badauds s'amassaient, regardaient Gustave, riaient et ne l'arrêtaient point. Les petits polissons couraient avec les villageoises; il faisait grand jour, la foule des coureurs allait toujours en augmentant, et on était dans l'intérieur de Paris. Gustave, craignant d'être arrêté par une populace grossière et de devenir l'objet des huées universelles, ranime son courage et court avec une légèreté surprenante. Il laisse bien loin de lui les paysannes et les curieux; il prend au hasard le chemin qui se présente; il descend la rue du Temple, tourne à droite, descend encore, fait plusieurs détours; enfin, épuisé de fatigue, il s'arrête : une jeune femme ouvrait sa boutique, il entre chez elle et se jette sur la première chaise qu'il aperçoit, avant que la marchande étonnée ait eu le temps de lui faire une question.

CHAPITRE XXI. — *Méprise.* — Suzon perdue.

— De grâce, madame, sauvez-moi!... mettez-moi à l'abri des poursuites de toute cette canaille!...

— Mais en vérité... madame... monsieur... mais je ne sais pas ce que vous êtes!...

— Je suis un étourdi, madame; mais je ne suis que cela; vous pouvez sans crainte me recevoir chez vous.

— Ah, mon Dieu!... cette voix... ces traits... mais, oui, c'est vous... c'est M. Nicolas Toupet!...

— Quoi!... c'est madame Henry!... la jolie mercière de la rue aux Ours...

— C'est moi-même, monsieur!... Ah! la singulière rencontre!... mais cette pauvre petite!... ah! courons bien vite la prévenir!. .

Madame Henry laisse Gustave dans la boutique et monte au premier, où elle couche avec la jeune fille qu'on lui a confiée. Depuis la veille seulement, Suzon était chez madame Henry; mais deux cœurs sensibles s'entendent bien vite. La mercière était d'un âge et d'une figure à inspirer de l'amour; elle devait donc être indulgente pour les fautes que cette passion fait commettre. Suzon avait fait toutes ces réflexions; mais elle avait regardé madame Henry après le départ du colonel et de la femme de charge; elle s'était mise à pleurer; la petite mercière l'avait consolée en lui demandant le récit de ses peines; la douce voix de madame Henry portait à la confiance; quand on est loin de son amant, c'est une consolation de parler de lui ; Suzon avait conté naïvement toutes ses aventures.

Madame Henry avait plaint Suzon, puis elle avait jeté un cri de surprise au nom de Nicolas Toupet, que la petite ne voulait point épouser.

— Mais je le connais, ce M. Nicolas; je me suis trouvée avec lui à une noce à la Villette.

— En vérité, n'est-ce pas qu'il est laid, gauche, bête?...

— Mais, au contraire, il est joli garçon, aimable, spirituel... il danse à ravir...

— Nicolas? il ne sautait jamais en mesure... il est lourd!... il sait à peine aller en avant deux!

— Vous plaisantez! c'était le plus beau danseur de la noce!...

— Il est poltron comme un lièvre!

— Poltron!... il a rossé un garçon ébéniste qui lui cherchait querelle!... il aurait battu tout le monde si on l'avait laissé faire!

— Il est donc bien changé!... mais est-ce bien Nicolas que vous avez vu?

— Certainement, Nicolas Toupet d'Ermenonville, qui devait épouser la fille de M. Lucas!...

— Oh! c'est lui!... mais il ne m'épousera point... J'aimerais mieux mourir que d'être sa femme!...

— Ah bien! je ne suis pas de votre avis, et s'il m'aimait, moi, je l'épouserais volontiers!...

— Ah! madame! si vous connaissiez M. Gustave, le neveu du colonel Moranval, vous verriez quelle différence il y a de lui à ce vilain Nicolas!

— Je n'ai jamais vu le neveu de M. le colonel; il peut être fort bien, mais je ne conviendrai jamais que Nicolas soit vilain!

Les avis étaient restés partagés, quoique au fond madame Henry fût de l'avis de Suzon; mais ces dames ignoraient l'espièglerie de Gustave. Suzon, un peu plus calme après avoir raconté ses aventures, avait promis à madame Henry de suivre ses conseils, et d'être soumise et sage. On s'était juré amitié et confiance. Suzon cherchait à fortifier son courage, elle comptait sur la promesse du colonel, qui lui avait dit qu'elle reverrait Gustave. Cependant la petite avait passé toute la nuit à pleurer : c'était la première fois qu'elle couchait loin de Gustave depuis son départ d'Ermenonville. Que cette nuit lui parut longue! Que le temps marche lentement loin de ce qu'on aime!

Le lendemain matin, madame Henry, qui avait entendu les sanglots de Suzon, se leva bien doucement pour ne point éveiller la petite, que la fatigue venait d'endormir. Elle descendit seule ouvrir sa boutique; c'est alors que Gustave y entra brusquement.

La mercière croit devoir prévenir Suzon de l'arrivée de celui qu'elle prend toujours pour Nicolas Toupet. Elle monte près de la petite, et lui apprend de quel que c'est... — O ciel! s'écrie Suzon; ah! madame, je vous en prie, ne lui dites pas que je suis chez vous... Il vient me chercher sans doute? — Je ne sais point encore ce qu'il vient faire... il est déguisé... il est en femme. — En femme!... c'était pour ne pas me faire si peur!... — Ne craignez rien, je ne lui dirai pas que vous êtes chez moi; je vous ai prévenue afin que vous ne descendiez pas... Restez ici... Allons, pourquoi trembler? je vous dis qu'il ne saura rien.

Madame Henry redescend près de Gustave. Mais Suzon n'est pas rassurée: l'arrivée de Nicolas chez la mercière est aux yeux de la petite la preuve que son futur veut encore l'épouser : elle se lève, elle s'habille; sa tête travaille, il lui semble toujours entendre Nicolas monter l'escalier; à chaque instant sa frayeur augmente : elle fait à la hâte un paquet de ses effets, elle ouvre la porte bien doucement, descend par un escalier dérobé qui conduit dans l'allée : cette allée donne sur la rue, Suzon se glisse du côté opposé à la boutique, puis court avec son léger paquet sous le bras; elle ne sait point où elle va, mais elle croit fuir Nicolas!...

Gustave se reposait dans la boutique, sans se douter que Suzon fût si près de lui. Il voyait avec plaisir qu'on avait perdu sa trace. Madame Henry revint. — Il faut, madame, lui dit Gustave, que vous me rendiez un grand service, c'est de me procurer des habits d'homme, car je ne puis rester sous ce costume. — Je voudrais vous obliger, dit madame Henry; mais je suis jeune et je tiens à ma réputation. Que penserait-on de moi dans le quartier si j'empruntais ou achetais des habits d'homme? Vous ne pouvez d'ailleurs, monsieur, vous déshabiller chez moi. — N'avez-vous pas une arrière-boutique? — Oui, mais de la boutique on vous verrait; il peut entrer du monde à chaque instant; cela serait fort décent! — Vous couchez dans une autre pièce? — Vous ne pouvez y entrer : j'ai sur mon carré des voisins fort méchants, ils pourraient vous apercevoir!... et que dirait-on?... — Ainsi, madame, vous voulez que je sorte sous ce bizarre accoutrement, que tous les polissons courent après moi, que la garde m'arrête!... — D'abord je pourrais vous dire : Pourquoi avez-vous pris ce déguisement? — Ah! madame, les circonstances nous maîtrisent!... nous sommes le jouet des événements.... Tel sort pour dîner en ville, qui trouve son ami mort, et va à un enterrement; celui-ci se rend au bal : en descendant dans sa cour, une tuile se détache du toit, elle tombe sur sa tête, notre homme est reporté chez lui, il garde le lit au lieu de danser; tel autre croit passer la soirée dans une société agréable, sort bien paré, et est éclaboussé par une voiture; crotté de la tête aux pieds, il est forcé de rentrer chez lui pour changer de vêtements; il trouve sa femme qui ne l'attendait pas; il veut avec un cousin; le monsieur n'aime ni le cousin ni l'écarté; il se fâche, prend de l'humeur; le cousin s'éloigne, alors la femme fait une scène à son mari; elle l'appelle monstre, tyran, lui reproche sa jalousie; elle a des attaques de nerfs; le pauvre époux est obligé de courir chez l'apothicaire chercher de l'éther et de la fleur d'oranger, et il passe à soigner sa femme une soirée qu'il comptait employer à faire un boston et à boire du punch. Après cela, faites donc des projets!... Quant à moi, madame, je puis vous assurer qu'en sortant hier de chez moi, je ne m'attendais pas à y rentrer en femme!... mais le feu a consumé mes vêtements, et quoique j'aie fort peu de grâce avec ceux-ci, j'ai jugé qu'il était plus convenable de se couvrir d'une robe que de ne point se couvrir du tout; j'ai sacrifié mon amour-propre à la décence; voilà pourquoi je me suis déguisé sans être en carnaval. Eh bien! madame, suis-je encore aussi blâmable à vos yeux?—Un peu moins sans doute. Mais vous n'arrivez donc pas maintenant d'Ermenonville? — D'Ermenonville!... et que voulez-vous que j'y aille faire?... — Est-ce que vous ne demeurez plus chez M. Lucas?... — Chez M. Lucas!... ah! je vois d'où vient votre erreur; mais je dois la faire cesser. Vous allez encore me gronder... me trouver bien étourdi... Apprenez que je n'ai jamais été Nicolas Toupet... — Quoi! monsieur, vous n'êtes pas.... — Non, madame; j'avais pris ce nom, ne voulant pas être connu à la noce où M. Ledru m'a conduit... — Se pourrait-il!... c'est donc cela que cette pauvre Suzon me soutenait que Nicolas Toupet... — Suzon!... Suzon!... ah! ma chère madame Henry, la connaîtriez-vous? — Oui, monsieur, je connais Suzon. — Petite, bien faite, fraîche, jolie?... ah! madame Henry, où est-elle!... de grâce!... l'avez-vous vue? savez-vous où on l'a enfermée? — Eh! mon Dieu! quelle vivacité! quels transports'... mais qui donc êtes-vous enfin, puisque vous n'êtes pas Nicolas? — Celui à qui Suzon a tout sacrifié, celui pour qui elle a quitté parents, amis, patrie... Gustave, le neveu du colonel Moranval... — Vous, Gustave! ah! j'aurais dû le deviner. — Suzon serait-elle chez vous?... oui... j'en suis sûr; je le vois à votre embarras... Vous craignez, en me laissant lui parler, que mon oncle vous fasse des reproches... mais il ne saura rien... Que je la voie... cinq minutes seulement!... et je pars... Ah! je vois bien qu'il faut vous céder, car vous feriez quelque nouvelle folie... Attendez-moi, je vais lui dire de descendre.

Madame Henry monte à sa chambre : quel est son étonnement de ne plus trouver Suzon! Elle parcourt la maison, appelle, s'informe chez ses voisins : peine inutile, la petite était déjà bien loin. La mercière, désolée, redescend près de Gustave.

— Ah! mon Dieu!... voilà bien une autre affaire!... Suzon est partie!... elle n'est plus chez moi... — Partie!... quoi! depuis que je suis chez vous? — Ah! je devine le motif de sa fuite : j'étais montée la prévenir de l'arrivée de celui que je croyais être Nicolas Toupet; elle a cru qu'on venait la chercher... elle a fui pour ne pas retourner avec l'homme qu'elle déteste... — Pauvre Suzon!... c'est moi qui cause ton malheur... Où est-elle?... sans argent... sans ressource... dans une ville qu'elle ne connaît pas... que va-t-elle devenir?... — Consolez-vous, monsieur Gustave; elle reviendra chez moi, je l'espère, et je vous promets de vous le faire savoir. — Puissiez-vous dire vrai! Veuillez me procurer une voiture; je vais me faire conduire à l'hôtel... — Que dira votre oncle en vous voyant ainsi vêtu? — Il criera, s'emportera, et finira par s'apaiser. Lorsque j'aurai changé de costume, je me remettrai en route pour chercher Suzon, et je réponds bien que tous les fiacres de la ville ne parviendront point à me faire dévier de mon chemin.

Madame Henry alla chercher une voiture; Gustave se cacha dans le fond, et, après avoir remercié la compatissante mercière, il se fit conduire à l'hôtel du colonel.

CHAPITRE XXII. — Projet de mariage.

Gustave descend dans la cour de l'hôtel, ordonne au portier de payer le cocher et se sauve dans sa chambre. Benoît et son père étaient restés ébahis devant le fiacre. Gustave, qu'on n'a point vu depuis la veille, et qui reparait habillé en femme! quel nouveau sujet de conjectures pour les domestiques! Pendant que le portier paye le cocher, Benoît s'empresse d'aller apprendre au colonel que son neveu vient de rentrer avec un jupon crotté, une robe déchirée et un bonnet qui a trempé dans les jaunes d'œufs.

Le colonel n'avait pas vu Gustave depuis son entrevue avec Suzon; il ne doutait point que son neveu n'eût passé la nuit à chercher la jeune villageoise, et il avait préparé un sermon très-éloquent, par lequel il espérait ramener le jeune homme à la raison : mais il ne sut plus que penser en apprenant que son neveu revenait déguisé en femme. Le colonel monte chez Gustave, dans l'intention de le tancer vertement sur le dérèglement de sa conduite... Gustave était au lit : il comptait employer sa journée à chercher Suzon; mais le sort devait encore l'empêcher d'accomplir son dessein : le seau d'eau du jardinier, la fuite en chemise dans les champs, la légère robe de taffetas, et la course forcée depuis la barrière de Belleville jusqu'à la rue aux Ours, avaient totalement dérangé la santé de notre héros, qui ne ressemblait point aux héros chantés par Homère, lesquels étaient toujours vainqueurs parce qu'ils étaient invincibles. O vous, bouillant Achille! qui n'étiez mortel que par le talon (ce dont le poëte grec ne convient pas); vous, sauvage Philoctète! dont les flèches ne pouvaient manquer d'arriver droit au but; vous, éloquent Ulysse! qui saviez si bien prendre toutes les formes; vous, superbe Agamemnon! qui laissiez égorger votre fille pour vous rendre les dieux favorables; vous, séduisant Pâris! protégé par Vénus; et vous, audacieux Télémaque! que Minerve enveloppait d'un nuage lorsque vous vous trouviez dans la mêlée, je vous félicite d'avoir inspiré le divin Homère. De notre temps, vos fanfaronnades ne seraient plus des prouesses de valeur; pour marcher au combat, nous n'avons pas besoin de talisman; nous n'y croyons plus d'ailleurs, et nos soldats montent à l'assaut au milieu d'une grêle de balles, sans invoquer le caducée de Mercure ou le bouclier de Minerve.

Gustave écouta donc sans l'interrompre le sermon de son oncle; car la fièvre avait abattu ses esprits; et notre frêle machine est tellement soumise aux infirmités de la vie, que le plus grand génie lorsqu'il est malade conserve rarement sa supériorité : Charles XII, l'homme le plus courageux, le plus entreprenant de son siècle, se laissa emporter comme un enfant, loin des champs de Pultawa, moins abattu par sa défaite qu'affaibli par sa blessure; et le farouche Cromwell, qui faisait trembler tous ceux qui l'environnaient, devenait, dit on, plus traitable lorsqu'il avait un accès de fièvre.

Le colonel s'aperçut de l'état de son neveu; alors il cessa ses reproches, il oublia sa colère, et envoya chercher un médecin. Au bout d'une heure le docteur arriva : il examina Gustave, le tâta, lui fit tirer la langue, considéra ses urines, et prononça, avec beaucoup de gravité, que le lendemain on connaîtrait probablement la maladie qui allait se déclarer.

Le lendemain, la maladie se fit connaître au docteur, qui apprit au colonel que c'était une fluxion de poitrine. Le colonel fut au désespoir; car il aimait son neveu, et tout en le grondant; il déclara au médecin que si Gustave mourait, il se brûlerait la cervelle. Le docteur salua le colonel, et ne revint plus à l'hôtel; il craignait d'être cause d'un suicide.

M. Moranval convoqua d'autres docteurs, consulta toute la faculté; enfin Gustave fut sauvé après six semaines de danger; mais la convalescence devait être fort longue. Lorsqu'il fut en état de rappeler ses souvenirs et de promener ses regards dans sa chambre, Gustave pensa à Suzon; il ordonna à Benoît de prier, de sa part, son oncle de venir le voir.

Le colonel se rendit de suite aux désirs de son neveu. — Enfin, tu es sauvé! dit M. Moranval en allant embrasser Gustave. — Oui, mon oncle; mais elle, qu'est-elle devenue? — Qu'est-ce que c'est que elle? — C'est Suzon, mon oncle; c'est cette pauvre petite que je tenais cachée dans cette chambre, dont vous l'avez fait sortir pour la conduire chez une mercière. Elle s'est sauvée de chez madame Henry, me prenant pour Nicolas Toupet!... Que sera-t-elle devenue dans cette ville immense?... — Je l'ignore, et la disparition de cette jeune fille m'a fait beaucoup de chagrin... mais enfin je n'en suis pas cause. Est-ce que tu aimes encore cette jeune villageoise? — Oui, mon oncle, plus que jamais!... — Et Eugénie, madame Fonbelle? — Oh! celle-là est bien aimable, mais elle ne m'aime point : s'est-elle informée de moi depuis que je suis malade? — Certainement, et fort souvent même. — En vérité!... ah! si Suzon l'avait su, elle serait venue me garder. — Allons! oublie Suzon qui ne pense plus à toi, et songe à Eugénie. — Suzon ne pense plus à moi!... oh! vous la jugez mal, mon oncle; elle est incapable de changer. — Tu dis toi-même que l'absence éteint l'amour!... — Oui, quand il est léger. — Que les femmes ici sont inconstantes. — Ah! Suzon n'est pas de Paris. — Est-ce pour la retrouver que tu étais déguisé en femme? — Mon oncle, six semaines au lit laissent le temps de penser!... J'ai fait des réflexions; j'ai comparé toutes les femmes que j'ai connues... l'avantage est resté à Suzon. — Cela n'empêche pas que si tu possédais Suzon, dans un mois tu lui ferais infidélité. — Je ne crois pas, mon oncle. — Et moi, j'en suis sûr. Mais guéris-toi; alors si tu en as effet raisonnable, tu renonceras aux folies passées, et tu te marieras pour n'être pas tenté d'en faire d'autres. — Ah! mon oncle, vous êtes un terrible marieur!

Gustave se rétablissait lentement, chaque jour madame Fonbelle envoyait s'informer de la santé du jeune malade; Gustave était sensible à ces attentions, et peu à peu le souvenir de Suzon faisait place à l'image d'Eugénie.

Enfin Gustave fut en état de sortir. Sa première visite fut pour madame Henry. — Avez-vous revu Suzon? lui dit-il en entrant dans sa boutique. — Non, monsieur! comme vous êtes changé!... — Répondez-moi, madame Henry, savez-vous ce qu'est devenue Suzon? — Non, monsieur, je ne l'ai point vue depuis votre arrivée en femme dans mon magasin. — Pauvre enfant!... où donc est-elle maintenant?... — Chez ses parents peut-être... — Ah! je le voudrais... et mon oncle, que vous a-t-il dit?... — Il s'est fâché... m'a grondée... mais je lui ai conté toute la vérité, et il a bien vu qu'il n'y avait pas de ma faute.

Gustave s'éloigne tristement de chez madame Henry, et se rend chez madame Fonbelle; Eugénie laisse éclater tout le plaisir que lui fait son rétablissement, et lui témoigne le plus tendre intérêt; Gustave trouve Eugénie encore plus séduisante, et il rentre à l'hôtel en songeant au projet favori de son oncle.

En descendant de voiture pour entrer chez lui, Gustave trouve son portier se disputant avec un petit savoyard de quatorze à quinze ans, qui avait placé sa sellette contre la porte de l'hôtel.

— Que vous a donc fait cet enfant? demande Gustave. — Monsieur, il se place avec sa boutique à cirage contre ma porte cochère... cela fait des ordures... On se donne du mal pour nettoyer, et ce polisson viendrait salir mon pavé!... voyez comme il est noir!... il paraît que, non content de décrotter les souliers, il ramone aussi les cheminées...

Le petit bonhomme baissait la tête et ne répondait pas. Gustave en eut compassion. — Monsieur Benoît, pourquoi chasser cet enfant, s'il trouve à cette place les moyens de gagner sa vie? la rue est libre... je veux qu'il reste là. — Mais, monsieur... — Taisez-vous. Tiens, petit, voilà pour toi; je veux te porter bonheur.

Gustave jette un écu au petit bonhomme, et s'éloigne, laissant le savoyard bien content et le portier très-sot.

Notre héros se rétablissait; il avait repris, avec sa santé, sa vivacité et son ardeur amoureuse. Eugénie était l'objet de ses désirs; il passait presque tous ses moments auprès d'elle; il lui faisait une cour assidue. Eugénie répondait à l'amour de Gustave; mais elle n'accordait aucune faveur, et se fâchait lorsqu'on voulait cesser d'être sage.

Il fallait aussi, pour satisfaire Eugénie, que Gustave rompît avec ses anciennes connaissances. Plus de Lise, plus d'Olivier, plus d'infidélités et d'étourderie; voilà les conditions qu'Eugénie imposait à son amant. Elles devaient paraître bien naturelles à tout autre, mais pour Gustave, elles étaient un peu rigoureuses. Cependant notre héros, toujours plus épris, avait juré de tenir ses promesses, et Eugénie avait promis sa main à Gustave.

— Cette femme-là est un peu exigeante, disait quelquefois Gustave en rentrant chez lui. Elle m'a témoigné de l'humeur ce soir, parce que j'ai causé avec une dame pendant qu'elle faisait de la musique; je ne puis cependant rester en société sans parler, à moins de passer pour un imbécile ou un pédant... Eugénie est jalouse!... mais c'est une preuve d'amour, il faut donc lui pardonner cela.

Le colonel était enchanté de voir que son neveu allait se marier : déjà le terme était fixé : le projet de cette union n'était plus un mystère, et Gustave accompagnait partout madame Fonbelle.

Toutes les fois que Gustave rentrait chez lui, il trouvait devant la porte son petit savoyard. Le petit bonhomme le saluait, et ne quittait sa place qu'après l'avoir vu rentrer.

Encore trois semaines, et Gustave devenait l'époux d'Eugénie; le colonel formait déjà ses plans pour le bonheur des futurs époux ; M. de Grancière était de moitié dans les projets de son ami; Eugénie faisait des emplettes de robes, d'étoffes, de rubans; et Gustave soupirait en trouvait le temps long. Encore trois semaines !... mais que d'événements peuvent arriver dans cet espace de temps !

CHAPITRE XXIII. — Intrigues de Femmes. — Jalousie. — Rencontres fatales.

— Vous m'accompagnerez ce soir chez madame de Saint-Clair, dit un matin Eugénie à Gustave; on y fait de la musique, et depuis longtemps on désire vous entendre chez cette dame. — Je n'aime pas votre madame de Saint-Clair; cette femme-là vous accable de démonstrations d'amitié, de protestations d'attachement, de compliments outrés!... Croyez-vous, de bonne foi, qu'elle pense ce qu'elle dit? — Vous savez bien, Gustave, que j'apprécie les liaisons de société ce qu'elles valent en effet; et madame de Saint-Clair est une de mes plus ancienne connaissance. Mais ses réunions sont brillantes; on s'y amuse (ce qui est rare dans les cercles nombreux), parce qu'on ne trouve point chez elle cette sévère étiquette, ce froid cérémonial qui tuent la gaieté et chassent le plaisir; c'est cela fera plaisir à votre oncle et à mon père. — Je suis à votre disposition, ma chère Eugénie. — Oui, je le sais, tant que nous ne serons qu'amants; mais une fois époux!... c'est moi qui devrai toujours être à la vôtre. Tenez, Gustave, quand je pense au changement que le mariage apporte dans la conduite des hommes, ah! je tremble d'avance... Mon ami, nous ne devrions pas nous marier... —Quelle folie!... vous savez combien je vous aime... et vous me croyez capable de changer!... — Oh! très-capable!... je suis si heureuse maintenant!... pourquoi ne point rester où nous en sommes? — Non pas! à moins que vous ne m'accordiez tous les droits d'un mari. — Ah, Gustave! vous n'y pensez pas : ce sont justement les priviléges accordés au mari, qui font souvent fuir l'amour et le plaisir !... Si, au contraire, un époux n'avait pas de droits qu'un amant, l'hymen alors conserverait, malgré le temps, tous les charmes du premier jour. — Ma chère Eugénie, vous ne me convertirez point ; il faut que vous soyez ma femme ou ma maîtresse... — Quelquefois on n'aime ni l'une ni l'autre : on garde une maîtresse par habitude, et une femme par nécessité. Ce n'est qu'une amie qui peut espérer d'être toujours vue avec plaisir. Je voudrais n'être que cela pour vous; mais je vous aime d'amour!... c'est bien dommage. — Entre deux personnes de sexe différent, on voit rarement des liaisons qui ne soient que d'amitié, à moins que ce sentiment ne devienne la suite de rapports plus intimes. — Allons, je serai votre femme, Gustave ; mais je suis jalouse !... et je ne veux pas que votre amour se change bientôt en amitié... J'ai vraiment peur de faire votre malheur!... plus le moment approche, plus je sens que je deviens exigeante, inquiète. — Vous ne parviendrez pas à être méchante!... — Non, mais je vous aimerai trop peut-être!... et c'est un grand défaut que cela!... Ah, mon ami! que de femmes n'ont point eu d'au-

tres torts aux yeux de leurs maris! — Je ne serai pas comme ces maris-là. — A ce soir, Gustave; je vais songer à ma toilette.

Gustave revient à l'hôtel. Il songe en chemin aux réflexions d'Eugénie : il ne pense pas pouvoir jamais cesser de l'aimer; il ne craint pas qu'elle fasse un jour son malheur; mais il va se marier... Se marier! lui qui a souvent tourné ce lien en ridicule, qui a fait tant de plaisanteries sur les maris, qui leur a joué plus d'un tour et a grossi le volume de leurs mésaventures ; il va lui-même porter le titre d'époux qu'il a méconnu et bravé cent fois! Cette idée le tourmente : après avoir effrayé les autres, il tremble pour lui-même : par pari refertur, cet axiome le chagrine. Or, mesdames, c'est une imitation de la morale évangélique : Ne fais point à autrui ce que tu crains pour toi-même. C'est en partant de ce principe que chez quelques nations, et particulièrement chez les sauvages, on ne punit les criminels que par la peine du talion ; loi fort sage et qui devrait être en vigueur chez tous les peuples policés.

Gustave rentrait donc, livré à des pensées presque mélancoliques. Il aperçoit devant sa porte son petit savoyard qui, assis sur la borne, tenait un mouchoir sur ses yeux, et paraissait accablé de douleur. — Qu'as-tu donc, mon ami? demande Gustave au petit bonhomme. Le savoyard ne répondait pas et continuait de sangloter.

— Monsieur, dit Benoît en approchant de son maître, j' vais vous dire ce que c'est : en causant tout à l'heure avec mon père, nous avons parlé de votre prochain mariage... de la noce... de votre épouse... des enfants que vous aurez... de la culotte que vous mettrez ce jour-là... — Ah! tu parles de tout cela avec ton père? — Oui, monsieur, parce que, comme je veux vous faire honneur, je dois acheter une épée de hasard pour mettre à mon côté pour aller à l'église... mais je suis jeune... si vous voulez que je quête... — Allons, Benoît, finis tes sottises... et ne t'avise pas surtout de mettre une épée... — Ah! mon père doit aussi se faire couper la queue pour le jour de la cérémonie... et prendre la titus; vous savez bien, monsieur, qu'il a maintenant des ailes de pigeon... — Auras-tu bientôt fini?... — M'y voilà, monsieur; nous en étions donc sur les costumes de votre mariage. Ce savoyard s'approche de nous assez familièrement et nous demande quelle est la personne qui doit se marier. Je ne vous eus pas plutôt nommé qu'il est devenu pâle... rouge... jaune... c'est-à-dire, il était toujours noir ; mais à travers la suie qui le couvre, j'ai vu qu'il changeait de couleur, et depuis ce temps il s'est mis à pleurnicher... comme vous voyez. Ah! je vois c' que c'est, j'crains que madame votre épouse le trouve trop laid pour le laisser à c'te porte. — Benoît... — Monsieur? — Va-t'en.

Benoît s'éloigne en donnant au diable le savoyard qui lui vole des profits, parce que souvent Gustave charge le petit bonhomme de commissions; le jeune savoyard s'en acquitte toujours mieux que Benoît et comprend fort bien ce que Gustave lui dit, quoique d'ordinaire il reçoive ses ordres les yeux baissés et sans prononcer un mot.

— D'où vient ton chagrin, mon ami? dit Gustave en faisant signe au jeune commissionnaire de le suivre dans la cour de l'hôtel; craindrais-tu que l'on te renvoyât de la place? rassure-toi : quand je monterai ma maison je te prendrai chez moi, tu seras mon petit jockey; cela te plaît-il?...

Le petit bonhomme ne répond pas; mais il saisit la main de Gustave, la baise à plusieurs reprises, et s'éloigne brusquement. Gustave est ému; il ne conçoit rien à la douleur et à l'affection que lui témoigne ce pauvre garçon, mais bientôt le souvenir d'Eugénie et de son mariage chasse le savoyard de sa pensée.

La soirée est venue, Gustave va prendre Eugénie et son père; le colonel ne veut point sortir, il se ressent de légères douleurs de goutte. On se rend chez madame de Saint-Clair. La réunion était nombreuse; Gustave est accueilli avec beaucoup de politesse ; mais notre héros croit lire dans les yeux de madame de Saint-Clair l'expression d'une joie maligne. Cette dame, quoique peu jolie, avait beaucoup de prétentions. Dans les réunions de M. de Grancière elle avait témoigné à Gustave des attentions, des préférences si marquées, que Gustave avait facilement deviné ses sentiments : mais madame de Saint-Clair ne lui plaisait point; il avait donc feint de ne pas la comprendre : cependant il craignait avec raison son ressentiment ; les femmes pardonnent à un homme qu'elles n'aiment pas de leur faire la cour, elles ne peuvent pardonner à celui qu'elles distinguent de ne point répondre à leur amour.

L'éclat des bougies, la musique, les toilettes, tout donnait à la réunion un air de fête. Parmi les dames assises dans le salon, Gustave regarde avec inquiétude s'il ne rencontrera pas quelqu'un de sa connaissance. Sachant déjà combien Eugénie est jalouse, il veut lui éviter des chagrins. Heureusement il n'aperçoit point de connaissance intime; il est plus tranquille. Eugénie, dont on connaît la jolie voix, est bientôt au piano, et Gustave, qui ne doit pas encore l'accompagner, va se placer sur une chaise qui se trouve libre entre une vieille douairière et une femme ayant un grand chapeau qui cache presque toute sa figure. Eugénie regarde où se place Gustave, et lui sourit ensuite tendrement. — Allons, dit-il, elle est contente ; nul doute alors que la dame au grand chapeau ne soit laide.

Pendant que l'on chante, Gustave adresse à sa voisine quelques mots insignifiants, de ces phrases dont on fait un échange habituel dans le monde et qui ne fatiguent ni l'esprit ni le cœur. Cependant la dame au chapeau ne répond pas : — C'est singulier, se dit Gustave; il est pourtant d'usage en société de répondre à ceux qui nous parlent, et je n'ai rien dit à cette dame qui puisse l'offenser.... serait-elle sourde, serait-ce aussi une grand'maman?...

Il avance un peu la tête et cherche à voir sous le chapeau; c'est une jeune femme, mais elle n'est pas jolie : son visage est couperosé et paraît abîmé par des coutures et des cicatrices. Gustave se retourne, déterminé à ne plus adresser la parole à sa silencieuse voisine, lorsqu'une voix bien douce, une voix bien connue sort de dessous ce grand chapeau; elle ne dit que ces mots : — Il est donc vrai, Gustave, que vous ne me reconnaissez point!... et ces accents ont retenti jusqu'au fond

Favori, sauvage au grand salon de Calot.

du cœur de Gustave; il se retourne brusquement, un cri va lui échapper... la même voix se fait entendre : — Prenez garde, Gustave, on a les yeux sur nous. — Quoi!... ce n'est point une illusion... c'est vous, ma chère Julie?... — Oui, c'est moi... c'est toujours Julie, quoiqu'elle soit méconnaissable!... — Ah! mon amie, pardonnez-moi!... — Je ne vous en veux point, Gustave : pourquoi me fâcherais-je?... je sais comme je suis maintenant... — Mais par quelle fatalité?... quelle maladie vous est donc survenue?... — Ce n'est point une maladie. Rappelez-vous cette nuit cruelle où j'eus tant de peine à vous faire sauver du pavillon... vous savez quel moyen j'employai... mais vous n'aviez point de vêtements pour vous couvrir, et le jardinier vous avait jeté un seau d'eau!... je rentrai dans ma chambre pour chercher vos habits, déjà je les tenais, j'allais courir sur vos pas... quand, étouffée par la fumée, je perdis connaissance. Le feu prit à ma chevelure... on me sauva... mais je n'étais plus la même!... — Chère Julie!... et c'est pour moi!... malheureux! je devais causer tous vos malheurs!... — Mon ami, je ne me plains pas!... J'avais eu des torts, je devais être punie!... — Ah! Julie! que de femmes cent fois plus coupables que vous et qui ne l'ont point été!... — J'ai perdu votre amour... mais j'espère conserver votre amitié. — Elle vous est acquise, et pour la vie. — Eh bien, il faut dès à présent m'en donner une preuve. — Parlez! — Je tiens à conserver le peu de bonheur qui me reste, et pour cela il faut que la tranquillité de mon mari ne soit pas troublée... dans un moment il va venir... — Ici? — Oui; il ne s'est pas encore rencontré avec vous depuis le jour fatal!... Ah! Gustave, je redoute cette entrevue... je vous supplie de m'éviter ce chagrin!... songez quelles conséquences malignes on ne manquerait pas de tirer des paroles qui échapperaient à M. de Berly en vous voyant!... Je vois maintenant le piége que l'on m'a tendu : madame de Saint-Clair connaît M. Desjardins, elle aura su par lui que vous veniez autrefois me voir... — Vous avez raison... cette dame a préparé quelque scène fâcheuse; il n'est qu'un moyen de l'éviter, je vais partir. — Ah! mon ami! que je vous aurai d'obligations! Je sais

que vous êtes ici avec celle que vous devez épouser, et qu'il doit vous être pénible de la quitter... mais ce sacrifice est le dernier que vous me ferez... vous retrouverez Eugénie, et Julie est à jamais perdue pour vous! — Chère Julie! que ne puis-je, par de plus grands sacrifices, vous prouver que je n'étais point indigne de l'attachement que vous m'avez témoigné!... Adieu, je m'éloigne : puissions-nous nous retrouver dans un lieu où l'on soit libre de se livrer aux élans de son cœur!

Gustave presse tendrement la main de Julie et se lève pour gagner la porte du salon.

Madame de Saint-Clair suivait tous les mouvements de Gustave; elle se trouve devant lui lorsqu'il va sortir du salon. — Eh quoi! monsieur, s'écrie-t-elle de manière à être entendue d'Eugénie, vous me quittez déjà?

— Non, madame, répond Gustave en dissimulant sa colère; je vais prendre un peu l'air...

— Oh! je ne vous laisserai point partir.

Pendant ce colloque, Eugénie, troublée, joue et chante de travers, tout occupée de ce que fait Gustave. Celui-ci va se débarrasser de madame de Saint-Clair, lorsque deux nouveaux venus entrent dans le salon et lui barrent le passage. Grande surprise d'un côté, embarras de l'autre : ces deux personnages sont MM. de Berly et Desjardins. Gustave est resté immobile; M. de Berly pousse une exclamation qui fait tourner tous les regards de son côté; Desjardins ouvre de grands yeux et prépare une phrase; madame de Saint-Clair jouit de la situation de Gustave et du tourment d'Eugénie.

Bientôt la scène change : Julie a vu entrer son mari avant le départ de Gustave; elle redoute une explication; ses forces l'abandonnent; elle s'évanouit et se renverse sur sa voisine, vieille dame occupée à jouer avec son carlin; le chien aboie; la vieille est désespérée, non pas de l'évanouissement de Julie, mais elle craint que le petit animal ne soit blessé; elle pousse des cris perçants. Tout le monde court à Julie; M. de Berly seul est indécis s'il doit s'occuper de Gustave ou

Jean-Jean Courtepointe donne à la belle Nanon une leçon d'allemande dans une des chambres de Desnoyer.

de sa femme. Mais notre héros, qui sent que sa présence est plus que jamais dangereuse, s'approche de M. de Berly : — Si vous désirez me parler, monsieur, je serai à vos ordres, et voilà mon adresse.

En achevant ces mots, Gustave met sa carte dans la main de M. de Berly, et sort sans lui laisser le temps de lui répondre.

— Ce jeune homme est encore un peu fou, s'écrie M. de Berly en s'approchant de sa femme qui reprenait ses sens. — Fou! monsieur, répond madame de Saint-Clair; mais il ne l'a jamais été!... — Pardonnez-moi, madame, pardonnez-moi!... Oh! il l'a été, et beaucoup. Parbleu! j'en sais quelque chose, et ma femme aussi. Pauvre petite femme! je suis sûr qu'elle s'est trouvée mal parce qu'elle a craint que cette rencontre n'amenât une scène... Je devais me battre avec Saint-Réal; tu sais, Desjardins, que j'avais dit que je le tuerais. — Oui, je me rappelle fort bien que même à cette époque... — Mais, décidément, je ne veux point me battre avec un fou!... cela ne vaut pas la peine; d'ailleurs, ma femme me l'a défendu. — En vérité, monsieur, vous vous trompez, assurément!... N'est-il pas vrai, ma chère Eugénie, que M. Gustave a toute sa raison?

Madame Fonbelle était presque hors d'état de parler. Le brusque départ de Gustave, les paroles prononcées par M. de Berly et l'évanouissement de sa femme avaient jeté le trouble et la jalousie dans son âme. Elle considérait Julie avec inquiétude et ne concevait rien à la

Madame de Saint-Clair.

scène qui venait d'avoir lieu. Pour achever son supplice, madame de Saint-Clair lui adressait mille questions, s'inquiétait de sa pâleur, et, avec ces soins perfides qui redoublent l'embarras de ceux qui les reçoivent, cherchait à augmenter encore le chagrin et les soupçons d'Eugénie.

Le lendemain de cette aventure, Gustave se rendit de bonne heure chez Eugénie. Il s'attendait à quelques reproches : madame Fonbelle ne lui en fit point. Mais ses manières sont changées, son humeur n'est plus la même : froide et réservée, elle répond à peine aux empressements de Gustave, qui ne conçoit rien à ce changement. Bouillant, emporté, il demande, il exige une explication. On garde un morne silence, Gustave se lève, il va s'éloigner. — Monsieur, dit enfin Eugénie, je vais ce soir aux Français; voudrez-vous bien m'y accompagner? — Volontiers, madame; j'aurai le plaisir de venir vous prendre.

— Que signifie ce caprice? dit Gustave en retournant vers son oncle : elle paraît fâchée, et me propose de l'accompagner au spectacle!... Allons, attendons ce soir; j'aurai peut-être le mot de cette énigme.

— Comment vont les amours? demande le colonel à son neveu; j'espère que le mariage se fera bientôt. — Ma foi, mon oncle, je ne réponds plus de rien : Eugénie est une femme singulière!... je crois que quelqu'un l'indispose contre moi... elle s'est fâchée pour un événement qui ne la regarde en rien... et si déjà elle croit les propos perfides qu'on lui débite, que sera-ce donc quand nous serons mariés? — Bah!... querelle d'amoureux que tout cela!... Demain, ce soir, vous n'y penserez plus.

Gustave se rend l'après-dînée chez madame Fonbelle; elle l'attendait. On part pour le spectacle, la route se fait silencieusement; Eugénie est triste, et paraît fortement préoccupée; Gustave est piqué de la conduite d'Eugénie, il ne cherche point à entamer la conversation.

On arrive, on se place. La loge contient encore d'autres places qui restent vacantes. Mais bientôt deux dames entrent; l'une est madame de Saint-Clair, l'autre est une jeune femme assez jolie et dont la figure

n'est point inconnue à Gustave : il cherche à se rappeler ses traits, pendant qu'Eugénie, placée sur le devant, cause avec madame de Saint-Clair. De son côté, la dame paraît surprise à la vue de Gustave; ils se regardent... ils sourient... ils se sont reconnus. La personne qui accompagne madame de Saint-Clair n'est autre que madame Dubourg, celle qui passait la nuit à attendre son *frère* pendant que son mari était de garde.

Eugénie paraissait fort occupée à parler avec madame de Saint-Clair : Gustave crut pouvoir hasarder le salut. Madame Dubourg semblait ignorer que Gustave fût avec Eugénie; elle avait commencé à lui adresser quelques mots, lorsqu'un monsieur entra dans la loge. A sa manière de parler à madame Dubourg, Gustave reconnaît un mari : c'est le monsieur qui porte toujours des jabots et qu'il a jeté sur une borne pour esquiver la patrouille.

M. Dubourg est un grand homme à prétentions; il lorgne les dames en agitant un petit doigt auquel est passé un jonc en brillants; il fait tout haut ses réflexions sur la pièce, les auteurs et les spectateurs; la conversation s'engage entre Gustave et lui. Madame Dubourg ne regardait plus Gustave, Eugénie était toujours sérieuse, et madame de Saint-Clair écoutait en souriant tout ce qu'on disait.

Comment diable, dira-t-on peut-être, cette madame de Saint-Clair qui paraît fomenter la désunion entre Gustave et Eugénie, sait-elle que madame Dubourg connaît notre héros? Comment?... par sa blanchisseuse de fin, qui, pour le malheur de nos futurs époux, se trouve être la petite Lise de la rue Charlot.

Lise n'était pas méchante, mais elle aimait à bavarder et à se venger quand l'occasion s'en présentait. Madame de Saint-Clair avait appris que mademoiselle Lise connaissait beaucoup M. Gustave. Elle l'avait sans peine fait parler du joli garçon qui était si mauvais sujet : une grisette fait parade de sa liaison avec un jeune homme du grand monde.

Madame de Saint-Clair avait su par Lise l'aventure de la nuit, les folies de Gustave avec la patrouille, et la visite matinale de madame Dubourg chez la petite blanchisseuse.

M. et madame Dubourg

Dès lors madame de Saint-Clair dresse ses batteries : elle connaît M. et madame de Berly, mais ce n'est point assez; elle parvient à lier connaissance avec madame Dubourg. Depuis longtemps elle méditait sa vengeance; elle préparait les rencontres, les catastrophes; elle écrivait à Eugénie des lettres anonymes, et lui avait appris le séjour de Suzon à l'hôtel, circonstance que les propos du père Benoît lui avaient fait deviner, quoique le portier n'en fût pas certain lui-même. C'est ainsi que madame de Saint-Clair détruisait le repos d'Eugénie, et faisait naître les soupçons et la douleur dans le cœur d'une femme déjà trop portée à la jalousie.

Et pourquoi toutes ces perfidies? Pour se venger de Gustave qui l'a dédaignée, et d'Eugénie qu'elle déteste.

Si vous voulez savoir jusqu'où peuvent aller les ressources de l'imagination pour détruire le bonheur d'une rivale, cherchez dans le cœur d'une femme vindicative.

Mais ce n'est point assez de mettre chacun en présence, il faut naître quelque scène violente. Madame de Saint-Clair y parvient : pour cela elle commence avec Gustave un entretien qui roule d'abord sur des choses indifférentes, mais que bientôt elle sait diriger sur d'autres objets.

— Monsieur Saint-Réal, dit-elle en regardant malicieusement madame Dubourg, j'espère que lorsque vous serez marié vous ne ferez plus courir les patrouilles après vous!... — Que voulez-vous dire, madame? — Ah! c'est que l'on m'a raconté dernièrement une de vos folies... bien excusable dans un garçon... Ah! cela m'a beaucoup fait rire!... — Qu'est-ce donc? demande Eugénie. — Une aventure très-plaisante : monsieur avait un rendez-vous nocturne avec une dame... c'est, je crois, dans la rue Charlot... — Mais, madame, cette histoire ne regarde que moi, et... — Mon Dieu!... pourquoi vous fâcher, monsieur Saint-Réal? vous étiez bien libre de vos actions... Enfin, pendant que monsieur cause avec sa belle, qui demeurait, je crois, à l'entresol, une patrouille passe... Le mari était dans la garde nationale; il voit un jeune homme parler à sa femme... il court sur lui... le poursuit... — C'en est assez, madame. J'ignore quel est votre but en débitant cette histoire, mais je déclare qu'elle est de toute fausseté... — Une fausseté!... ah! monsieur, j'en appelle à monsieur Dubourg; il a demeuré rue Charlot; il doit se rappeler le bruit que vous fîtes dans sa rue cette nuit-là en frappant à toutes les portes.

M. Dubourg ne disait mot depuis le commencement du récit de madame de Saint-Clair, mais il écoutait très-attentivement, et paraissait fort agité. Ce que M. Dubourg craignait le plus, c'était de paraître sot et berné. Il croit voir dans l'entretien de madame de Saint-Clair et de Gustave une scène préparée pour le mystifier : dès lors il jure de se venger de cet affront, et, après avoir lancé à sa femme un regard terrible, il frappe sur le bras de Gustave et l'invite à le suivre.

Madame Dubourg pleure et se désole en voyant son mari sortir avec Gustave; madame de Saint-Clair feint le plus grand étonnement, et demande ce que tout cela signifie. Eugénie ne dit mot, mais on voit qu'elle souffre et qu'elle cache ses tourments.

Cependant Gustave a suivi M. Dubourg; ils sortent du spectacle.
— Pourrais-je savoir, monsieur, dit enfin Gustave, ce que vous avez à me dire et pour quel motif vous me faites promener ainsi? — Vous savez fort bien, monsieur, que vous m'avez outragé... Je n'ai pas besoin de vous expliquer les choses que vous connaissez parfaitement, mais je vous apprendrai qu'on ne se moque pas de moi en face... Faire un mari cocu, c'est fort mal!... Du moins, quand il l'ignore il n'en peut pas rougir; mais le lui dire en présence de témoins!... parbleu, monsieur, c'est trop fort!... et cela ne se passera pas ainsi!... — Monsieur, je vous ferai observer que je n'ai pas dit un mot de tout cela... d'abord parce que cela n'est point, ensuite parce que si cela était je ne serais pas assez lâche pour compromettre ainsi madame votre épouse. On peut frapper la nuit à une porte sans monter chez vous. Songez donc, monsieur, qu'un amant favorisé ne fait pas de bruit et ne réveille pas tout un quartier. — Ah! monsieur avoue que c'était lui! — Oui, monsieur, mais ne je connaissais pas madame votre épouse. — A d'autres, vraiment!... Vous m'avez fait cocu, monsieur, le fait est clair... mais vous m'en rendrez raison. — Morbleu! monsieur, devriez-vous croire les propos d'une femme qui ne cherche qu'à brouiller les ménages? — Madame de Saint-Clair est une femme honnête et incapable de dire ce qui n'est pas. Certes si elle eût su que j'étais le mari de la patrouille, elle n'aurait pas conté votre aventure devant moi. Mais ces dénégations ne m'abuseront pas. Je suis trompé, c'est un malheur, cela arrive à beaucoup gens d'esprit. — Mais, monsieur... — Je suis cocu, monsieur; cela est clair comme le jour... — Eh! monsieur, je ne vous dis pas le contraire! soyez-le tant qu'il vous plaira, cela ne me regarde pas. — Monsieur, vous ajoutez de nouveaux outrages... nous nous battrons! — Battons-nous, monsieur, et que cela finisse.

Gustave et M. Dubourg conviennent d'un rendez-vous pour le lendemain. Le mari retourne au spectacle, et Gustave reste dans la rue, ne sachant pas s'il doit retourner près d'Eugénie. Il craint, en rentrant dans la loge, de redoubler l'embarras de madame Dubourg et la joie de la perfide Saint-Clair : cependant, ne pas aller chercher Eugénie, qui est venue seule avec lui au spectacle, c'est manquer aux égards, aux convenances. — Rentrons, dit Gustave. Pauvre madame Dubourg! il faut avouer que son mari est un homme singulier! il veut absolument être cocu, et c'est à moi qu'il s'en prend pour cela! Parbleu, quel malheur : j'ai trompé les gens qui n'en ont rien vu, et c'est un homme dont je connais à peine la femme qui me fait mettre l'épée à la main!... Ah! madame Dubourg! si l'occasion se présente, je tâcherai de ne plus faire mentir votre mari.

Gustave se fait ouvrir la loge où il était; mais monsieur et madame Dubourg n'y sont plus, Eugénie est partie, madame de Saint-Clair seule est restée : elle se retourne pour regarder Gustave; elle ne dit rien, mais elle sourit, et ce sourire perfide exprime bien tous les sentiments de son âme.

Gustave va éclater... mais il retient sa colère, dont le spectacle ne ferait qu'augmenter encore le plaisir de cette femme artificieuse. Il s'éloigne, ne pouvant se livrer à toute l'indignation que lui inspire madame de Saint-Clair; il se rappelle qu'elle est d'un sexe que l'on doit respecter, lors même que la personne est méprisable.

CHAPITRE XXIV. — Duel. — Le petit Savoyard.

Gustave se rend chez madame Fonbelle en sortant du spectacle; il espère l'apaiser et se justifier. Mais la femme de chambre lui apprend que sa maîtresse ne veut recevoir personne. — Quoi! pas même son futur époux?

— Personne, monsieur, tels sont les ordres de madame.
— Ah! dit notre héros en revenant près de son oncle, je ne suis pas encore marié... Eugénie est d'une jalousie... Se fâcher pour des choses qui se sont passées avant notre liaison!... c'est être trop susceptible... Je l'aime cependant et je sens que je lui serais fidèle : elle n'en croit rien, parce que j'ai la réputation d'un volage... mais je vaux mieux que ma réputation.

Gustave ne dit rien à son oncle de sa dernière aventure, et le lendemain, au point du jour, il se lève pour se rendre à son rendez-vous. Pour éviter le bavardage de Benoît, Gustave est décidé à ne point l'emmener. Mais comme la chance peut lui être contraire et qu'il est bon d'avoir près de soi quelqu'un qui puisse nous rapporter à notre demeure, il croit devoir se faire suivre par le jeune commissionnaire, dont le zèle pour lui ne s'est jamais démenti.

Gustave prend ses pistolets et sort de son appartement. Tout le monde dort encore dans l'hôtel, dont la grande porte est fermée. Il faut réveiller le portier, cela contrarie Gustave; cependant il s'avance et frappe contre le carreau en demandant qu'on lui ouvre la porte cochère.

Au lieu de tirer simplement le cordon, le portier se lève en chemise, passe la tête à sa fenêtre et regarde qui est-ce qui sort de l'hôtel de si bon matin.

— Comment!... c'est vous, monsieur Gustave?
— Oui, c'est moi, monsieur Benoît; ouvrez-moi, je vous prie...
— Monsieur serait de bien bon matin!... Est-ce que monsieur le colonel serait indisposé?... Est-ce que sa goutte aurait remonté?... Est-ce que...
— Mon oncle dort, je l'espère, et vos questions m'ennuient beaucoup. Ouvrez-moi vite, je suis pressé.
— Mais je ne vois pas mon fils pour accompagner monsieur... Benoît!... Benoît!...
— Eh, morbleu! si j'avais eu besoin de votre fils, j'aurais bien su le réveiller. Ouvrez cette porte. Votre bavardage me lasse enfin...

Le ton de Gustave n'admettait pas de réplique. Le portier ouvre la porte en se confondant en excuses. Notre jeune homme est dehors; il craint que le petit Savoyard ne soit pas encore arrivé; il jette les yeux sur sa place ordinaire... Le petit Savoyard est déjà assis sur la borne; il mange un morceau de pain qu'il arrose de larmes; Gustave s'approche doucement et lui frappe sur l'épaule; le Savoyard, troublé à la vue de Gustave, s'empresse d'essuyer ses yeux.

— Quoi, mon ami, je te vois toujours pleurer!... pourquoi ne pas me conter tes peines?... Si tu es dans la misère, si tu es malheureux, prends cette bourse et ne la ménage pas! J'ai souvent prodigué l'argent pour des folies, mais je n'en suis point avare pour secourir les infortunés.

— Je n'ai besoin de rien, répond à demi-voix le petit Savoyard en repoussant la bourse que lui offre Gustave. Celui-ci éprouve un sentiment qu'il ne peut définir. Les accents du pauvre petit sont doux comme ceux d'une femme; ils retentissent jusqu'au fond de l'âme de Gustave, qui cherche à se rappeler à quelle époque de sa vie une voix aussi douce a déjà fait palpiter son cœur.

Mais le temps s'écoule, et il ne faut pas faire attendre M. Dubourg.
— Suis-moi, dit Gustave au commissionnaire, j'ai besoin de toi.

Celui-ci se lève aussitôt et marche sur les pas de notre héros, qui se dirige vers l'allée des Veuves, aux Champs-Élysées : c'est là que M. Dubourg doit se trouver. Gustave l'aperçoit en effet, se promenant sur la chaussée. Il fait arrêter son petit compagnon à une centaine de pas de M. Dubourg, et lui ordonne d'attendre à cette place qu'on vienne le chercher. Le Savoyard fait ce qu'on lui dit, et Gustave s'avance vers M. Dubourg.

— Je suis désespéré, monsieur, de vous avoir fait attendre.
— Il n'y a pas de mal, monsieur; je ne fais que d'arriver... Avez-vous des pistolets?
— Oui... Mais éloignons-nous encore un peu, je vous prie; je suis bien aise que cet enfant, qui m'a suivi, ne puisse nous apercevoir...
— Comme vous voudrez, monsieur.

On fait quelques pas dans une autre allée. Gustave s'arrête; les deux adversaires s'éloignent :
— Tirez, monsieur! crie Gustave; vous vous croyez offensé, c'est à vous de commencer.

M. Dubourg ne se fait pas prier; il ajuste Gustave, qui est atteint au côté droit; il tombe, et M. Dubourg court à lui : — Eh bien! monsieur, conviendrez-vous enfin que vous m'avez fait cocu?...

— Non, monsieur, non, je ne conviendrai point d'une chose qui n'est pas, et près de mourir je vous affirmerais encore que vous vous trompez.

— En ce cas, monsieur, je suis désespéré de ce qui vient de se passer. Je vais vous envoyer une voiture et votre petit bonhomme.

M. Dubourg s'éloigne, et trouve le petit Savoyard fort inquiet : le bruit du pistolet était parvenu jusqu'à lui, et il allait courir chercher Gustave, lorsque M. Dubourg vient lui dire que son maître est blessé. Le pauvre garçon vole aussitôt vers l'endroit où Gustave est resté... Il l'aperçoit couché à terre et couvert de sang; il s'approche de lui, il veut le secourir, mais il n'en a pas la force, et il tombe sans connaissance près du blessé.

— Parbleu! dit Gustave, j'ai eu là une belle idée d'emmener avec moi cet enfant que la vue d'une blessure fait trouver mal!... Si je pouvais le secourir!... mais je n'ai rien sur moi... Je sens que je ne puis marcher... et personne ne passe.... Il est de bonne heure : si M. Dubourg ne trouve pas de voiture à m'envoyer, nous resterons long-temps sans secours!...

Gustave appelle... Personne ne paraît; il veut marcher et chercher du monde, mais ses forces l'abandonnent, et il tombe lui-même sans connaissance près du petit Savoyard.

Heureusement pour notre héros et son compagnon que M. Benoît, le portier de l'hôtel, était aussi curieux que bavard. Après avoir ouvert sa porte cochère, il avait appelé bien vite son fils : celui-ci venait de se lever; il accourt près de son père, qu'il trouve se promenant en pet-en-l'air dans la cour et allant de temps à autre regarder au travers de la fenêtre de sa loge qui donne sur la rue.

— Qu'est-ce donc qu'il y a, papa?... — Du mystère, mon garçon... du louche dans la conduite de M. Gustave... Il vient de sortir de l'hôtel comme un furieux... sans daigner me répondre... Tiens... il est là-bas... qui cause avec le petit commissionnaire... — Ah! pardi! c'est son favori, vous le savez bien... — Attends... le v'là qui s'en va... et le Savoyard le suit... Benoît, c'est ton maître... tu dois le suivre aussi... mais de loin... — Je n'ai pas de chapeau... — Prends mon bonnet de soie noire... Va vite... tu ne perds pas de vue... Tu me diras tout ce que tu auras appris. — Soyez tranquille.

Benoît avait donc suivi de loin Gustave et le Savoyard. Il s'était arrêté lorsque son maître avait fait attendre le petit bonhomme; il avait entendu le coup de pistolet; il avait vu M. Dubourg s'éloigner, et avait couru après lui pour savoir si son maître était blessé; sur la réponse affirmative, il était allé chercher une voiture, et il arriva sur le champ de bataille quelques minutes après que Gustave eut aussi perdu connaissance.

Benoît, aidé du cocher, place son maître dans la voiture; il se met près de lui, et fait partir le fiacre sans s'inquiéter du petit bonhomme, qu'il laisse sans secours. M. Benoît est vindicatif; il est bien aise de se venger de quelqu'un qu'il n'aime pas. Les sots sont d'ordinaire rancuniers : il n'appartient qu'aux grandes âmes de pardonner les offenses et de rendre le bien pour le mal.

On arrive à l'hôtel. Gustave a repris ses sens; il est reçu par son oncle, qui se promenait dans son appartement, fort inquiet de son neveu (car le portier avait eu soin de lui annoncer, en les amplifiant, tous les événements du matin), et jurant après sa goutte qui l'empêchait de sortir.

Heureusement la blessure de Gustave était légère, et ne devait causer aucune inquiétude. Ce ne fut qu'après en avoir reçu l'assurance que le colonel gronda son neveu. Celui-ci contait à son oncle tout ce qui lui était arrivé la veille, lorsqu'on lui apporta une lettre de madame de Fonbelle. Gustave la lit, puis la passe à son oncle... — Etes-vous raccommodés? dit le colonel. — Lisez, mon oncle, vous verrez qu'il n'y a pas moyen de me marier. Le colonel lit la lettre suivante :

« En vous épousant, Gustave, je ne veux faire ni votre malheur ni le mien. Je sens que je vous aime trop pour être heureuse avec vous. Votre caractère léger et volage livrerait sans cesse mon âme aux plus cruels tourments. Depuis deux jours j'ai acquis les preuves de votre inconstance, et cela me fait trembler pour l'avenir. Adieu, les Julie, les Dubourg, les Lise, les jeunes filles de village vous consoleront de la perte d'Eugénie. »

— Que le diable emporte les femmes, les amants, les intrigues et les mariages! dit le colonel en jetant la lettre en l'air; mais aussi, c'est ta faute, tu ne fais que des sottises!... — Mon cher oncle, cette fois, permettez-moi de vous dire que je ne suis nullement coupable; une méchante femme a tout fait. Madame de Saint-Clair a préparé toutes les scènes qui ont eu lieu : depuis longtemps elle cherchait à me faire perdre le cœur d'Eugénie : elle y a réussi. Mais si madame Fonbelle croit, avant d'être ma femme, s'être jouée de moi, elle se trompe; je ne dois pas regretter sa main. Pour vivre heureux, il ne faut pas avoir de secrets l'un pour l'autre; il ne faut pas surtout prêter l'oreille aux discours de ceux qui cherchent à troubler notre repos. — Si tu étais bien amoureux d'Eugénie, tu ne raisonnerais pas aussi froidement. Allons, je vois qu'il est dit que tu mourras garçon. — Non, mon oncle,

non... je me marierai; je veux vous donner cette satisfaction; et, puisque je ne trouve pas ici une femme qui veuille de moi, eh bien! je vais, dès que ma blessure sera guérie, me mettre en voyage. J'irai en Suisse, où l'on dit que les femmes sont sincères; en Angleterre, où elles aiment avec passion; je visiterai les quatre parties du monde s'il le faut, et je finirai peut-être par trouver une femme qui ne s'effraiera pas d'épouser un mauvais sujet. Mais à propos... je ne vois pas... Benoît!... Benoît!... — Me voilà, monsieur! — C'est toi qui m'as trouvé sans connaissance dans les Champs-Elysées? — Oui, monsieur. — Tu as dû voir près de moi un petit commissionnaire?... le pauvre garçon s'est trouvé mal en me voyant blessé... — Ah!... le Savoyard du coin?... — Oui, le petit Savoyard... Eh bien, réponds, qu'en as-tu fait?... — Moi, monsieur, rien du tout!... — Comment, drôle que tu es, tu as abandonné cet enfant sans le faire porter secours?... — Monsieur... il s'est sauvé dès qu'il m'a aperçu... — Sauvé!... et il était sans connaissance... — Oh! pardonnez-moi, monsieur, il chantait quand je suis arrivé avec la voiture. — Il chantait... au lieu de me chercher du secours?... Benoît, vous m'en imposez. — Monsieur n'a qu'à demander à mon papa, il lui dira que je suis bien élevé, et que... — Benoît, si le Savoyard ne reparaît pas aujourd'hui devant l'hôtel, je vous chasse. — Mais, monsieur...

Benoît cherchait à se disculper, lorsqu'on entendit du bruit dans la cour; un domestique vint dire que le petit Savoyard venait d'arriver à l'hôtel, et demandait avec instance à voir M. Gustave.

— Qu'il vienne, dit Gustave. Le petit bonhomme accourt; il se précipite au pied du lit du jeune blessé, il saisit sa main et la couvre de larmes.

— Oh! le petit sournois! dit tout bas Benoît, comme il fait le câlin! et tout ça pour tâcher d'être jockey de mon maître.

Gustave rassura le petit commissionnaire sur sa santé, et le questionna pour savoir si Benoît avait dit la vérité.

Pendant que Gustave interrogeait le Savoyard, et que Benoît cherchait un prétexte pour s'excuser près de son maître, le colonel considérait le petit bonhomme, et paraissait fortement préoccupé.

M. Benoît fut groudé, le Savoyard récompensé pour son attachement à Gustave, et on laissa le malade prendre un peu de repos.

Au bout de dix jours, la blessure de Gustave était fermée. Pendant ce temps, le colonel s'était informé de ce que faisait madame de Fonbelle; il apprit avec peine qu'elle venait de partir pour une de ses terres. Cette nouvelle lui ôta l'espérance de renouer l'hymen de son neveu et d'Eugénie, car Gustave n'était pas homme à courir sur les traces d'une femme qui paraissait le fuir.

Dès que Gustave fut rétabli, il songea à tout préparer pour ses voyages; il était décidé à s'éloigner pour quelque temps de la France, où rien ne l'attachait; il avait, pour plaire à madame Fonbelle, rompu avec toutes ses anciennes connaissances; Julie avait dit adieu aux intrigues; les danseuses de l'Opéra ne séduisaient plus notre héros; la petite Lise venait de se marier à un chapelier, et se contentait de faire enrager son mari; Suzon avait disparu; Olivier, continuant de jouer au lieu d'aller à son bureau, avait perdu sa place, et sa conduite était devenue tellement dérangée, que Gustave, qui dans ses folies se respectait encore, ne pouvait plus faire sa société d'un homme qui ne fréquentait que les filles et les mauvais lieux; Gustave n'avait donc plus rien qui le retînt à Paris. Il fit part au colonel de sa résolution; et celui-ci l'approuva, espérant que les voyages mûriraient la tête de son neveu.

Gustave fit tous ses préparatifs, et consentit à emmener Benoît avec lui pour prouver à son oncle qu'il n'avait pas l'intention de se livrer à de nouvelles intrigues dans ses voyages : la réputation de Benoît était certaine : on savait qu'il n'était bon qu'à servir à table et à panser un cheval.

Benoît était enchanté de suivre Gustave, car il avait craint d'abord qu'il ne prît envie à son maître d'emmener le petit commissionnaire; dans sa joie, il parlait à chaque instant à son père de ses prochains voyages, et il avait soin de corner aux oreilles du petit bonhomme, parce qu'il croyait s'apercevoir que cela le chagrinait. M. Benoît était essentiellement taquin.

Le jour du départ est arrivé. Le colonel veut accompagner son neveu jusqu'à Saint-Germain : il fait préparer son cabriolet, et Benoît est envoyé en avant avec des chevaux, car c'est à cheval que Gustave veut voyager; c'est en effet la manière la plus agréable pour bien connaître le pays que l'on parcourt.

En montant en cabriolet, Gustave cherche des yeux son petit commissionnaire, auquel il veut laisser des marques de sa générosité; mais le Savoyard n'est pas à sa place; on ne voit même ni sa sellette, ni son petit banc; Gustave est étonné de l'absence du petit bonhomme, et fâché de partir sans l'avoir revu.

Le cabriolet part. En deux heures on arrive à Saint-Germain. Le colonel se dirige vers l'auberge où l'on a donné rendez-vous à Benoît; déjà on en approche, lorsqu'une voiture bourgeoise, allant comme le vent, vient contre le cabriolet du colonel; celui-ci n'a pas le temps de l'éviter : le cocher maladroit accroche le léger cabriolet, le renverse, et fouette ses chevaux pour se dérober à la colère du colonel.

Gustave et son oncle sont tombés de côté; le colonel se relève en jurant, il n'est pas blessé, Gustave a un pied foulé; mais des cris plaintifs se font entendre derrière eux. La foule empressée entoure le cabriolet. Le colonel s'informe si sa voiture en tombant a blessé quelqu'un, et il aperçoit un petit Savoyard que l'on relève et que l'on porte dans l'auberge. Gustave jette un cri de surprise : il a reconnu son petit commissionnaire, et il apprend par les gens assemblés que le pauvre enfant était monté derrière le cabriolet lorsqu'il avait versé.

— Par grâce, mon oncle, s'écrie Gustave, faites donner à ce pauvre garçon tous les secours possibles, pendant que je vais me faire panser le pied.

Le colonel cède aux désirs de son neveu, il va près du petit Savoyard. Gustave, qui souffre beaucoup au pied, est conduit dans une chambre, et Benoît lui amène un dentiste, qui se charge de guérir les pieds foulés en vingt-quatre heures.

Gustave, forcé de rester sans bouger dans une chambre, s'impatiente après son oncle, qui ne reparaît pas; il brûle de savoir des nouvelles du petit Savoyard; il va envoyer Benoît en chercher... lorsque enfin M. Moranval entre dans sa chambre.

Le colonel est pâle, troublé; sa figure exprime une telle agitation que Gustave en est effrayé.

— Qu'avez-vous donc, mon oncle? qu'est-il arrivé?... ce pauvre garçon serait-il blessé mortellement? — Non... non... sa blessure est légère... ce ne sera rien... — D'où peut donc naître le trouble où je vous vois?... — Parbleu ! notre chute a bien pu troubler un peu les sens !... — Mais vous n'étiez pas dans cet état avant de vous rendre près du petit Savoyard... vous me cachez quelque chose... au nom du ciel, parlez !... — Eh, morbleu ! je ne te cache rien ! que diable veux-tu donc que je dise ? Le petit bonhomme n'est presque pas blessé... mais la peur lui a fait perdre l'usage de ses sens; demain il n'y paraîtra plus. — Pourquoi était-il monté derrière ma voiture? — Parce qu'il nous avait suivis, apparemment. — Suivis... dans quelle intention ? — Eh ! mille escadrons ! dans l'intention de se promener, sans doute. Ne sais-tu pas que c'est l'usage des petits polissons de monter derrière les voitures ! — Cependant, mon oncle... — Ah çà, en voilà assez sur le compte de ce bambin ; je te dis qu'il n'a presque rien ; je lui ai donné de l'argent pour se faire guérir, tu ne dois plus t'inquiéter de lui. Pour toi, comme une foulure n'est pas dangereuse, demain tu pourras te remettre en route. Adieu ; je retourne à Paris. — Quoi! mon oncle, vous allez me laisser dans cette auberge ?... qu'est-ce donc qui vous presse?... vous retournerez aussi bien à Paris demain. — Je te dis qu'il faut que je parte à l'instant : probablement j'ai des raisons pour retourner chez moi ; tu peux bien rester un jour dans une auberge sans compagnie : puisque tu vas parcourir l'Europe, il est présumable que cela t'arrivera quelquefois. Adieu ; embrasse-moi, Gustave : tu as de l'argent, des lettres de recommandation pour divers pays ; et d'ailleurs tu sais que tu pourras, au besoin, tirer sur moi ; j'acquitterai les lettres de change si tu te conduis bien. Voyage, tâche de ne plus faire de folies, et si tu rencontres une femme sage, douce et fidèle, ramène-la avec toi, elle sera ta femme ; mais rappelle-toi que je tiens à ces trois qualités.

Le colonel embrasse tendrement son neveu et le quitte ; quelques moments après, Gustave entendit le cabriolet de son oncle qui sortait de l'auberge.

Gustave trouvait quelque chose d'extraordinaire dans la conduite du colonel ; son émotion visible en revenant parler à son neveu, cette résolution subite de repartir de suite lorsque rien ne le rappelait à Paris, tout cela semblait cacher quelque mystère. Gustave cherche à deviner, mais en vain il se creuse la tête pour découvrir le motif de ce prompt départ ; il espère être plus heureux le lendemain en questionnant le petit Savoyard.

Dans l'après-dîner, Gustave ordonne à Benoît d'aller s'informer de la santé du petit blessé. Le domestique sort et revient bientôt près de son maître. — Eh bien, Benoît, comment va ce pauvre garçon ? — Mais, monsieur, il paraît qu'il va bien, puisqu'il est parti !... — Parti !... le commissionnaire qui a été blessé ce matin est parti?... Allons, cela n'est pas possible. — Monsieur, je ne vous dis que ce qu'on m'a affirmé... ça m'étonne bien aussi ! — Tu es fou, Benoît ! — Mais, monsieur, ce qu'il y a de plus drôle, c'est que la servante de l'auberge m'a assuré que M. votre oncle l'avait emmené dans son cabriolet. — Mon oncle a emmené le Savoyard ? — Oui, monsieur, oui ; il a eu pour lui tous les soins possibles... il n'a pas voulu que personne d'autre que lui l'aidât à monter en voiture... enfin il faut que ce petit noiraud soit sorcier pour se faire comme ça des amis d'un colonel !...

Gustave était surpris de la conduite de son oncle ; mais il attribua cette dernière action au bon cœur du colonel, qui, sous des dehors brusques, cachait une âme sensible et compatissante.

Le surlendemain, notre héros se trouva assez bien pour monter à cheval, et il quitta Saint-Germain pour commencer ses voyages.

Chapitre XXV. — Qui comprend un espace de trois ans.

Au lieu de suivre la route de l'Italie, où il se proposait d'aller, Gustave tourna bride, et se dirigea vers Ermenonville.

Benoît, qui ne connaissait pas la route, était fort curieux de savoir où allait son maître. Il était un peu moins timide que lors de son premier voyage avec Gustave ; il approchait volontiers son cheval de celui de notre jeune voyageur, mais il n'osait encore se permettre de l'interroger.

On arrive enfin dans le village. Benoît reconnaît le château, le petit pont, et la maison du père Lucas, devant laquelle s'arrête Gustave ; il ne peut résister au désir de savoir ce qu'ils viennent faire chez les villageois.

— Monsieur, est-ce que nous allons encore loger ici ? — Tu le verras. — Monsieur, est-ce que vous allez encore mettre la maison sens dessus dessous? faire sauver les vaches et faire crier les vieilles femmes? — Benoît, je ferai ce qu'il me plaira. Si tu te permets encore de me questionner, je te renvoie à Paris. — Je ne dis plus rien, monsieur.

Gustave entre dans la cour de la maison ; une paysanne fait un cri en apercevant le jeune homme : c'est Marie-Jeanne, qui a reconnu Gustave ; celui-ci, au devant de revoir la famille Lucas, est bien aise de savoir par la jeune villageoise comment il sera reçu ; il fait signe à la grosse fille de venir lui parler.

— Quoi!... c'est vous, monsieur?... — Ah! je n'vous attendions guère... v'là près d'un an que vous êtes venu... oui... il y aura un an dans trois mois... c'est environ aux prunes... — Dites-moi, ma chère Marie-Jeanne, comment se porte-t-on ici ? Est-on toujours gai, content?... — Oh! monsieur, il y a bien du changement, allez!... dam, vous ne savez pas ça... mamselle Suzon nous a quittés. Mais entrez donc, monsieur, not' maîtresse va vous conter tout ça.

Gustave voit par les discours de Marie-Jeanne qu'on ignore qu'il est cause de la fuite de Suzon. Il entre dans la maison, où il trouve le père et la mère Lucas.

Les villageois le reçoivent avec amitié. Le père Lucas est un peu moins causeur, mais sa femme parle toujours autant ; elle raconte à Gustave la disparition de sa fille. La mère Lucas pleure en parlant de Suzon ; et les larmes de la bonne femme retombent sur le cœur de Gustave, car il sent bien que c'est lui qui les fait couler. Sans son séjour chez Lucas, la jeune fille serait restée au village ! Tranquille près de ses parents, elle n'aurait jamais songé à d'autres plaisirs, et son cœur aurait repoussé la pensée de se séparer d'eux, mais la présence de Gustave avait tout changé, et la mère Lucas ne se doutait pas qu'elle parlait à celui qui avait tourné la tête à sa petite Suzon. Gustave est donc étonné lorsqu'il apprend que, depuis deux mois, Suzon écrit très-souvent à ses parents, mais sans leur donner son adresse à Paris, parce qu'elle craint toujours qu'on ne veuille la marier à Nicolas.

— Alle a ben tort, c'te chère enfant, ajoute la mère Lucas. Pardi! Nicolas Toupet est marié, il n' pense plus à elle. Quant à nous, dam', j'étions ben chagrins, ben en colère, dans les commencements de son départ ; mais depuis elle nous a écrit des lettres si tendres, où elle nous demande tant pardon de c'qu'alle a fait, ah! ma foi! j'sommes prêts à lui pardonner, et j'espérons ben qu'alle reviendra bientôt. — Elle est toujours à Paris, se dit Gustave, et n'a point cherché à me revoir depuis sa fuite de chez la mercière! Allons, Suzon ne m'aime plus !... Suzon a fait comme les autres ; elle a écouté les propositions de quelque libertin... ne pensons plus à elle ; je suis bien sot d'avoir cru qu'une fille aussi jolie me serait restée fidèle !... oublions-la... puisse-t-elle être heureuse !...

Le jeune homme quitte la maisonnette, après avoir laissé à Marie-Jeanne des marques de sa libéralité ; il s'éloigne d'Ermenonville ; mais il se promet tout bas d'y retourner en revenant de ses voyages, pour savoir si Suzon est enfin revenue près de ses parents.

Gustave se rend directement en Italie sans qu'il lui arrive en route aucun événement remarquable. Il arrive enfin dans la patrie des Césars ; il visite le Capitole, la basilique de Saint-Pierre, les tombeaux des pontifes ; il trouve encore dans les ruines des temples et des palais des vestiges de la grandeur des Romains ; mais il cherche en vain parmi les habitants les traces de ce peuple fier et belliqueux ; il ne voit que des mendiants et des moines là où vivaient les consuls et les publicains. — Et ce sont là les Romains ! se dit Gustave en considérant ces hommes blêmes et sales, qui fourmillent dans les rues de la ville où beaucoup passent leur vie sans avoir d'autre logement qu'un enfoncement entre deux bornes, d'autres couvertures qu'un manteau sale et en lambeaux, d'autre nourriture que du macaroni bouilli dans de l'eau. En vérité, je suis presque fâché d'être venu à Rome ; je perds ici une partie des illusions de ma jeunesse, et je commence à croire que le seul fruit qu'on retire de ses voyages, est de juger la différence qui existe entre le passé et le présent, entre les rêves de l'imagination et la réalité. C'est sans doute pour cela que les voyages rendent plus sages et forment la raison. Je conçois, en effet, que tout ce que l'on voit peut donner lieu à des réflexions très-philosophiques : une église où était un cirque ; un bureau de loterie auprès de la Roche Tarpéienne ; et des polichinelles sur la place où périrent les fils de Brutus !...

Gustave quitta Rome sans regret ; Benoît regretta les parades dont il se régalait en parcourant la ville. Notre héros visita une partie de l'Italie, puis se rendit en Espagne, en Portugal, en Allemagne, en Pologne et enfin en Angleterre.

Partout notre jeune homme eut des aventures; mais le récit de bonnes fortunes qui se ressemblent toutes aurait peu de charmes pour le lecteur. Là où le cœur n'est pour rien, les liaisons amoureuses sont bien monotones. Chez les Italiennes, Gustave n'avait pour ainsi dire pas besoin de faire une déclaration, ces dames lui en épargnaient la peine; et quoiqu'on puisse dire de la galanterie, de la coquetterie des Françaises et des mœurs relâchées des femmes de Paris, cela ne peut se comparer à la facilité avec laquelle les Italiennes nouent une intrigue.

Cependant Gustave eut la gloire ou plutôt le malheur d'inspirer de violentes passions; il emporta d'Italie quelques coups de stylet, et Benoît des déclarations et des propositions qu'il se promit bien de se faire expliquer à son retour par son cher papa.

En Espagne, Gustave pinça de la guitare, et fit l'amour à travers de petites jalousies. Il alla au sermon admirer les jolies femmes et échanger des œillades; à la porte, il présenta de l'eau bénite; et de vieilles mégères qu'on nomme par là duègnes, et qu'ici nous appellerions différemment, le suivirent à son logement, et lui portèrent des billets doux. En Espagne, il y a plus de luxe et plus de mendiants encore qu'en Italie : les extrêmes se touchent presque toujours.

Benoît, qui ne savait pas que dans ce pays-là la mendicité est une profession, et que les gueux des gens auxquels on ne doit répondre qu'avec respect, eut un jour le malheur de repousser un peu brutalement un *señor* mendiant qui lui demandait la *caristade*; aussitôt une foule de gueux assaillit Benoît : il fut battu, roulé, maltraité; Gustave, apercevant son valet aux prises avec un ramas de misérables, fondit à coups de canne sur les mendiants : alors l'affaire devint grave. Battre des mendiants! c'était porter atteinte aux coutumes, aux usages, aux privilèges des Espagnols, et ces gens-là n'entendent pas raison sur tout ce qui touche leur orgueil; ils mettent de la fierté dans les bassesses, de l'amour-propre à des enfantillages, de l'entêtement à des puérilités.

Les alguazils arrivèrent; on conduisit Gustave, Benoît et les mendiants chez monseigneur le corrégidor. Monseigneur donna raison à la fière canaille, trouva fort mauvais qu'un manchot eût reçu deux coups de bâton, et ne fit pas attention aux dents cassées et aux oreilles déchirées de Benoît. Gustave jura, s'emporta; monseigneur allait le faire mettre en prison avec son valet, mais heureusement la duègne de madame arriva : elle reconnut Gustave pour un joli garçon qu'elle avait servi dans mainte occasion, et qui payait fort bien les services qu'on lui rendait. Elle le protégea, elle le sauva, et Gustave quitta l'Espagne, dégoûté d'un pays où les lois sont faites par les inquisiteurs, les moines et les mendiants.

En Allemagne, notre héros trouva des femmes aimables et des maris fumeurs. Il logea chez une belle Allemande qui aimait la valse de passion, inventait chaque jour quelque figure nouvelle (car en Allemagne, lorsque l'on valse on ne se contente pas de tourner, comme nous le faisons en France). L'hôtesse de Gustave en son valet, c'était bien pis que Jean-Jean Courtepointe; pendant qu'elle valsait, son mari faisait de la musique, et Benoît prenait des leçons de flûte de la fille de la maison, grosse réjouie qui jouait de tous les instruments, et qui faisait sa partie dans un quatuor.

Mais la valse fatiguait Gustave, et la flûte maigrissait Benoît. Notre héros quitte l'Allemagne convaincu que les femmes y sont de la première force pour la danse, et Benoît satisfait d'être devenu musicien.

— C'est un joli pays, disait-il à son maître; sans savoir l'allemand, les dames vous comprennent tout de suite; et les hommes! prononcez seulement devant eux, *Haydn*, *Mozart*, ils vont parler deux heures sans vous donner le temps de leur répondre. — Qui t'a appris cela? — La grosse fille qui me montrait la flûte. — Ce sont les seuls mots que j'ai appris d'allemand, encore ne sais-je pas ce que cela veut dire; mais quand vous alliez valser avec l'hôtesse, ma joueuse de flûte parlait du mari *Haydn* et *Mozart*; oh! alors il prenait son violon, et ne s'arrêtait que pour boire!... ah! ça faisait un terrible musicien!

Gustave s'embarqua pour l'Angleterre. Benoît se fit lier à une planche pendant la traversée, afin d'être certain de surnager si le bâtiment périssait. Mais on arriva sans avoir essuyé de tempête. Benoît en fut quitte pour vomir quatre jours de suite; il prétendit en sortant du vaisseau que sa langue était allongée de quatre pouces.

Le séjour de la Grande-Bretagne ne peut plaire qu'à un homme qui met ses plus grands plaisirs dans les courses de chevaux, les combats de coqs, les paris, les punchs et les plum-puddings. Un Français doit trouver singulier de voir au dessert toutes les femmes se lever de table, et les hommes se livrer à la grosse gaieté que leur inspire l'eau-de-vie brûlée, sans regretter le départ du beau sexe, qui est au contraire pour eux le signal de la folie (si toutefois on peut appeler folie le plaisir de boire jusqu'à tomber sous la table).

Le jeune voyageur trouvait aussi bien triste le choix des promenades anglaises : c'est dans les cimetières que l'on va de préférence prendre l'air et se délasser du travail et des affaires; à la vérité, les cimetières sont fort beaux, et on lit sur les tombes des inscriptions quelquefois touchantes et souvent originales. Mais il faut être Anglais pour qu'une pareille promenade ne porte pas l'âme à la mélancolie; c'est un senti-

ment qu'il est quelquefois agréable d'éprouver, mais auquel il est dangereux de se livrer souvent.

Gustave remarqua jusqu'à quel point ce peuple penseur porte l'attention aux petites choses et l'exactitude des usages.

On se moqua du jeune Français, dans un cercle brillant, parce qu'en buvant du thé fort chaud il versait le contenu de la tasse dans sa soucoupe, et parce qu'il ne mettait point sa cuiller dans sa tasse lorsqu'il ne voulait plus boire. — Si les grands génies se font remarquer dans les petites choses, dit Gustave, à coup sûr les Anglais sont des hommes bien profonds. Mais je suis surpris alors que dans l'histoire des Athéniens, des Spartiates, et de tous ces peuples grecs renommés par leur esprit et par leur valeur, on ne nous dise pas de quelle manière un étranger devait tenir la coupe qu'on lui présentait.

Benoît s'accoutumait aux usages de l'Angleterre : il mangeait cinq fois par jour, buvait du thé toute la journée et du punch dès qu'il faisait nuit. Déjà il voyait son embonpoint augmenter, et il apprit avec chagrin que son maître voulait quitter un pays où l'on vivait si bien.

Les jeunes *miss* étaient jolies, et en Angleterre les demoiselles jouissent d'une grande liberté; elles peuvent, sans qu'on le trouve mauvais, sortir seules avec un jeune homme, aller avec lui à la campagne, aux spectacles, au bal même; mais une fois mariées, quelle différence!... elles ne quittent plus leur maison sans leur époux, et se donnent tout entières aux soins de leur ménage. Cependant la société des jeunes Anglaises ne put faire oublier la France à Gustave. — Sais-tu, dit-il un jour à Benoît, que voilà trois ans que nous sommes absents! — Trois ans, monsieur!... Ah Dieu! comme mon papa me trouvera grandi, grossi et embelli!... — Oh! il ne le reconnaîtra pas... — Les voyages m'ont bien formé!... — Nous sommes restés huit mois en Italie, six en Espagne, un an en Allemagne, trois mois en Pologne, et voilà près de deux mois que nous mangeons ici des biftecks et du rosbif... j'en ai bien assez comme cela. Joignons à cela le temps que nous avons mis à faire ces différents voyages, oh! il y a plus de trois ans que nous sommes partis. Prépare notre bagage, Benoît; je veux retourner près de mon oncle. — Quel dommage! je commençais à faire si bien le coup de poing!...

Pendant ses voyages, Gustave avait reçu souvent des lettres de son oncle. Le colonel avait fait une forte maladie dont il était enfin guéri. Il demandait toujours à son neveu s'il avait trouvé une femme; dans chacune de ses lettres il questionnait Gustave sur ce sujet; mais dans ses dernières il lui témoignait le plaisir qu'il aurait à le revoir, et Gustave ne voulut pas différer plus longtemps son retour. D'ailleurs, notre héros était las de courir le monde. Comme Joconde, il avait eu bien des aventures galantes, mais lorsque le premier feu de la jeunesse est calmé, on se fatigue de plaisirs imparfaits qui ne charment ni le cœur ni l'esprit. Gustave n'était plus ce mauvais sujet qui sautait par les fenêtres, réveillait tout un quartier et se battait avec la garde; il était plus posé, plus raisonnable, plus réfléchi qu'autrefois, et sans cesser d'aimer les plaisirs et les belles, il sentait la nécessité de choisir ses connaissances. Son âme, détrompée sur les fausses jouissances, appréciait enfin la douceur d'un amour vrai et réciproque et les plaisirs purs de l'estime et de l'amitié.

— Partons, dit Gustave à Benoît, retournons en France. Je veux retrouver mon oncle sans lui présenter une femme de mon choix : ma foi, j'avoue que dans mes voyages je ne me suis point fort occupé d'en chercher une. Décidément je préfère une Française à toute autre; les Italiennes sont trop brûlantes, les Espagnoles trop jalouses, les Allemandes trop valseuses, les Polonaises trop froides, les Anglaises trop sentimentales. — C'est vrai, monsieur; j'avoue aussi que, hors la flûte, les marionnettes et le plum-pudding, je n'ai rien vu de bien remarquable dans les villes que nous avons visitées.

Gustave dit adieu aux bords de la Tamise. Il s'embarque sur le paquebot, et arrive bientôt à Calais. Il sourit de plaisir en mettant le pied sur la terre natale; il est avide de revoir son oncle et ses anciennes connaissances; et Benoît impatient de pouvoir raconter à son père tout ce qu'il a entendu, aperçu, admiré, et probablement même ce qu'il n'a pas vu.

CHAPITRE XXVI. — L'aviez-vous deviné?

Gustave avait prévenu son oncle de son retour : en débarquant à Calais, il vit venir à lui un grand garçon de bonne mine qui était habillé en postillon, et tenait une lettre à la main. — Monsieur n'est-il pas M. Gustave Saint-Réal? — Oui, mon ami; que me voulez-vous? — J'épiais votre arrivée, monsieur; je suis envoyé par monsieur votre oncle, le colonel Moranval : je dois d'abord vous remettre cette lettre... — Une lettre de mon oncle? donnez vite...

Gustave prend, et lit :

« Mon cher Gustave, tu dois être fatigué de voyager et empressé d'être à Paris; pour te revoir plus tôt, je t'envoie Germain, mon nouveau palefrenier, avec une bonne chaise de poste. Germain sera ton conducteur, et j'espère bientôt t'embrasser.

» Le colonel Moranval. »

— Parbleu! on n'est pas plus aimable, dit Gustave, et mon oncle a ort bien fait : je suis las du cheval ; d'ailleurs le mien est mort en Allemagne ; au moins je vais arriver à Paris comme un seigneur. Ainsi, Germain, tu as donc une chaise de poste?... — Oui, monsieur, et qui est toute prête. — C'est charmant : dès que j'aurai dîné nous partirons.

Gustave se fait conduire par Germain à l'auberge où est la chaise de poste, et, après avoir bien dîné, monte en voiture avec Benoît, en recommandant à Germain de les mener bon train.

— Ma foi ! monsieur, dit Benoît en s'asseyant en face de son maître, c'est bien honnête de la part de monsieur votre oncle de nous avoir envoyé une bonne voiture avec un cocher... On est très-commodément comme cela, et du moins nous arriverons tout frais à Paris.

Gustave ne répondait pas à Benoît ; il était enfoncé dans ses réflexions ; il pensait à toutes les personnes qu'il avait laissées en France, et songeait aux changements que trois ans peuvent apporter dans les situations.

Le premier jour les voyageurs ne s'arrêtèrent que pour manger et changer de chevaux. Gustave était fort content de Germain, qui le menait comme le vent. Le second jour tirait à sa fin ; il commençait à faire nuit, et Gustave songeait avec joie qu'il ne devait plus être fort éloigné de Paris. Il met la tête hors de la voiture. Il lui semble ne plus être sur la grande route.

— Germain, où sommes-nous?
— A six lieues de Paris, monsieur ; nous approchons de Montmorency...
— Es-tu bien sûr que tu as pris le bon chemin?...
— Oh! oui, monsieur ; j'ai fait un détour qui raccourcit beaucoup.
— S'il allait nous égarer, monsieur ! dit Benoît avec inquiétude.
— Eh bien, imbécile, n'as-tu pas peur?
— Dam', monsieur, il fait nuit.... je ne vois pas de maison....
— Est-ce que tu vois toujours des maisons sur les grandes routes?
— Mais puisque vous dites que nous ne sommes pas sur une grande route...
— Dors, ou tais-toi...
— Monsieur, je ne peux pas dormir quand j'ai peur.

Germain allait moins vite : il s'arrête bientôt tout à fait pour parler à son maître :
— Monsieur, je crois que vous avez raison... je me suis égaré : je ne reconnais plus mon chemin...
— J'en étais sûr ! dit Gustave.
— Est-ce que nous passerons la nuit dans les champs? s'écrie Benoît.
— Va toujours, Germain : à la première habitation tu demanderas ton chemin.
— Mais, monsieur, le diable s'en mêle !... voilà un de mes chevaux qui est déferré ; il a de la peine à trotter, et si je continue de galoper, cela pourra le blesser.
— Parbleu, marmotte tout bas Benoît, il faut qu'il soit bien bête pour perdre les fers de ses chevaux... Nous voilà dans une jolie position !...

Gustave ne sait quel parti prendre. Germain propose d'aller à la découverte : il croit apercevoir de la lumière sur la gauche, il veut aller demander son chemin.
— Si c'est une maison où l'on veuille nous loger, dit Gustave, nous y passerons la nuit dans le cas où tu ne pourrais pas faire referrer ton cheval.

Germain va, et revient bientôt vers Gustave. La lumière qu'il a aperçue part d'une maison de belle apparence, où l'on consent volontiers à loger les voyageurs.
— Allons donc demander l'hospitalité, dit Gustave ; mais toi, Germain, tu tâcheras d'aller jusqu'au prochain village, et tu ramèneras un maréchal-ferrant ; je ne renonce pas à l'espoir d'arriver cette nuit à Paris.
— Oui, monsieur ; comptez sur mon zèle.

Gustave descend de voiture, et, suivi de Benoît, s'achemine vers la demeure hospitalière où l'on veut bien les recevoir. Il voit une jolie maison qui doit être la demeure de gens fortunés. Il frappe, et une femme âgée vient ouvrir.
— On m'a dit, madame, que le maître de la maison daignait me permettre de m'arrêter quelques instants chez lui pendant qu'on répare ma voiture?
— Oui, monsieur, oui ; vous pouvez entrer... je vais vous conduire.

La domestique fait monter Gustave et Benoît au premier, et leur ouvre la porte d'un salon élégamment meublé. Le maître et le valet regardent autour d'eux et ne voient personne. La domestique invite Gustave à se reposer, et sort en laissant de la lumière.
— Monsieur, dit Benoît en examinant chaque meuble l'un après l'autre, nous sommes chez quelqu'un de distingué.
— J'espère que nous verrons bientôt le maître du logis ; il me tarde de le remercier.

La domestique revient avec des rafraîchissements.
— Aurai-je le plaisir de saluer votre maître? lui dit Gustave.
— Monsieur, c'est une dame qui habite cette maison avec ses domestiques ; elle donne volontiers un logement aux voyageurs, mais elle ne leur parle et ne les voit jamais.
— Comment ! je ne pourrai pas remercier votre maîtresse?...
— Oh ! cela est inutile, monsieur.
— Ni la voir ?
— Elle ne veut voir personne.
— C'est bien singulier !...
— Monsieur, il y a du mystère, dit tout bas Benoît à son maître.

Gustave allait encore hasarder quelques questions, lorsqu'on entendit un grand bruit au dehors. Benoît fait un saut ; la domestique descend pour savoir ce que c'est. Bientôt Germain paraît et aborde Gustave d'un air tremblant.
— Qu'est-ce donc encore, Germain?
— Ah, monsieur !... vous allez me gronder... Je suis bien maladroit... Heureusement que cela n'est pas arrivé pendant que vous étiez dedans ! Pourtant ça n'est pas ma faute !
— Mais explique-toi donc?...
— C'est une maudite ornière que je n'ai pas vue !... Je tenais un de mes chevaux en main, et pendant ce temps-là... crac !... la chaise de poste roule de côté...
— Quoi ! la voiture...
— Ah, mon Dieu ! monsieur, elle est abîmée ! Une roue de cassée, l'essieu brisé !...
— Nous voilà jolis garçons ! dit Benoît en frappant du pied avec colère, tandis que Gustave riait.
— Quoi ! monsieur, cela vous fait rire?...
— Je pense à l'idée que mon oncle a eue de m'envoyer Germain et une voiture pour me revoir plus tôt ; ma foi, cela a bien réussi !... Mais avec tout cela... où passerai-je cette nuit?...
— Ici, monsieur, dit à Gustave la vieille domestique, qui était présente pendant le récit de Germain. Votre voiture a besoin d'être réparée, vous ne pouvez continuer votre route... Mais dans cette maison, vous ne manquerez de rien, et cela ne gênera nullement ma maîtresse ; elle m'a chargée de vous dire que vous pouvez rester tant que cela vous conviendra...
— D'honneur, votre maîtresse est trop bonne.... Puisqu'elle veut bien le permettre, j'accepte pour cette nuit son obligeante hospitalité.
— Je vais préparer votre chambre, monsieur, et celle de vos domestiques.... Bientôt on vous servira à souper.

La servante s'éloigne, et Germain la suit pour faire entrer ses chevaux et sa voiture dans la maison ; car il est trop tard pour qu'il aille au prochain village chercher des ouvriers.
— Sais-tu bien, Benoît, que la maîtresse de cette maison est bien aimable? dit Gustave en se jetant dans un fauteuil.
— Ma foi, monsieur, nous sommes très-heureux d'être chez quelqu'un d'aussi obligeant !... Cependant je vois ici un air de mystère...
— Qui pique ma curiosité, je l'avoue... Cette dame qui reçoit si bien des étrangers et ne se montre pas...
— C'est qu'elle est laide, monsieur.
— Tu crois?... Moi, je trouve dans sa conduite je ne sais quoi de romanesque... Si j'étais encore en Italie, je verrais dans tout ceci une aventure galante. Vraiment, nous sommes bien singuliers !... quand quelque chose se dérobe à nos regards, nous brûlons de l'apercevoir... Je serais enchanté de voir cette dame mystérieuse...
— Attendez, monsieur, on monte l'escalier... Ah! monsieur... j'aperçois... ah! c'est tout ce qu'il y a de mieux...
— Quoi donc, une jolie femme?...
— Non, monsieur, c'est le souper qu'on a servi dans la salle voisine.
— Peste soit du gourmand, avec son souper !

La domestique entre prévenir Gustave que le souper l'attend. Gustave passe dans une salle à manger, et s'assied devant une table élégamment servie. Il adresse en soupant de nouvelles questions à la domestique ; mais celle-ci ne paraît pas bavarde : tout ce qu'il peut en tirer, c'est que la maîtresse du logis est jeune et a un enfant.

Le souper terminé, la servante conduit Gustave dans une jolie chambre à coucher, et le prévient que ses domestiques coucheront au-dessous de lui, et qu'il pourra facilement les avoir s'il en a besoin.

Gustave est seul. Après deux jours passés en chaise de poste, il devrait avoir besoin de repos ; cependant, il ne se sent nulle envie de dormir. La soirée est belle, il ouvre sa croisée. La lune vient de se montrer, et permet de distinguer les objets. Gustave voit de sa fenêtre une partie des jardins de la maison. Sur la droite est un corps de logis dans lequel il aperçoit de la lumière, c'est là sans doute que loge cette dame qui ne veut pas même qu'on la remercie pour sa touchante hospitalité. Les regards attachés sur la fenêtre éclairée, notre jeune homme voudrait percer dans l'intérieur de l'appartement, mais bientôt il se sent honteux de sa curiosité. — Eh quoi! se dit Gustave, parce qu'une dame ne se soucie point de se montrer à un étranger, je me monte la tête !... je me crée mille chimères !... C'est une beauté, c'est une merveille !... Eh ! mon Dieu ! c'est probablement une femme fort ordinaire qui aime à être utile, et ne désire pas faire société avec ceux que le hasard lui fait recevoir. Il n'y a rien là de bien mystérieux... Et pour un homme qui vient de parcourir l'Europe, je m'étonne de peu de chose, moi qui prétends être maintenant raisonnable...... Couchons-nous, cela vaudra mieux que de contempler la lune et l'appartement de cette dame.

Gustave a fermé sa fenêtre... lorsque les sons d'une harpe parviennent à son oreille. Oh! ma foi, la curiosité reprend le dessus; il se replace à la fenêtre et écoute attentivement. On prélude avec goût : la personne qui joue n'est peut-être pas très-forte; elle ne surmonte point de ces difficultés qui étonnent sans charmer, mais elle met du goût et du sentiment dans son exécution; bientôt une voix se mêle aux sons de l'instrument : on chante une romance. Gustave éprouve un plaisir extrême en écoutant la dame inconnue, car c'est elle assurément; ce ne peut être une autre, puisque la domestique a dit que sa maîtresse habitait seule la maison. Mais, hélas! le chant a cessé, la voix et la harpe sont muettes. Gustave écoute encore; il voudrait les entendre toujours. Jamais la musique ne lui a fait éprouver d'aussi douces sensations.

Après avoir écouté en vain pendant une heure, dans l'espoir de ressaisir quelques sons, Gustave se couche enfin; mais il est décidé à tout tenter pour connaître la personne qui chante si bien, et il s'endort en pensant à sa mystérieuse hôtesse.

Le lendemain, Gustave est éveillé de bon matin; il descend, et rencontre la servante.

— Ma bonne, puis-je parcourir le jardin?

— Oui, monsieur. Oh! vous pouvez aller partout où cela vous plaira.

— Raccommode-t-on ma voiture?

— Oui, monsieur; mais elle ne sera pas prête aujourd'hui.

— Cependant je ne puis pas me permettre de rester davantage dans cette maison...

— Pourquoi donc cela, monsieur?

— Ce serait abuser de la bonté de votre maîtresse...

— Pas du tout, monsieur; elle m'a dit de vous engager à rester jusqu'à ce que votre voiture soit en bon état.

— Je crains de gêner... Et puisqu'elle ne veut pas me recevoir...

— Oh! monsieur! ça ne fait rien!... et cela fera plaisir à madame.... Je vais préparer votre déjeuner.

La servante s'éloigne. — La drôle de maison, dit Gustave en entrant dans le jardin; on vous traite parfaitement et on ne veut pas vous voir! Ma foi, restons encore un jour : le hasard peut me servir et me faire rencontrer cette dame.

En entrant dans un parterre garni de fleurs charmantes, Gustave aperçoit une petite fille qui paraît avoir trois ans au plus; elle est jolie comme les amours, et court seule dans le jardin en cueillant des fleurs comme pour faire un bouquet.

— Que faites-vous donc là, ma chère amie? lui dit Gustave en l'embrassant.

— Je cueille des fleurs pour maman, répond l'enfant en souriant.

— Où donc est-elle, votre maman?

— A la maison.

— L'aimez-vous bien?

— Oui... et mon papa aussi.

Et son papa aussi! diable! voilà une réponse qui dérange les idées de Gustave : ce père existe donc... pourquoi n'est-il pas avec sa femme?... C'est peut-être à cause de son absence que la dame ne reçoit personne.

Gustave essaie de faire parler encore la petite, mais l'enfant est trop jeune pour pouvoir bien s'exprimer; et sans lui répondre, elle s'échappe de ses bras et regagne la maison.

Gustave rentre pour déjeuner; il pense à cette petite fille dont les traits charmants lui rappellent des souvenirs confus, et à la voix de sa mère qui a retenti jusqu'au fond de son âme. Il est triste, rêveur; il ne touche pas au déjeuner. Benoît cherche en vain à distraire son maître et à le faire parler; Benoît est forcé de manger pour deux; mais il s'en acquitte bien, car il a apporté d'Angleterre l'habitude de manger toute la journée.

— Comment donc faire pour la voir? s'écrie enfin Gustave en sortant de table.

— Qui donc, monsieur?

— Eh parbleu! la maîtresse de cette maison...

— Ah pardi! je l'ai vue, moi, monsieur...

— Tu l'as vue, maraud, tu l'as vue, et tu ne m'en parles pas!

— Ah! quand je dis que je l'ai vue... c'est-à-dire que je l'ai aperçue par derrière en passant dans le vestibule, et entendu qui disait à sa bonne de porter sa harpe dans le petit pavillon du jardin.

— Elle a dit cela?...

— Oui, monsieur; oh! elle l'a dit.

— Parbleu! je la verrai alors!...

Gustave a remarqué un pavillon au fond du jardin. Ce bâtiment n'a qu'un rez-de-chaussée, et au travers des jalousies qui garnissent les fenêtres on doit apercevoir dans l'intérieur. Notre jeune homme descend aussitôt au jardin; il approche du pavillon; personne n'y est encore; mais pour ne pas effrayer la jeune dame par sa présence, il s'éloigne un peu et s'assied derrière une épaisse charmille.

Bientôt il entend marcher; il écarte légèrement la charmille, et aperçoit une dame donnant la main à la petite fille; mais un voile

épais couvre une partie de son visage, et elle entre dans le pavillon sans qu'il ait pu distinguer ses traits.

Gustave se rapproche du pavillon; la clef est à la porte; ce serait une indiscrétion d'entrer, puisque cette dame ne reçoit personne; mais du moins il est permis d'écouter, et c'est ce que fait Gustave.

La harpe résonne; un prélude mélancolique se fait entendre : on chante une romance dont les paroles peignent les souffrances d'un cœur éloigné de ce qu'il aime. Gustave est attentif; il cherche à se rappeler où il a déjà entendu cette voix qui le charme. Il fait le tour du pavillon; il a inutilement essayé d'apercevoir à travers les jalousies... partout les fenêtres sont garnies de rideaux. Mais, ô bonheur! on a cessé de chanter pour aller ouvrir une des fenêtres. Gustave se rapproche; il écarte bien doucement la jalousie, et ses regards pénètrent enfin dans l'intérieur du pavillon.

Cependant il n'est pas encore entièrement satisfait : la jeune dame est assise en face de lui, mais elle tourne le dos à la fenêtre où il est, et il ne peut apercevoir sa figure.

La petite fille est sur les genoux de sa mère, et joue avec ses cheveux. — Maman, tu ne chantes plus... tu as du chagrin... tu pleures toujours.

La jeune dame ne répond à la petite qu'en la couvrant de baisers; puis elle appuie son mouchoir sur ses yeux. Gustave est tremblant, il respire à peine : il lui semble que c'est lui qui fait couler les larmes de cette jeune femme.

La petite quitte les genoux de sa mère : — Attends... attends, dit-elle; tu sais bien que je puis t'empêcher de pleurer.

L'enfant va prendre un grand cadre placé sur une chaise, et que Gustave n'a point encore remarqué; la petite peut à peine porter ce tableau presque aussi grand qu'elle. Gustave lui envoie des baisers; elle les envoie à sa mère, et lui envoie des baisers. La jeune dame reprend sa fille, l'embrasse, et la fait mettre à genoux devant le portrait. — Prie le ciel, lui dit-elle, pour que ton père m'aime encore, et qu'il revienne un jour près de nous.

Gustave n'est plus maître de son émotion... cette voix lui est bien connue; il monte sur la fenêtre pour apercevoir aussi le portrait... il reconnaît cette image frappante... ses genoux fléchissent... ses larmes coulent.. C'est lui, c'est bien lui qui est représenté sur cette toile... mais cette femme... cette enfant... Il entre dans le pavillon; il s'approche... il peut à peine en croire ses yeux : c'est Suzon qui est devant lui, qui se jette dans ses bras, qui lui présente sa fille... Il tombe accablé sur le siège qu'elle occupait... son cœur n'a pas la force de résister à tous les sentiments qu'il éprouve.

On ouvre la porte d'un petit cabinet, et le colonel Moranval paraît : — Mon cher Gustave, dit-il en s'avançant gaiement vers son neveu, tu as bien fait de revenir seul, car je te gardais ici une femme et un enfant.

Gustave ne peut encore répondre : il tient dans ses bras Suzon et sa fille, il les couvre de baisers. — Allons, calme-toi, dit en souriant le colonel, tu dois être bien impatient de savoir comment il se fait que ta petite paysanne, que tu avais perdue à Paris, soit cette femme aimable qui possède des talents et a le ton de la société. Peu de mots vont te mettre au fait : ce petit Savoyard qui s'était établi devant la porte de mon hôtel... c'était Suzon!...

— Suzon!... s'écrie Gustave, et je ne t'ai point reconnue!... — Ah! mon ami! j'étais tellement déguisée!... tellement noircie, que tu ne pouvais me reconnaître; et devant toi j'avais soin de ne parler que fort peu!... — Et pourquoi ce déguisement? — Pour être près de toi, pour te voir chaque jour, pour ne point te quitter... — Pauvre Suzon! que de chagrins je t'ai causés! — Ce fut en me sauvant de chez madame Henry que je formai ce projet : je vendis, je changeai tout ce que je possédais contre des habits de Savoyard. Hélas!... j'étais mère... je portais dans mon sein le fruit de nos amours, et lorsque tu passais près de moi, j'avais bien envie de me jeter dans tes bras et de tout t'avouer, mais la crainte d'être encore séparée de toi m'empêchait de céder à l'impulsion de mon cœur.

— La pauvre petite me craignait, reprend le colonel; cependant je ne suis pas si méchant que je le parais. Suzon nous avait suivis lorsque nous partîmes de Paris; elle monta derrière notre cabriolet, qui fut renversé à Saint-Germain. Je dois te rappeler, Gustave, que, pour céder à tes désirs, j'allai m'informer de l'état du petit Savoyard. Juge de ma surprise en reconnaissant alors dans cet enfant cette jeune fille qui m'avait tant intéressé! Je calmai la douleur de Suzon; elle voulait mourir parce que tu partais sans elle; je la consolai en lui faisant espérer qu'elle te reverrait, et en lui jurant de ne jamais l'abandonner. Cependant je me gardai bien de te faire part de cette aventure; et je partis pour Paris en emmenant avec moi le petit Savoyard.

Je l'avouerai, le dévouement de Suzon, la force et la sincérité de son amour, sa candeur, sa jeunesse, tout déjà m'attachait à cette jeune fille. Je la fis loger dans mon hôtel, et je fis soigner son éducation. Elle apprenait avec une facilité prodigieuse, et mettait tout son plaisir à me parler quelquefois de toi. Elle mit au monde cette petite fille que j'aimai bientôt comme sa mère, car elle en avait déjà la douceur et la beauté. Cependant Suzon apprit que sa mère était malade; elle quitta tout pour voler auprès d'elle, et j'approuvai cette conduite. La mère Lucas mourut en pardonnant à sa fille la faute que l'amour lui avait fait commettre. Suzon resta à Ermenonville ; elle ne voulait plus quitter son père, qui n'avait qu'elle pour le consoler. Elle passa huit mois dans son village ; au bout de ce temps une fièvre maligne emporta le bonhomme Lucas. J'allai à Ermenonville, et je forçai Suzon à revenir avec moi ; j'eus quelque peine à l'y déterminer, car elle ne voulait plus quitter son village et le tombeau de ses parents ; mais je lui reparlai de toi, et l'amour l'emporta.

Enfin, mon cher Gustave, j'appréciai chaque jour davantage les vertus et les aimables qualités de celle que j'avais recueillie : une maladie violente m'aurait fait perdre la vie, sans les soins, les attentions, les secours de Suzon, qui passa les nuits à me veiller. Tant de dévouement me toucha, et je commençai à désirer que tu ne rencontrasses point dans tes voyages une femme qui te captivât entièrement. Je fis part à Suzon de mes vues sur elle... Juge de sa joie !... Cependant elle me pria de ne point te parler d'elle ; elle voulait te laisser maître de ton cœur, et ne point t'empêcher de former de nouveaux liens. Mais avec quelle inquiétude elle écoutait la lecture de tes lettres, dans lesquelles elle craignait sans cesse d'apprendre que tu n'eusses fait un choix !

Enfin, tu m'as annoncé ton retour, et je t'ai envoyé Germain, auquel j'avais fait sa leçon pour qu'il t'amenât ici. J'ai voulu piquer ta curiosité ; je connais ton cœur, Gustave ; mais j'ai cherché à l'émou-voir vivement, afin que tu apprécies davantage tout le bonheur que je t'ai réservé. Sois heureux, mon ami : je te donne un enfant charmant et une femme adorable, près de laquelle tu ne trouveras plus le temps long ; d'abord parce que tu es plus raisonnable, ensuite parce qu'elle possède des talents qui embellissent l'intérieur d'un ménage, et que, son esprit étant cultivé, tu pourras parler avec elle d'autres choses que d'amour... C'est une conversation charmante, mes enfants ; mais pour avoir toujours quelque chose à se dire à ce sujet, il ne faut pas d'abord l'épuiser, et c'est ce que vous faisiez pendant le premier séjour de Suzon à l'hôtel.

— Mon cher oncle ! dit Gustave en sautant au cou du colonel, désormais je serai constant. Près de Suzon, de vous et de ma fille, je vais trouver le bonheur que j'ai vainement cherché dans le tourbillon des intrigues et de la folie.

— Mon ami, il faut que jeunesse se passe : tu as jeté ton feu, tant mieux; cela me rassure pour ton avenir.

— Ah, Gustave! dit Suzon en prenant la main de son ami, je n'aurais jamais cru être aussi heureuse !... Qui m'aurait dit, lorsque tu vins au village, que je serais ta femme.

— Ma chère enfant, dit le colonel en unissant les deux amants, vous m'avez prouvé que les vertus, la douceur, l'esprit et la beauté, peuvent tenir lieu de naissance et de fortune.

Je n'ai besoin de rien, répond à demi-voix le petit Savoyard en repoussant la bourse que lui offre Gustave.

FIN DE GUSTAVE.

Paris. — Imp. Lacour et C., rue Soufflot, 16.

EDMOND ET SA COUSINE,

PAR

PAUL DE KOCK.

CHAPITRE PREMIER. — Un Intérieur.

Il y a des gens qui doutent de tout, d'autres qui se moquent de tout, et un fort grand nombre qui se croient aptes à tout. C'est très-commode de douter, car alors on ne se donne pas la peine d'approfondir, d'étudier ; ce qu'on ne comprend pas, on le nie. C'est ainsi que j'ai vu beaucoup de personnes hausser les épaules lorsqu'on leur parlait de la distance du soleil à la terre ; elles répondaient qu'on n'avait pas pu y aller voir, et, en partant de ce principe, ne voulaient pas croire à l'astronomie. La secte des pyrrhoniens est nombreuse.

Plus negare potest asinus quàm probare philosophus.

Se moquer de tout est encore chose très-facile... Eh ! mon Dieu, c'est en se moquant des autres tant de gens passent dans le monde pour avoir de l'esprit. Pauvre esprit que celui-là, et dont les cerveaux les plus étroits ont toujours quelques parcelles ! Tout prête au ridicule pour qui veut en chercher ; le sublime même n'en est pas exempt (surtout le sublime de notre époque). Si vous le voulez bien, vous trouverez à vous moquer en assistant à la représentation d'un chef-d'œuvre de la scène, comme en écoutant un discours académique ; il ne faut pour cela qu'un peu de bonne volonté.

Puis enfin il y a des gens qui ne doutent de rien, c'est-à-dire qui se croient toutes les capacités, toutes les vocations, tous les talents ; ce qu'ils ne savent pas, c'est qu'ils n'ont pas voulu se donner la peine de l'apprendre ; mais il ne tiendrait qu'à eux d'y exceller. S'ils ne le font pas, c'est qu'ils ne veulent pas se donner la peine de le faire ; car, je le répète, ils possèdent la science infuse, ils ont du génie pour tout, ils feraient de l'or... si on en faisait. En attendant, ils vous empruntent un écu, parce qu'ordinairement ces gens qui savent tout faire ne peuvent pas trouver le moyen de gagner leur vie.

A quoi tend ce préambule ? me direz-vous peut-être ? C'est que M. Edmond Guerval, le jeune homme dont je veux vous conter l'histoire, était de la dernière catégorie que je viens de citer. Mais, avant de vous le faire mieux connaître, permettez-moi de vous transporter dans un petit appartement situé au quatrième, dans une assez belle maison du faubourg Poissonnière.

Là, dans une pièce qui sert à la fois de salon et de chambre à coucher, et dont l'ameublement simple, mais de bon goût, annonce l'ordre et l'aisance, trois personnes sont assises autour d'une table ronde sur laquelle est placée une lampe recouverte d'un abat-jour.

Car c'est le soir, et nous sommes en hiver. J'ai bien envie de vous dire aussi, comme les *watchmen*, l'heure qu'il est et le temps qu'il fait.

D'abord c'est une jeune personne de vingt ans environ, jolie brune

aux yeux noirs et doux (ce qui n'est nullement incompatible), dont les traits, sans être bien réguliers, ont un charme qui plaît et séduit sur-le-champ. Ses cheveux, arrangés avec grâce, retombent en grosses boucles sur chaque côté de sa figure, mais laissent voir un front haut et blanc sur lequel il semble que la fausseté et le mensonge ne doivent jamais trouver place. Cette jeune fille se nomme Constance ; c'est la cousine d'Edmond Guerval, dont je vous ai déjà dit un mot.

Auprès de Constance est une autre demoiselle coiffée à la chinoise. Figurez-vous de ces physionomies espiègles et gaies sur lesquelles le sourire est en permanence ; une bouche moyenne, mais agréable, des yeux plus malins que grands, un nez plutôt trop petit que bien fait, enfin une figure plutôt drôle que jolie, et vous aurez le portrait de mademoiselle Pélagie, l'amie et la voisine de Constance.

La troisième personne est un jeune homme de vingt-cinq à vingt-six ans, plutôt laid que beau, fortement marqué de petite-vérole, dont le nez est trop gros, le front trop bas, les yeux trop clairs, mais qui rachète tout cela par un air de timidité qui n'est plus commun chez les jeunes gens.

Ce jeune homme, dont la mise décente, mais fort simple, n'a rien qui sente le fashionable, est assis du côté du feu, et fait la lecture aux deux demoiselles, qui travaillent à l'aiguille.

« Dans le milieu de la forêt s'élevait une vieille chapelle qui tombait en ruines, et dont les corbeaux, les chouettes et les hiboux avaient fait leur demeure favorite, le vaillant Adhémar... »

— Mon Dieu ! monsieur Ginguet, que vous lisez mal ! dit mademoiselle Pélagie en interrompant le jeune homme au milieu de sa lecture ; vous allez, vous allez !... vous mêlez tout cela, on ne s'y reconnaît plus !

— Cependant, mademoiselle, je m'arrête aux points et aux virgules...

— Je ne sais pas si ce sont les chouettes ou le vaillant Adhémar qui ont fait leur demeure de la vieille chapelle...

— Je vais recommencer, mademoiselle : « Dont les corbeaux, les chouettes et les hiboux avaient fait leur de-

L'honorable M. Pause.

meure... un point. Le vaillant Adhémar ne craignit pas de pénétrer au milieu des ruines à l'heure de minuit. »

— Vous n'auriez pas eu ce courage-là, vous, monsieur Ginguet !

— Pourquoi donc cela, mademoiselle ?...

— C'est que je vous crois un peu poltron.

— Mademoiselle, je ne suis pas un crâne, un cerveau brûlé, c'est vrai ; mais je vous prie de croire que s'il s'agissait de vous défendre... de vous tirer de péril, rien ne m'arrêterait !

— En attendant, il faut qu'on vous éclaire dans l'escalier quand vous avez oublié votre rat...

— C'est que l'escalier est tellement ciré et frotté au premier, que j'ai toujours peur de tomber.

6

— Ah! c'est juste; quand on voit clair, c'est moins glissant!... Ah! ah! ah!... Mais continuez donc.

« Au milieu des ruines à l'heure de minuit. La lune brillait alors dans tout son éclat, et sa réverbération créait dans la forêt mille images fantastiques qui... »

— Qu'est-ce que j'ai donc fait de mon aiguille?... je la tenais encore tout à l'heure... C'est une véritable anglaise, et j'y tiens...

— Voulez-vous que je cherche à terre, mademoiselle?

— Ah! attendez, la voilà... Suis-je folle! elle était après mon ouvrage...

« Mille images fantastiques qui auraient pu causer de l'effroi à tout autre qu'au noble et preux chevalier dont... »

— Allons... voilà mon dé à présent!... Mon Dieu! j'ai bien du malheur ce soir... Il faut que je le retrouve, mon petit dé d'ivoire, sans quoi on pourrait marcher dessus et l'écraser, et c'est un présent de mon oncle, qui ne m'en fait pas souvent... Ah! le voilà, il était sur mes genoux... Eh bien! continuez donc, monsieur Ginguet; vous vous arrêtez à toute minute; comment voulez-vous que l'on comprenne ce que vous lisez?...

« Qu'au noble et preux chevalier dont la vaillance ne s'était jamais démentie. Mais le jeune Adhémar, tirant son épée hors du fourreau... »

— Ah! cette bêtise! Puisqu'il tire son épée, il est bien clair que c'est hors du fourreau... C'est vous qui ajoutez cela, monsieur Ginguet.

— Non, mademoiselle, je n'ajoute rien; si vous voulez prendre la peine de regarder.

— C'est inutile, allez toujours.

« Hors du fourreau, entra sans hésiter sous les voûtes sombres de la vieille chapelle, faisant craquer sous ses pieds les dalles moisies par le temps. »

— Dis donc, Constance, est-ce que cela t'amuse, ce livre-là?... Moi, je trouve que ça n'a aucune suite... aucun intérêt; j'aime mieux le Petit-Poucet ou Peau-d'Ane; et puis, M. Ginguet lit d'une manière si monotone! Il me semble entendre une vieille clarinette d'aveugle.

Jusque-là Constance avait gardé le silence, laissant sa jeune amie Pélagie faire endêver M. Ginguet; elle prêtait peu d'attention à la lecture, mais en revanche ses yeux se portaient souvent sur une petite pendule; mais la jeune fille, qui avait tendrement celui qu'elle attendait. Constance avait été pour ainsi dire élevée avec Edmond; leurs mères étaient sœurs et s'étaient trouvées veuves toutes deux, fort jeunes encore; elles avaient juré de ne point se remarier pour se donner entièrement à l'éducation de leur enfant.

Les deux sœurs habitaient ensemble, et leur plus doux projet était d'unir un jour Edmond à Constance, qui n'avait que quatre ans de moins que son cousin.

Tout semblait faire présager que cette union ferait le bonheur des deux enfants; ils s'aimaient comme un frère et une sœur; et en grandissant il était à présumer que l'amour viendrait prendre la place de l'amitié. Quant aux rapports de fortune, ils étaient convenables; chaque sœur avait cinq mille livres de rente qu'elle comptait laisser entièrement à son enfant. Cependant ces dames avaient vu les Deux Gendres et le Père Goriot, mais cela ne les avait pas détournées de leurs résolutions; de bonnes mères ne croient point à l'ingratitude des enfants, et elles ont raison. Il est si doux de compter sur l'amour, sur la reconnaissance de ceux que l'on chérit! D'ailleurs les enfants ingrats ne sont pas dans la nature, ce ne sont que des exceptions.

Mais le sort, qui n'est pas toujours juste, quoi qu'en disent nos optimistes, ne permit pas que les deux bonnes mères vissent se réaliser le projet qu'elles avaient formé. Madame Guerval mourut lorsque son fils venait d'atteindre sa dix-huitième année; Edmond resta chez sa tante près de sa cousine, dont la tendre amitié s'efforçait d'adoucir sa douleur; mais, l'année suivante, Constance aussi perdit sa mère, et les pauvres enfants se trouvèrent tous deux orphelins.

Edmond avait dix-neuf ans, Constance en avait seize; ils étaient encore trop jeunes pour se marier. D'ailleurs, il fallait d'abord porter le deuil d'une mère; mais comme il n'eût point été convenable que les jeunes gens continuassent à demeurer ensemble, aussitôt après la mort de sa mère, la jeune Constance se retira chez M. Pause, l'oncle de Pélagie.

M. Pause était un musicien de troisième ordre; il jouait de la basse depuis l'âge de dix ans, il n'avait alors que cinquante-cinq, et cependant il n'avait jamais pu parvenir à déchiffrer que la clef de fa; il aimait la musique de passion; il jouait de son instrument avec amour, et pourtant il en jouait très-médiocrement, n'allait pas toujours en mesure, et n'attaquait régulièrement qu'après les autres. Mais M. Pause était un excellent homme, modèle d'exactitude; arrivant toujours avant l'heure à l'orchestre du théâtre où il était employé, ne s'étant jamais fait mettre à l'amende, et ne montrant aucune humeur lorsqu'aux répétitions on faisait recommencer cinq ou six fois le même morceau. Toutes ces qualités lui avaient valu l'estime de ses chefs et faisaient excuser la médiocrité de son talent.

M. Pause n'était pas riche, quoique nous soyons dans un siècle où la musique fasse de grands progrès, et menace d'envahir les carrefours comme les jardins; on ne gagne pas beaucoup à jouer de la basse dans un théâtre de mélodrame. Quelques leçons que M. Pause donnait le matin augmentaient peu son revenu, ses élèves ayant l'habitude de le quitter dès qu'ils parvenaient à déchiffrer seuls. Malgré cela, le pauvre musicien, qui avait autant d'ordre dans son intérieur que d'exactitude dans son emploi, vivait heureux et satisfait avec sa nièce Pélagie, petite espiègle que vous venez de voir travaillant près de son amie, et faisant enrager M. Ginguet, jeune employé au trésor, brave garçon dont la bonté frise un peu la niaiserie, et qui est éperdument amoureux de la nièce du joueur de basse.

M. Pause allait quelquefois avec sa nièce voir les deux veuves et leurs enfants. Constance et Pélagie s'étaient liées intimement : dans l'adolescence on aime si vite!... et il y a des gens qui conservent toute leur vie cette habitude-là.

Constance avait souvent entendu sa mère vanter la probité, l'excellent cœur de M. Pause; après l'avoir perdue, elle pensa ne pouvoir mieux faire que d'aller demander asile et protection chez l'ancien ami de sa famille. L'oncle de Pélagie accueillit avec bonté la jeune orpheline; il l'eût reçue chez lui lors même que Constance eût dû lui être à charge; mais la jeune fille, qui avait une honnête fortune, n'entra chez le pauvre musicien qu'après l'avoir fait consentir à recevoir la pension qu'elle régla elle-même; de cette façon la présence de Constance chez Pause y répandit un peu plus d'aisance, en même temps qu'elle y amenait plus de plaisirs.

À l'époque où nous prenons cette histoire, Constance était déjà depuis trois ans et demi chez M. Pause; le jeune Edmond avait atteint sa vingt-quatrième année, et rien ne l'empêchait de s'unir à sa jolie cousine, qui avait dix-neuf ans passés, et tout ce qu'il faut pour faire une excellente femme de ménage.

Pourquoi donc cette union n'était-elle point encore formée, puisque aucun obstacle ne s'opposait au bonheur des jeunes gens? C'est probablement parce qu'aucune entrave ne venait contrarier ses amours, qu'Edmond était si peu empressé d'être heureux. Il semble que les hommes n'attachent du prix qu'à ce qu'ils auront de la peine à obtenir; qu'un but soit facile à atteindre, et vous verrez peu de concurrents chercher à y arriver. Ainsi Edmond, bien certain de l'amour de sa cousine; mais sûr aussi qu'il la voudrait elle lui accorderait sa main, différait toujours cette union si désirée par leurs mères.

Il vous dirai dire aussi que, possesseur d'un peu jeune de la fortune honnête que sa mère lui avait laissée, Edmond, ne sachant encore quelle carrière il voulait embrasser, et se croyant capable de réussir dans tout ce qu'il entreprendrait, avait déjà essayé de plusieurs professions que son caractère changeant et son esprit versatile lui faisaient bientôt abandonner. Cependant, avant d'épouser sa cousine, il prétendait avoir une position, une fortune, et déjà même de la gloire à lui offrir, et c'est parce qu'il n'avait pas encore pu réunir tout cela qu'il reculait l'époque de son mariage.

Vous connaissez maintenant les personnages auxquels vous aurez le plus souvent affaire. Retournons autour de la table ronde pour écouter la suite de leur conversation.

CHAPITRE II. — M. Pause.

Constance n'avait pas répondu à la question de son amie, tant elle était préoccupée; c'est qu'Edmond ne passait pas ordinairement une soirée sans venir chez M. Pause, et que ce soir-là on ne l'avait pas encore vu, quoique l'aiguille de la pendule eût sonné la demie après neuf heures.

Pélagie sourit et reprit :

— Ah! du moins Constance est bien heureuse; pendant que M. Ginguet lit, elle pense à autre chose, ça fait qu'elle n'écoute pas et ne s'aperçoit pas si c'est bon ou mauvais... On lui lirait le Moniteur qu'elle croirait que c'est toujours les Mystères de la Tour du Sud... Ah! voilà ce que c'est que d'avoir un cousin qui doit nous épouser...

— Un cousin! dit Constance en rougissant et en sortant de sa rêverie. Oui, c'est vrai... je trouve qu'Edmond vient tard ce soir.

— Oh! je savais bien que tu pensais à lui... tu l'aimes tant!...

— Je ne m'en défends pas; ma mère m'avait fiancée à Edmond, et me répétait souvent que je devais l'aimer, parce qu'il serait un jour mon protecteur, mon mari.

— En voilà un jeune homme heureux! murmure Ginguet en prenant les pincettes pour tisonner.

— Qu'est-ce que vous dites, monsieur Ginguet? demande Pélagie d'un air moqueur.

— Moi!... rien du tout, mademoiselle, je rarrange le feu.

— Mais à quand donc la noce, Constance? je serais si contente d'y danser! Je serai ta fille d'honneur... Ma toilette est déjà prête... Oh! elle sera charmante!...

— Puis-je espérer qu'on voudra bien me faire garçon d'honneur? dit Ginguet d'un air timide et sans oser regarder mademoiselle Pélagie.

— C'est bon, monsieur Ginguet, nous verrons, nous y penserons; mais ne nous ennuyez pas d'avance avec vos demandes... D'abord, comme fille d'honneur, c'est moi qui arrangerai tout cela... Constance me l'a promis. Ce sera pour le mois prochain, ton mariage, n'est-ce pas?

— Mais... cela dépend d'Edmond...

—C'est bien singulier qu'un futur ne se montre pas plus empressé!... A ta place, moi, je lui dirais : Mon cousin, si vous ne voulez plus m'épouser, dites-le-moi franchement.

— Ah! Pélagie!... quelle pensée!... Est-ce que je puis supposer que mon cousin ne m'aime plus? Qu'importe quand se fera notre mariage? Puisque je suis certaine d'être un jour sa femme... je suis heureuse...

Et en disant ces mots la jeune fille étouffait un soupir; elle reprit au bout d'un moment :

— Edmond veut avoir une position honorable dans le monde, mais il ne sait pas encore bien quelle profession il doit embrasser. Le désir d'acquérir de la gloire, d'entendre son nom cité avec éloge, le tourmente, le préoccupe sans cesse... Je ne puis lui en vouloir de chercher à tenir un rang honorable dans la société, quoique je ne pense pas que la gloire donne le bonheur. D'abord tu sais qu'il s'est senti beaucoup de goût pour la musique; il étudiait la composition, il voulait être un Boïeldieu, un Rossini.

— Oui, et de tout cela il est résulté une valse qu'il a fait graver... et dans laquelle mon oncle dit qu'il y a de jolies choses.

— Moi, je n'ai jamais pu jouer sa valse sur mon flageolet, dit M. Ginguet; c'est étonnant comme elle est difficile.

— Parce que vous n'allez pas en mesure!... Ah! monsieur Ginguet, ce n'est pas vous qui tenez une valse.

— Mademoiselle, depuis quinze jours je compose un petit galop que je veux vous dédier.

— Un petit galop!... Je crois que cela sera joli!... Enfin, ton cousin a quitté la musique pour la poésie... Il a fait une comédie en trois actes et en vers... C'est cela qui est beau!...

— Dieu!... a-t-elle été sifflée!... Quel carillon c'était le jour de la représentation!... murmure Ginguet en arrangeant le feu et sans s'apercevoir que Pélagie lui fait signe de se taire.

— Mon cousin n'a pas été heureux au théâtre, dit Constance en soupirant, et je crois qu'il n'a pas envie de s'y essayer de nouveau.

— Ah! que veux-tu... on ne réussit pas tout de suite... Mais il faut toujours de l'esprit pour faire une comédie... lors même qu'elle tombe... Monsieur Ginguet, je crois que vous n'avez jamais fait de vers dans votre vie?

— Pardonnez-moi, mademoiselle, j'ai fait une chanson pour la fête de ma tante, sur l'air : *Grenadier, que tu m'affliges!* Il y a huit couplets.

— Ce doit être curieux... Vous me la chanterez un soir que j'aurai besoin de dormir.

— A présent, Edmond s'est passionné pour la peinture, dit Constance; il vient de terminer un tableau et de l'envoyer à l'exposition.

— Est-ce un tableau d'histoire, mademoiselle? demande M. Ginguet en quittant enfin les pincettes.

— Oh! non, monsieur, ce n'est qu'un tableau de genre.

— Mon Dieu, monsieur Ginguet, vous faites des questions qui n'ont pas le sens commun! Vous voulez que M. Edmond, qui ne cultive la peinture que depuis fort peu de temps, débute tout de suite par un tableau d'histoire!...

— Dame, mademoiselle, j'ai un petit neveu qui n'a que neuf ans et qui fait tous les jours des *Brutus* et des *Epaminondas*; ce n'est pas plus difficile à copier que les *Souvenirs* et les *Regrets* de M. Dubuffe.

— Taisez-vous, monsieur Ginguet; vous me faites mal en parlant comme cela!... On voit bien que vous n'avez jamais appris le dessin...

— Vous vous trompez, mademoiselle, je l'ai appris six mois... et je faisais déjà fort bien les moulins à vent... Voulez-vous que je continue la lecture?

— Non, vous voyez bien que nous causons; découpez-moi ce feston-là, ça vaudra mieux; mais surtout prenez bien garde de couper une dent!...

— Soyez tranquille, mademoiselle, je ferai attention.

Et M. Ginguet, prenant le feston et des ciseaux, se met à découper sans oser lever les yeux, de crainte de faire quelque maladresse.

— Si le tableau de mon cousin n'était pas reçu au salon, dit Constance, je suis sûre qu'il abandonnerait la peinture, comme il a abandonné la musique et le théâtre!...

— Que veux-tu?... il cherche sa vocation; il voudrait tout faire!... C'est impossible. Il a beaucoup de talents, ton cousin, mais il n'a guère de persévérance!

— Pierre qui roule n'amasse pas de mousse! dit à demi-voix M. Ginguet tout en continuant de découper.

— C'est bon, Ginguet, nous verrons quelle mousse vous amasserez, vous qui êtes dans une administration depuis sept ans, je crois, et qui êtes toujours surnuméraire.

— Mademoiselle, c'est qu'on m'a fait des injustices... des passe-droit... mais il faudra bien que j'arrive!...

— Oui, si cela continue, dans quinze ans on vous fera garçon de bureau!...

— Ah! mademoiselle...

— Prenez donc garde, monsieur, vous allez couper mon feston...

— C'est chef de bureau que vous voulez dire?

Pélagie se met à rire; dans ce moment on sonne à la porte. La figure de Constance s'épanouit, car elle ne doute pas que ce ne soit son cousin; mais la joie de la jeune fille est de courte durée.

C'est un petit homme gros, ramassé, bouffi, ayant au milieu de la figure une petite bosse avec deux ouvertures, ce qui est censé représenter un nez, et là-dessous une énorme solution de continuité arrêtée heureusement par les oreilles; ce qui, avec de gros yeux à fleur de tête et des cheveux hérissés dont la naissance tient presque aux sourcils, achève de faire de cette figure une des plus plaisantes que l'on puisse rencontrer, même parmi la galerie de *Dantan*.

Ce petit homme est l'honnête M. Pause, l'oncle de Pélagie, le joueur de basse le plus intrépide, ce qui ne veut pas dire le meilleur, qui revenait de son théâtre beaucoup plus tôt que de coutume.

M. Ginguet quitte un moment son feston pour saluer respectueusement M. Pause, auquel il cède sa place près du feu.

— Comment! c'est vous, monsieur Pause? dit Constance; mais il n'est que dix heures, et d'ordinaire votre théâtre ne finit pas si tôt.

— C'est vrai, ma chère amie, mais c'est que ce soir nous avons eu une pièce nouvelle en trois actes; et le public n'a voulu en entendre que deux, ce qui a nécessairement raccourci la soirée.

— La pièce est donc tombée, mon oncle?

— Oui, ma chère amie.

— C'était donc bien mauvais? dit Ginguet sans quitter son feston des yeux.

— Mauvais... mais... cela dépend... il y avait de jolies choses... surtout dans les parties d'orchestre; au reste, on la redonnera demain, et le directeur a dit que cela serait enlevé.

— De dessus l'affiche?

— Non! enlevé, c'est-à-dire emporté d'assaut par les applaudissements! C'est ce qui serait arrivé aujourd'hui si on avait donné toute la salle à l'auteur, comme cela se pratique habituellement pour les pièces de nos grands hommes modernes, qui ne veulent pas qu'à leurs pièces il puisse entrer un seul billet payant... parce qu'à une première représentation tout le monde doit se connaître... au moins l'enthousiasme est alors général. Mais aujourd'hui le directeur a eu la faiblesse de vouloir faire une recette; qu'en est-il résulté? c'est que la pièce est tombée. Belle avance!... Voilà ce que l'auteur lui a prouvé comme deux et deux font quatre, en lui disant : Je consens à vous donner des ouvrages... c'est très-bien; mais il ne suffit pas de me payer plus cher que les autres, il faut sacrifier mes recettes pendant six représentations... Voilà, monsieur, le seul moyen de faire de l'argent à présent.

— Mon oncle, puisqu'à la prochaine représentation on donnera toute la salle en billets, est-ce que vous ne pourriez pas en avoir pour moi et Constance?

— Ah!... ce serait difficile; on ne distribue pas les billets légèrement aux premières personnes qui en demandent!... on veut des gens sur qui l'on puisse compter. D'ailleurs, ma chère Pélagie, tu sais que je n'aime pas demander la moindre faveur. Nous avons notre billet de service... un tous les quinze jours... c'est déjà bien gentil!...

— Ah! oui!... ils sont agréables, vos billets de service, dit Ginguet tout en découpant; on paye vingt sous par personne avec cela, et on vous met sur le côté, à une place où il est impossible de voir... Alors on vous dit qu'avec un supplément de vingt autres sous vous pouvez aller en face. Bon, vous prenez le supplément, vous allez en face... il n'y a plus de place... vous pestez... vous voyez des loges vides, mais pour y entrer il faut donner quinze sous de supplément... total, cinquante-cinq sous pour aller à une place qui est marquée deux francs cinquante au bureau; c'est juste cinq sous de plus que vous payez avec votre billet donné, qui vous a fait rester deux heures à la queue. Je ne parle pas encore du petit banc que l'ouvreuse vous glisse presque de force sous les pieds, de l'*Entr'acte* qu'il faut acheter et du parapluie que vous déposez à la porte... Oh! j'ai les billets donnés en horreur! j'aimerais mieux louer une loge que d'accepter jamais un billet d'administration.

— Ce pauvre M. Ginguet... comme il s'emporte!...

— Écoutez donc, mademoiselle, et je me rappelle la dernière fois que j'ai mené au spectacle mes tantes et mes sœurs... j'avais des billets d'administration!... et toutes mes économies du mois y ont passé!...

— Faites donc attention à mon feston, cela vaudra beaucoup mieux... Là!... vous m'avez coupé une dent!... oh! j'en étais sûre!... Donnez-moi cela, monsieur; je ne veux plus que vous y touchiez.

— Mademoiselle... je ferai remettre une dent...

— Non... en voilà bien assez.

Pélagie reprend son feston à M. Ginguet, qui semble consterné; en ce moment on sonne de nouveau.

— Oh! pour le coup, c'est lui! dit Constance.

Un jeune homme à cheveux lisses, à petite barbe pointue au menton, et dont les traits assez réguliers ont malheureusement une expression de suffisance qui leur ôte tout leur charme, entre bientôt dans l'appartement, et, sans saluer personne, va se jeter avec humeur dans un fauteuil en s'écriant :

— C'est pitoyable!... c'est épouvantable! c'est détestable!...

— Quoi donc, mon cousin? dit Constance en regardant avec anxiété le jeune homme qui vient d'arriver.

— Est-ce que vous venez de voir notre pièce nouvelle? demande M. Pause en battant avec ses doigts sur la cheminée, comme s'il conduisait un orchestre. Il me semble cependant qu'il y a de jolies choses...

— Ah! je m'embarrasse peu de votre pièce... c'est de mon tableau

4.

qu'il s'agit... de mon tableau qui est délicieux!... un ton... un fini... une couleur!...

— Eh bien! mon cousin?

— Eh bien! on me l'a refusé à l'exposition; j'en ai eu ce soir la nouvelle certaine.

— Il est refusé!...

— Oui, ma cousine. Ayez donc du talent, du génie, une vocation décidée pour les arts... à quoi cela vous avance-t-il? Maintenant ce sont les intrigants qui arrivent... qui parviennent!... qui ont les récompenses, les honneurs!... Mais quand vous n'êtes pas prôné par une coterie, vous êtes repoussé; on accumule les obstacles, les dégoûts pour vous faire renoncer à une carrière où vos succès écraseraient vos rivaux...

Cependant, mon ami, dit M. Pause en essayant de battre avec sa tête une mesure en trois temps, le public n'est pas une coterie, et c'est lui qui fait les vrais succès, en dépit des articles des journaux, qui parfois ne sont pas plus vrais pour les arts que pour la politique, et tôt ou tard le talent perce; mais il faut en tout de la persévérance!... Voyez, moi, je sentais bien que j'étais né pour la musique!... j'ai continué... cela m'a valu mille désagréments, mais enfin j'ose dire que je suis arrivé; c'est fini, à présent je suis classé, et pourtant jamais, je puis le dire avec assurance, jamais un seul journal n'a parlé de moi!

Edmond réprime un sourire ironique qui venait sur ses lèvres, et répond: Je n'ai pas envie d'attendre vingt-cinq ou trente ans pour avoir une réputation; nous sommes dans un siècle où tout marche vite, où l'on veut être tout de suite riche, heureux, admiré!... Je veux faire comme les autres. Ce ne sont pas les moyens qui me manquent; en musique, j'ai tout de suite compris les règles de la composition!...

— Oui... oh! vous seriez arrivé... il y a de très-jolies choses dans votre valse!...

— Dès pièces!... mais j'en aurais fait une par semaine si on les avait reçues!... et des romans! est-ce donc si difficile d'en écrire?... on en fait de si mauvais maintenant!...

— Il est certain que cela ne doit pas être difficile d'en faire de mauvais...

— Quant à mon tableau, vous l'avez vu, monsieur Pause; voyons, répondez-moi, est-ce qu'il n'était pas bien?

— Il y avait de fort jolies choses! répond M. Pause en jouant toujours avec ses doigts.

Edmond se lève et se promène quelques instants dans l'appartement, paraissant réfléchir profondément. Les deux jeunes filles travaillent et se taisent; car l'une songe que son mariage sera encore reculé, et l'autre qu'elle ne mettra pas de sitôt la jolie toilette de fille d'honneur. M. Pause garde aussi le silence; il se contente de battre un andante ou un presto; quant à M. Ginguet, depuis qu'il a eu le malheur de couper le feston de Pélagie, il ne sait plus comment se tenir sur sa chaise.

Bientôt le front d'Edmond devient moins soucieux, ses traits s'animent, ses yeux brillent, et il s'écrie:

— En vérité, je suis bien bon de me chagriner pour de sottes injustices... Après tout, n'est-ce pas une duperie de travailler, de se fatiguer pour acquérir un talent que nos concitoyens ne sauront pas apprécier?... qu'ils dénigreront même et dont ils seront jaloux?... Mettez-vous donc en frais pour des envieux! des ingrats!... Sottise que tout cela!... La fortune seule, voilà ce qu'il faut avoir, parce qu'à la fortune on rend tous les honneurs, on accorde tous les genres de mérite. Oui, c'est décidé, je renonce aux beaux-arts, je ne veux plus connaître d'autre dieu que Plutus, et c'est lui que je vais encenser. Ma chère cousine, vous n'épouserez plus un célébrité, une gloire vivante, mais vous épouserez un millionnaire... et vous aurez voitures, hôtel, diamants, laquais...

— Que dites-vous-là, mon cousin? quel nouveau projet vous passe par la tête?

— Oh! c'est un projet bien arrêté maintenant. Je veux devenir très-riche... Ne voyons-nous pas tous les jours des sots, des gens ineptes faire fortune? Il me semble, d'après cela, que quand un homme d'esprit voudra bien s'en donner la peine, il pourra facilement en faire autant.

— Ce n'est pas une raison, dit Constance en soupirant; d'ailleurs, mon cousin, est-ce que de grandes richesses sont absolument nécessaires au bonheur? Nous avons chacun une honnête aisance, et le croyais que cela pouvait nous suffire... Je ne désire ni briller dans le monde ni éclipser personne...

— Et moi, ma cousine, je veux que vous éclipsiez toutes les autres dames par votre toilette, par vos diamants; je veux que l'on envie le sort de ma femme! qu'on se fasse former un vœu, un désir pour le voir satisfait!... Son mari ne lui refuse rien! Enfin j'ai déjà en tête les moyens de réussir, et avant qu'il soit peu je viendrai mettre à vos pieds mes richesses et ma main.

— Comme vous voudrez, mon cousin; mais songez bien que ce ne sont pas vos richesses qui ajouteront à mon bonheur.

— Je voudrais bien savoir par quel moyen il espère faire rapidement une grande fortune, se disait l'honnête joueur de basse en hochant la tête d'un air de doute.

— Monsieur Ginguet, il me semble que vous devriez aussi tâcher de devenir millionnaire, dit Pélagie en regardant avec malice le jeune employé, cela vous éviterait un long surnumérariat.

— Oh! moi, mademoiselle, je ne suis heureux en rien, répond Ginguet en poussant un gros soupir. Que voulez-vous que j'entreprenne?

— En tout cas, je ne vous conseille pas d'entreprendre des découpures... car vous n'y brillez pas!

Et la jeune fille se met à rire aux éclats, tandis que le jeune homme baisse les yeux et se sent presque envie de pleurer.

— Mes enfants, dit au bout d'un moment M. Pause, en attendant que M. Edmond soit membre du grand collège, est-ce que nous ne ferions pas bien d'aller chacun de notre côté nous coucher?

— Bonsoir, mon cousin, dit Constance en se levant et en quittant son ouvrage; nous nous verrons demain, j'espère?

— Oui, ma chère cousine, j'y viendrai toujours... et avant peu vous verrez que je ne suis pas un menteur. Mais il se fait tard; venez-vous, monsieur Ginguet?

— Me voilà... je vous suis... je cherche mon chapeau.

— C'est tous les soirs la même chose, dit Pélagie; vous ne savez jamais ce que vous avez fait de votre chapeau.

M. Ginguet savait fort bien où était son modeste feutre, mais il faisait semblant de chercher dans la chambre, espérant trouver encore l'occasion de se rapprocher de Pélagie et de lui demander tout bas pardon pour avoir coupé son feston; car le pauvre garçon sentait qu'il ne dormirait pas de la nuit s'il quittait la jeune fille fâchée contre lui.

Mais Pélagie fit exprès de ne point se trouver près de M. Ginguet, et il fallait bien s'en aller; déjà Edmond était sur le carré, disant adieu aux deux demoiselles et à M. Pause.

La voix de Pélagie se fit de nouveau entendre, s'écriant d'un ton moqueur qui lui était naturel:

— Monsieur Ginguet, si vous ne trouvez pas votre chapeau, mon oncle est décidé à vous prêter un bonnet de coton pour rentrer chez vous.

— Je l'ai, mademoiselle, je l'ai! répondit Ginguet en revenant tout penaud, avec chapeau à la main. Je suis désolé d'avoir fait attendre à la porte... je suis bien malheureux ce soir... je suis si... je...

— En voilà assez, monsieur Ginguet, bien le bonsoir, vous nous direz le reste une autre fois.

Et la porte du carré se refermait sur le jeune homme qui se confondait en saluts. Quant à lui qu'il ne saluait plus que des murs, il se décida à descendre l'escalier, mais tristement et en murmurant:

— Elle m'en veut beaucoup!... je suis bien malheureux!... Moi qui donnerais tout ce que je possède pour être aimé de mademoiselle Pélagie!... quand je suis près d'elle, je ne fais que des gaucheries!...

Les jeunes gens étaient arrivés dans la rue; là ils devaient se quitter, car l'un remontait le faubourg et l'autre descendait du côté du boulevard. Mais Ginguet s'était assis sur la borne qui était contre la maison dont il venait de sortir, et il semblait disposé à rester là. Edmond va lui frapper sur le bras en lui disant:

— Bonsoir, mon cher Ginguet.

— Bonsoir, monsieur Edmond.

— Est-ce que vous comptez passer la nuit sur cette borne?

— Je ne sais pas ce que je ferai... je suis si malheureux!... Ah! monsieur Edmond, vous ne savez pas ce que c'est que d'aimer sans espérance, vous qui êtes certain de posséder le cœur de votre cousine; mais moi j'adore une ingrate, une fille cruelle, un cœur de rocher... je pleurerais cinquante jours de suite que mademoiselle Pélagie ne me demanderait pas seulement pourquoi j'ai les yeux rouges...

— Alors il me semble, d'une manière vous feriez aussi bien de ne pas pleurer.

— Est-ce qu'on est maître de ça?... Quand mademoiselle Pélagie m'a rudoyé dans la soirée, je sanglotte toute la nuit si fort que ma voisine d'à côté m'a déjà menacé de se plaindre au commissaire, parce qu'elle prétend que je l'empêche de dormir.

— Ce pauvre Ginguet!... Bonsoir. Je vais rêver à mes projets de fortune.

Edmond s'éloigne, laissant Ginguet assis sur la borne. Enfin le pauvre garçon lève la tête en l'air et considère les fenêtres de l'appartement de M. Pause en se disant:

— Si elle pouvait se mettre à la croisée... si je la voyais seulement passer avec sa lumière!...

Et il était resté là, le cou tendu, le nez au vent, les yeux attachés sur les fenêtres du quatrième étage, faisant quelques pas, puis s'arrêtant; et, comme cet astronome qui regardait la lune et ne voyait point un fossé à ses pieds, l'amant infortuné, en regardant les fenêtres de celle qu'il aimait, ne voyait pas des pavés que l'on avait laissés près du ruisseau, lequel était assez gros parce qu'il avait plu ce jour-là.

M. Ginguet trébuche et tombe justement au milieu de l'eau dans laquelle un bain n'avait rien de séduisant. Mais comme une sensation physique inattendue fait toujours trêve aux sensations morales, M. Ginguet se relève tout trempé et s'en retourne sur-le-champ chez lui, sans être tenté de regarder plus longtemps les croisées de mademoiselle Pélagie.

CHAPITRE III. — Les Jeux de la Fortune.

Quatre mois s'écoulèrent; Edmond ne parlait plus que fonds, hausse, baisse, cinq pour cent et cours fermé à tant; car son moyen de faire fortune avait été tout simplement de jouer à la Bourse. Il avait réalisé ce qu'il possédait, et se flattait de parvenir en peu de temps à quadrupler ses capitaux.

Le bon M. Pause avait froncé le sourcil lorsqu'il avait su comment le cousin de Constance comptait s'enrichir; celle-ci, toujours bonne, toujours douce, ne se permettait pas de blâmer son cousin; d'ailleurs Edmond commençait bien : il gagnait, c'est presque toujours ainsi que débutent les joueurs, et il était d'une humeur charmante quand il allait voir sa cousine. A la vérité, ses visites étaient courtes; il ne parlait plus que ventes à terme ou tiers consolidé, ce qui amusait fort peu les jeunes filles; mais il était mis dans le dernier goût, et avait pris un cabriolet au mois, en attendant qu'il eût acheté une voiture.

M. Ginguet allait toujours à pied, et ne sortait pas de sa redingote noisette et de son gilet noir, ce qui lui attirait souvent des épigrammes de la malicieuse Pélagie. Pourtant un soir il se présenta d'un air tout radieux et avec un gilet blanc.

— Il est arrivé quelque événement extraordinaire à M. Ginguet, dit aussitôt Pélagie, il a changé quelque chose à son uniforme; je crois même qu'il a fait cirer ses bottes ce soir!

— Mademoiselle, il me semble que je ne me suis jamais présenté mal tenu et crotté devant vous. D'abord j'ai soin d'essuyer mes pieds à tous les paillassons.

— Enfin, monsieur Ginguet, répondez-moi... n'est-il pas vrai que vous avez quelque chose?... vous n'êtes pas dans votre état ordinaire... je crois même que vous louchez ce soir...

— Mademoiselle, je ne sais pas si le plaisir me fait loucher; ce qu'il y a de certain, c'est que je suis très-content : à dater du premier de ce mois, je ne suis plus surnuméraire, je suis appointé!...

— Appointé!... oh! mais c'est superbe cela... Et de combien sont vos appointements?

— J'ai huit cents francs, mademoiselle.

— Huit cents francs... par mois?

— Oh! par exemple... par an; il me semble que pour commencer c'est déjà bien gentil.

— Mais oui, dit M. Pause, qui n'était point encore parti pour son théâtre. Avec cela un jeune homme peut aller... non pas à l'Opéra ni chez Véfour; mais à Paris il y a tant de moyens pour vivre... on dîne parfaitement à vingt-deux sous...

— Ah! mon oncle!... ne voudriez-vous pas aussi qu'on se mît en ménage avec huit cents francs de revenu?

— Ma chère amie, j'ai connu un employé à douze cents francs qui avait une femme et quatre enfants, et tout cela vivait et ne faisait pas un sou de dettes, d'autant plus que personne n'aurait voulu leur prêter.

Le pauvre Ginguet ne soufflait plus mot; il avait cru qu'en le sachant appointé Pélagie le traiterait un peu moins mal, et il se voyait encore trompé dans son espérance. Mais en s'éloignant M. Pause lui serra la main en lui disant:

— Je vous fais mon compliment, mon ami, mon compliment bien sincère... car, à mes yeux, huit cents francs d'assurés valent mieux que des millions après lesquels on court! Au revoir; je vais accompagner un mélodrame dans lequel il y a de jolies choses.

Habitués à entendre Edmond Guerval ne parler que par cinquante, soixante mille francs, les deux jeunes filles n'avaient pas été très-émerveillées de la nouvelle situation de M. Ginguet. Qu'est-ce, en effet, que huit cents francs par an, auprès de quelqu'un qui en un coup de bourse peut en gagner cinquante fois autant?

Cependant Constance, qui était témoin des soupirs que le pauvre commis poussait près de Pélagie, grondait souvent celle-ci sur la manière dont elle traitait M. Ginguet; mais Pélagie répondait :

— Je peux lui dire tout ce que je veux!... S'il m'aime réellement, ne doit-il pas être trop heureux que je veuille bien qu'il vienne tous les soirs?... n'est-il pas bien amusant?... Quelquefois il entre, s'assied, et reste pendant deux heures sans ouvrir la bouche.

— C'est quand tu ne le regardes pas lorsqu'il te dit bonsoir. Enfin, ce jeune homme désire t'épouser; si tu ne l'aimes pas, il vaudrait mieux lui dire que de le laisser espérer en vain.

— Je ne lui ai pas dit d'espérer; nous verrons!... Ne voudrais-tu pas que j'épousasse un employé à huit cents francs, pour que le dimanche il me régalât dans un restaurant à vingt-deux sous!... Bien obligé, je ne trouve pas comme mon oncle que ce soit bien gentil. Je voudrais que M. Ginguet eût l'esprit de faire fortune comme M. Edmond... mais il est trop lourd, trop apathique pour cela. Ah! c'est toi qui vas être heureuse... tu auras un hôtel... des diamants.... une voiture... Tu me mèneras dans ta voiture, n'est-ce pas?..

— Ah! je ne l'ai pas encore!...

— Oh! comme nous nous amuserons alors! Nous irons tous les matins au bois de Boulogne, à Saint-Cloud, à Meudon... Quand on a sa

voiture, on est libre d'aller où l'on veut... Ah! nous voyagerons... tu me mèneras voir la mer.

— Que tu es folle, ma chère Pélagie!

— Oh! j'ai une grande envie de voir la mer!... mais avec un mari de huit cents francs, c'est tout au plus si je pourrais aller voir jouer les eaux dans le parc de Versailles, et encore il faudrait nous y rendre en coucou!... Comme ce serait amusant!

— Est-ce qu'on ne s'amuse pas toujours lorsqu'on est avec la personne que l'on aime?

— Ce n'est pas une raison pour avaler de la poussière pendant quatre lieues de chemin... Ah! Constance, il faudra aussi avoir des loges au spectacle... à plusieurs spectacles.

— A l'Opéra, n'est-ce pas?

— Oui, à l'Opéra... et chez Franconi. J'aime beaucoup les chevaux, moi. Ensuite, tu recevras du monde, tu donneras souvent des dîners, des soirées, des bals,... tu auras un bel orchestre avec des cornets à piston, car tu sais que mon oncle nous a dit qu'on fait à présent de bien jolies choses sur cet instrument-là.

— Mais, ma chère Pélagie, sais-tu bien que pour réaliser tous les projets que tu formes il faudrait avoir une très-grande fortune?

— Il me semble qu'avec trente mille francs de rente on peut satisfaire à peu près toutes ses fantaisies.

— Et tu crois qu'Edmond va m'offrir trente mille francs de rente à dépenser?

— Certainement, et peut-être bien plus!... Il paraît que ton cousin va s'enrichir bien vite ; la dernière fois qu'il est venu, il semblait si content, si satisfait de ses spéculations! Il se frottait les mains en disant : Audaces fortuna... Ah! mon Dieu! je ne puis pas me rappeler le reste... c'étaient des mots latins qui voulaient certainement dire : Je suis très-riche.

— Je l'ignore... Mais je sais que mon cousin est resté avec nous bien peu de temps... qu'il répondait à peine à ce que je lui disais, et que je le trouvais bien plus aimable pour moi avant qu'il songeât à devenir riche!

Le soir qui suivit cette conversation, Edmond ne vint pas chez M. Pause. Le lendemain soir, M. Ginguet vint encore seul, et le jeune employé avait une mine singulière; il était triste, semblait embarrassé, et restait près des deux amies sans leur dire un mot.

— Vous avez encore quelque chose ce soir, lui dit Pélagie; et quoique vous n'ayez pas un gilet blanc, vous avez la physionomie tout autre; est-ce qu'on vous a déjà supprimé vos appointements?

— Oh! non, mademoiselle... ce n'est pas de moi qu'il s'agit...

— Pas de vous... Alors ça devient plus intéressant. Voyons, monsieur, expliquez-vous...

— C'est que... en venant ici, j'ai rencontré M. Edmond Guerval...

— Mon cousin?

— Oui, mademoiselle, votre cousin... et il avait aussi l'air tout sens dessus dessous... Il était pâle, défait...

— Mon Dieu! serait-il malade?...

— Non, mademoiselle, il n'est pas malade... mais certainement il avait quelque chose... D'abord, il m'a pris la main et me l'a serrée... à me faire mal...

— Après, monsieur Ginguet? au fait?... Vous nous parlez de votre main, et vous voyez bien que Constance est sur les épines...

— Enfin, M. Edmond m'a dit : Ce soir, irez-vous chez M. Pause? Sur ma réponse affirmative, il a sorti une lettre de sa poche et me l'a remise en ajoutant : Donnez cela à ma cousine de ma part... n'y manquez pas surtout!... Je lui ai promis de faire sa commission, et alors il a disparu comme un éclair.

— Et cette lettre, monsieur Ginguet?

— Elle est dans ma poche, mademoiselle...

— Et donnez-la donc vite, dit Pélagie, c'est par là que vous auriez dû commencer...

M. Ginguet présente la lettre à Constance; celle-ci la prend d'une main tremblante et lit :

« Ma chère cousine, j'ai voulu tenter la fortune, et mes premiers essais furent heureux... Enhardi par ce début, peut-être ai-je été trop vite... Cependant, toutes les chances étaient pour moi ; et je croyais pouvoir bientôt vous placer dans une position digne de vous. La sort a trahi mon espoir... Une funeste baisse que je ne pouvais prévoir... Que vous dirais-je!... je suis ruiné... Si je ne perdais que ce qui m'appartient, je pourrais me consoler encore, mais je dois presque le double de ce que je possède; il me faut donc manquer à mes engagements... Perdre l'honneur! voilà ce que je désespère : ce qui me tue... Oui, ce qui me tue, car on ne doit plus vivre en perdant l'honneur. Adieu, ma chère cousine, plaignez-moi et ne me maudissez pas. Adieu pour jamais.

» EDMOND GUERVAL. »

La lettre tombe des mains de Constance, qui semble anéantie par ce coup imprévu.

— Ruiné! murmure Ginguet.

— Ruiné! répète Pélagie.

Mais Constance reprend ses esprits, et son premier mouvement est de s'écrier : — Oh! mon Dieu! il veut donc mourir, puisqu'il me dit

adieu pour jamais... Mourir pour quelque argent qui lui manque !...
Mais ce que j'ai, moi, n'est-ce pas à lui?... Edmond douterait-il de
mon cœur?... Oh ! il faut le sauver... l'empêcher d'exécuter son affreux projet... Pélagie, vite, mon chapeau... mon châle... Mais qu'importe; j'irai comme cela... Monsieur Ginguet, vous voudrez bien me
conduire, me donner votre bras... Venez, oh ! venez vite, il s'agit de
sauver Edmond.

Et Constance prenait le bras du jeune employé, et elle lui faisait
descendre l'escalier quatre à quatre. Ginguet sautait les marches pour
rattraper la jeune fille, tout en disant : — Est-il aimé, ce M. Edmond !...
est-il aimé !... Ah ! pour être chéri comme ça de mademoiselle Pélagie, je serais capable de m'asphyxier tous les jours !

Arrivés dans la rue, Constance dit à M. Ginguet en lui prenant le
bras : — Conduisez-moi, monsieur, et hâtons-nous, car il serait si
cruel d'arriver trop tard !...

— Oui, mademoiselle... oui... je vais vous conduire ; mais où voulez-vous que je vous conduise?

— Chez Edmond... vous savez où il demeure.

— Oui, mademoiselle.

— Pourvu que nous le trouvions chez lui !

— Ah ! c'est ce qui est douteux.

— Enfin... nous saurons peut-être... oh ! il faudra bien que je le
voie !

Ginguet se disait : — Si le cousin n'est pas chez lui, je ne vois pas
trop où nous irons le chercher ! Mais il ne faisait point cette réflexion
à Constance, dont le chagrin et l'inquiétude semblaient redoubler à
chaque instant.

On arrive chez Edmond ; Constance quitte son conducteur et court
s'informer au concierge, car dans les grandes peines on oublie les convenances, et la jeune fille ne songeait plus à ce qu'on pourrait penser
en la voyant aller chez un jeune homme.

Edmond n'était pas chez lui ; il était sorti depuis fort longtemps, et
il n'avait rien dit au concierge qui pût faire présumer de quel côté il
avait porté ses pas.

Constance sent un poids affreux se placer sur sa poitrine ; elle retourne désolée près de son compagnon en balbutiant :

— Il n'est pas chez lui... et on ignore où il est allé !...

— Je m'en doutais ; quand je l'ai rencontré il n'avait pas l'air disposé à se coucher...

— N'importe... il faut que nous le trouvions ; venez, monsieur Ginguet... marchons.

— Tant que vous voudrez, mademoiselle ; mais où allons-nous ?

— A la Bourse.

— Mademoiselle, on ne va pas à la Bourse le soir, elle est même
fermée.

— Dans des cafés... au spectacle... que sais-je?...

— M. Edmond ne me semblait pas songer à aller au spectacle.

— Pourtant, monsieur, il faut bien que mon cousin soit quelque
part, et que nous le trouvions.

Et la jeune fille entraînait son compagnon ; ils marchaient au hasard. Quand un jeune homme de la taille, de la tournure d'Edmond
venait à passer près d'eux, Constance s'écriait : — C'est lui ! et elle
faisait courir M. Ginguet après le passant ; mais M. Ginguet revenait
en disant : — Ce n'est pas lui, et de près même il ne lui ressemble pas
du tout.

Quand on passait devant un café, il fallait aussi que M. Ginguet y
entrât pour s'assurer si celui que l'on cherchait n'y était pas.

Il y avait trois heures que Constance parcourait Paris avec le jeune
commis. Constance sentait à chaque instant son espérance s'évanouir ;
elle ne pleurait pas, mais sa respiration était pressée, son front brûlant, et son regard morne et fixe.

M. Ginguet était entré dans cinquante cafés ; il avait couru après
plus de vingt passants, dont quelques-uns ne l'avaient pas fort bien
reçu ; enfin il tombait de fatigue, mais il n'osait pas le dire, car la
jeune fille ne se plaignait pas, et un homme n'ose pas montrer moins
de courage qu'une femme, alors même qu'il en aurait envie.

Onze heures et demie venaient de sonner. M. Ginguet se hasarda
de dire :

— Il est bien tard ; je crains que M. Pause et mademoiselle Pélagie
ne soient inquiets de vous.

— Il est bien tard, dites-vous?

— Onze heures et demie sonnées.

— Alors il doit être rentré.

— M. Pause? Oh ! certainement qu'il est revenu.

— Mon cousin, monsieur... c'est mon cousin que nous cherchons.
Venez, retournons chez lui.

Ginguet n'ose s'y refuser, quoiqu'il juge cette course assez inutile ;
mais tout en marchant avec Constance il ne cesse de se dire :

— En voilà un homme aimé, un homme heureux ! Et il veut se
tuer !... et il se plaint du sort !... Ah ! ce n'est pas l'embarras, on aurait bien de quoi se dispenser de faire l'Amour aveugle !

On est devant la maison d'Edmond ; Constance s'arrête tremblante ;
en ce moment ses forces sont sur le point de l'abandonner, car elle
sent bien que si Edmond n'est point rentré, il faudra perdre tout
espoir.

Elle se décide pourtant ; elle frappe, elle entre...

— M. Edmond Guerval est de retour depuis un quart d'heure, dit
le concierge.

— Il est chez lui ! dit Constance en poussant un cri de joie. Et aussitôt la jeune fille monte rapidement l'escalier sans regarder si son
compagnon la suit.

Il était temps ! car Edmond, après avoir passé la soirée à marcher
au hasard dans Paris en réfléchissant à sa cruelle position, s'était convaincu que pour se tirer d'affaire il ne lui restait plus qu'à se tuer. Il
est certain que c'est un moyen beaucoup plus expéditif que de tâcher
à force de travail, de patience et de persévérance, de regagner ce
que l'on a perdu ; mais dans le temps où nous vivons la patience, la
persévérance et l'amour du travail sont beaucoup plus rares qu'un canon de pistolet ; et on prétend que nous sommes dans le siècle des lu-
mières, des progrès !... Pour la manière de donner à dîner, c'est
possible ; mais pour le bon sens, je n'en crois rien.

Edmond était donc revenu chez lui avec la ferme résolution d'en
finir. Il s'était occupé à charger ses pistolets, puis il les avait posés
sur une table près de lui, et s'était laissé aller à quelques regrets qu'il
donnait à sa courte carrière. Sans doute sa jolie cousine occupait une
grande place dans ses souvenirs, du moins la pauvre enfant le méritait
bien.

Mais au moment où Edmond se dirigeait vers les armes fatales,
Constance entrait dans sa chambre, arrêtait ses mains prêtes à saisir ses
pistolets, et se jetait à ses pieds en s'écriant :

— Mon cousin, vous voulez donc me tuer aussi?

Edmond s'arrête ; il considère sa cousine dont les beaux yeux sont
suppliants, l'attendrissement succède au désespoir ; il se laisse tomber
sur une chaise en murmurant :

— Comment voulez-vous que je vive déshonoré?... et je le suis si je
ne tiens pas mes engagements.

— Mais, mon cousin, vous avez donc oublié que tout ce que je possède est à vous !... Disposez de mon bien... je le veux... je l'exige...
au nom de nos deux mères !... qui nous aimaient tant et qui se plaisaient à nous regarder comme mon protecteur, comme le mari que le
ciel me destinait...

— Constance, y pensez-vous? que je dispose de votre fortune !...
Si vous saviez... quand j'aurai payé ce que je dois... pour cette maudite différence... il ne vous restera presque plus rien.

— Et que m'importe ?... je serai heureuse alors... Pensez-vous que
je le serais en pleurant votre mort?... Vous acceptez, Edmond, il le
faut... je le veux... donnez-moi vite du papier, de l'encre ; que je
vous donne une lettre pour mon banquier... Ah ! je suis si contente
que je puis à peine écrire !

Et la jeune fille s'était placée devant un bureau ; elle écrivait avec
tant de plaisir, que son cousin, debout près d'elle, ne pouvait que se
taire et l'admirer. Un peu plus loin, dans un coin de la chambre,
M. Ginguet pleurait comme une biche en murmurant :

— Quel trait !... quel dévouement !... quel attachement !... Voilà
un homme aimé ! Ah ! mademoiselle Pélagie ! que je serais heureux si
je vous inspirais seulement le dix-neuvième partie de cet amour-là !

Constance a fini d'écrire, Ginguet a cessé de pleurer.

Edmond a consenti à recevoir les secours que lui offre sa cousine.
On est heureux, les peines sont oubliées ; on fait déjà des projets de
bonheur pour l'avenir, et Constance ne semble pas regretter la brillante fortune que voulait lui donner son cousin.

M. Ginguet fait remarquer qu'il est fort tard ; on se dit adieu en se
promettant de se revoir le lendemain ; puis Constance est ramenée
chez M. Pause par son fidèle conducteur, qui raconte tout d'un trait
ce que vient de faire la cousine d'Edmond, tandis que celle-ci, les
yeux baissés et l'air confus, écoute tout cela comme une coupable qui
attend son arrêt.

Pélagie embrasse son amie en s'écriant :

— Ah ! si ton cousin ne t'adore pas, s'il ne te rend pas la plus heureuse des femmes, il faudrait qu'il fût bien ingrat !

— Je n'ai pas pensé à tout cela pour l'obliger, dit Constance.

Quant à l'honnête M. Pause, il a écouté avec attendrissement le
récit de la belle action de la jeune fille, ensuite il va lui prendre la
main et la serre affectueusement dans les siennes en murmurant :

— Ma chère amie, il y a de bien jolies choses dans ce que vous
avez fait là ! mais il aurait tout autant valu que votre cousin ne pensât
pas à devenir millionnaire. Enfin, ce sera sans doute une bonne leçon
pour lui, et je présume qu'il va se décider pour une autre profession.

Edmond, grâce à la fortune de sa cousine, paya tout ce qu'il devait ; mais quand il eut tout acquitté, il ne restait plus à Constance que
huit cents livres de rentes, juste autant que les appointements de
M. Ginguet.

Cependant la jeune fille ne donna pas un soupir à son changement
de fortune ; la seule peine qu'elle éprouva fut d'être obligée de dimi-
nuer la pension qu'elle payait à M. Pause.

Elle n'en fut pas moins bien traitée chez l'honnête musicien. On peut
être un pauvre artiste et avoir un excellent cœur ; c'est une compensation.

CHAPITRE IV. — La Famille Bringuesingue.

— Qu'est-ce que M. Edmond peut donc attendre encore pour épouser sa cousine? se disait Pélagie quelque temps après ces événements. D'abord il voulait de la gloire, après cela il a désiré de la fortune; maintenant saura-t-il se contenter de l'amour?

Constance ne disait mot; mais il était probable que le même sujet l'occupait. Depuis qu'il avait dissipé tout son bien et celui de sa cousine, Edmond était souvent triste, rêveur, ou bien il disait à Constance:

— Quel sort vais-je vous offrir? Je n'ai rien; je ne suis rien! Quel avenir de bonheur pouvez-vous espérer avec quelqu'un que la fatalité semble poursuivre?...

Et Ginguet se disait à lui-même: — Il ne veut pas l'épouser parce qu'il n'a plus rien; il ne l'épousait pas quand il avait quelque chose; quand donc l'épousera-t-il? Ah! si l'on m'aimait, moi! comme je serais heureux de me marier!

Chaque jour Edmond se disait: — Il faut que je fasse quelque chose. Mais il ne faisait rien que se lamenter contre le sort, les hommes et la rente.

M. Pause avait proposé à Edmond une place de quinte dans l'orchestre de son théâtre; car quoique le cousin de Constance ne fût pas un instrumentiste distingué, il en savait assez sur le violon et la quinte pour tenir sa place dans un orchestre des théâtres secondaires.

Edmond avait répondu à cette proposition:

— Où cela me mènera-t-il?

— A gagner six cents francs, mon cher ami.

— Eh! que diable voulez-vous que je fasse avec six cents francs?

— Mais... avec cela et de l'économie... on peut encore faire quelque chose.

— Non, monsieur Pause, je ne peux pas jouer de la quinte pour six cents francs, car, loin de me donner du goût pour la musique, cela me rendrait à jamais un médiocre musicien!... Quand on sait que l'on gagne si peu, on joue en conséquence.

— Vous vous trompez, mon cher; l'homme qui aime son art ne fait point tous ces calculs, il cherche à acquérir du talent et travaille souvent davantage lorsqu'il gagne peu que quand on le paye fort cher. Je pourrais, à l'appui de ce que j'avance, vous citer plusieurs de nos virtuoses, de nos grands artistes, qui ont commencé dans les orchestres ou sur les théâtres secondaires.

Edmond persista à refuser la place de quinte. Quelque temps après, l'honnête Pause, qui cherchait toujours à l'occuper, lui dit qu'il avait parlé de lui à un de ses amis, fabricant de papiers peints.

— Est-ce que vous voulez que je peigne ses papiers? dit Edmond avec un sourire amer.

— Non, mon cher ami; mais j'ai dit à mon ami que vous faisiez assez joliment le tableau de genre; alors il m'a chargé de vous prier de lui faire six devants de cheminée... les sujets que vous voudrez... intérieurs ou paysages; il vous les payera quinze francs pièce.

— Peindre des paravents! dit Edmond en devenant rouge de colère; que j'abaisse à ce point mon talent!... et pour gagner quinze francs... et! monsieur Pause, vous n'y pensez pas!

— Mais, mon cher, six fois quinze francs, cela fait quatre-vingt-dix... et d'ailleurs, quel mal y a-t-il à peindre des devants de cheminée?... Je connais de nos grands peintres qui sont aujourd'hui membres de l'Institut, et qui ont jadis fait des enseignes! Croyez-vous que pour cela ils en aient moins de talent aujourd'hui?... On sait bien que les artistes sont obligés de manger comme les autres hommes, et qu'avant de travailler pour la gloire il a fallu travailler pour son estomac.

— Vous direz tout ce que vous voudrez, monsieur, mais je ne ferai point des devants de cheminée... J'aimerais mieux faire des cure-dents...

— Eh bien! alors, mon cher ami, faites des cure-dents, mais au moins faites quelque chose.

Ces conversations n'amusaient point Edmond, et pour faire diversion aux discours de M. Pause, le cousin de Constance allait encore quelquefois dans ces réunions brillantes où il avait été fort recherché du temps de ses spéculations à la Bourse, et où on le recevait encore bien, parce qu'il n'avait conté à personne sa ruine, qu'il était toujours mis avec goût, qu'il avait une jolie tournure, de bonnes manières, mille agréments de société, et qu'à Paris on peut vivre très-longtemps là-dessus.

Dans une de ces réunions de gens qui ont l'air riche, et dont quelques-uns, comme Edmond, n'ont pas le sou, mais où tout le monde est parfaitement couvert, le cousin de Constance fit connaissance avec la famille Bringuesingue, qui se composait du père, de la mère et de la demoiselle.

Le père était un petit homme que sa taille avait exempté de la conscription; la tête un peu dans les épaules, l'œil vif, le nez pointu, M. Bringuesingue avait un air qu'il voulait rendre moqueur, et on pouvait s'y tromper.

Suivant l'habitude des petits hommes, il avait épousé une fort grande femme, qui, avec l'âge, avait pris beaucoup d'embonpoint. Elle aurait pu facilement cacher son mari derrière elle.

Leur fille tenait du père pour la taille et de la mère pour la grosseur. Elle avait été nouée, et il lui en restait quelque gêne en marchant.

Entre son mari et sa fille, madame Bringuesingue dépassait de plus de la tête.

Voilà pour le physique. Passons au moral maintenant.

M. Vendicien-Raoul Bringuesingue était fils d'un fabricant de moutarde, lequel avait gagné beaucoup d'argent en mélangeant adroitement différentes herbes aromatiques dans les moutardes qu'il confectionnait. Grâce à ce digne industriel, le bœuf quotidien était paru moins fade aux bons bourgeois, qui tiennent toujours à ce plat fondamental.

M. Bringuesingue fils, loin de démériter de la réputation de son père, avait fait d'heureuses améliorations dans la manière de confire les cornichons; il avait rapidement augmenté sa fortune. Mais n'ayant qu'une fille, et se sentant possédé d'une noble ambition, à cinquante ans M. Bringuesingue abandonna les cornichons et tout ce qui sentait le vinaigre, pour se jeter dans le beau monde et y jouir de sa fortune.

M. Bringuesingue, retiré entièrement du commerce, avait la faiblesse de vouloir faire oublier qu'il s'y était enrichi. Il avait un bel appartement dans la Chaussée-d'Antin, un domestique mâle avec une livrée; il donnait des soirées, des dîners... auxquels on ne servait jamais de moutarde, tant il craignait les applications; enfin il s'efforçait d'avoir des airs de grand seigneur.

Madame Bringuesingue était une excellente femme, qui n'avait jamais eu dans sa vie que la passion de la danse qu'elle conservait toujours, quoiqu'elle eût quarante-cinq ans accomplis. Du reste, constamment de l'avis de son mari, qu'elle regardait comme un homme supérieur, madame Bringuesingue attendait qu'il eût parlé pour avoir une opinion.

Toutes les affections des deux époux s'étaient naturellement réunies sur leur fille, leur unique enfant. Mademoiselle Clodora avait les traits assez réguliers, et ses parents ne voyaient rien d'aussi beau qu'elle. Ils lui avaient donné maîtres de musique, de dessin, d'anglais, d'italien, de danse, de géométrie, de géographie et d'histoire. De tout cela il était résulté qu'à dix-sept ans mademoiselle Clodora chantait faux, dessinait un œil de manière à ce qu'on le prit pour une oreille, disait *yes* pour *tout anglais* et *si signor* pour *tout italien*, ne dansait pas en mesure, croyait que Bâle était en Angleterre et Edimbourg en Suisse, et citait Louis XV comme ayant voulu que ses sujets pussent mettre la poule au pot.

M. et madame Bringuesingue, qui n'étaient point en état de s'apercevoir des bévues que leur fille commettait souvent dans la conversation, ne cessaient de répéter que Clodora avait reçu une excellente éducation.

Cependant, pour recevoir du monde, pour bien traiter ses convives, pour être au fait des usages de la belle société, M. Bringuesingue s'était trouvé souvent fort embarrassé, et ni sa femme ni sa fille n'avaient pu lui dire ce qu'il avait à faire. Une circonstance dont il se hâta de profiter le servit merveilleusement.

Le domestique mâle avait été trouvé plusieurs fois dans la cave totalement privé de sa raison. M. Bringuesingue était décidé à en chercher un autre, lorsqu'un jour il apprend la mort d'un riche seigneur qui occupait un hôtel dans son voisinage. Aussitôt le ci-devant fabricant de moutarde court à l'hôtel, s'informe du valet de chambre du défunt et lui dit en le conduisant devant lui:

— C'est vous qui serviez M. le comte?

— Oui, monsieur.

— Combien vous donnait-il?

— Six cents francs, habillé, nourri, logé, et de fréquentes gratifications.

— Je vous offre mille francs et les mêmes avantages; de plus, vous aurez la haute-main chez moi; seulement je compte sur vous pour me donner quelquefois certains... avis... c'est-à-dire pour me rappeler des usages... que j'ai oubliés; ayant habité longtemps... la province, je me suis un peu rouillé avec les belles manières de Paris. Vous, qui serviez un comte qui recevait chez lui ce qu'il y a de plus élégant dans la capitale, vous devez être au fait de tout cela... vous me remettrez au courant.

Comtois, c'était le nom du valet de chambre, accepta avec plaisir la proposition de M. Bringuesingue; il comprit sur-le-champ de quels avantages il jouirait chez son nouveau maître. En effet, Comtois devint indispensable à M. Bringuesingue, qui, avant de faire quelque chose, ne manquait pas d'aller consulter son domestique.

Voulait-il faire faire un habit, l'ex-marchand de moutarde faisait venir Comtois et lui disait:

— Comment M. le comte se faisait-il faire ses habits?

— A la dernière mode, monsieur.

— Suivant sa fantaisie.

— Très-bien.

Et M. Bringuesingue, se tournant vers son tailleur, lui disait:

— Faites-moi un habit à la dernière mode... couleur suivant ma fantaisie.

S'agissait-il de changer l'ameublement d'un salon, d'une chambre à coucher, on faisait encore venir Comtois.

— Quels meubles M. le comte mettait-il dans son salon?

— Comme partout, monsieur; divan, fauteuils, chaises, piano...

Alors M. Bringuesingue faisait venir un tapissier, et lui ordonnait de meubler son salon comme chez M. le comte. Mais c'était surtout les jours de réception, de grands dîners, que Comtois devenait un homme précieux; c'était lui qui faisait le menu du repas, qui indiquait l'ordre du service, le moment pour se lever de table, la manière de prendre le café; c'était lui qui disait comment le salon devait être éclairé, à quelles places on devait mettre les tables de jeu, comment on saluait et recevait son monde; enfin c'était lui qui ordonnait tout, et quelqu'un qui fût venu pendant qu'on faisait toutes ces dispositions, aurait pu facilement prendre le maître pour le domestique.

M. Ginguet aux soirées de mademoiselle Pélagie.

Comme, malgré les leçons qu'il se faisait donner par Comtois, M. Bringuesingue craignait encore devant le monde de commettre quelque gaucherie, il était convenu d'un signe avec son domestique. Lorsque son maître faisait quelque chose qui n'était pas convenable en bonne compagnie ou qui blessait les règles de l'étiquette, Comtois se grattait le nez, et M. Bringuesingue, qui avait presque toujours les yeux sur son valet, était alors averti qu'il sortait de la bonne route, et tâchait de réparer sa sottise.

Voilà quelle était la famille Bringuesingue, qui jouissait de vingt-cinq mille livres de rente au moment où Edmond Guerval fit sa connaissance.

Le hasard voulut que le jeune homme accompagnât mademoiselle Clodora sur le piano, qu'il fit danser sa mère pour ne point faire manquer une contredanse, et qu'en se trompant il appelât le papa M. de Bringuesingue. Dès lors il fut trouvé charmant par toute la famille. D'ailleurs le cousin de Constance avait cette superficie de talent qui suffit pour plaire dans le monde : il touchait assez du piano pour faire danser; il chantait, il crayonnait facilement la charge de chaque personne de la société. Enfin, il avait de l'aplomb, de l'assurance, il parlait de tout, même de ce qu'il ne connaissait pas; il tranchait, décidait ou tournait en ridicule. C'est plus qu'il n'en faut dans le monde pour imposer aux sots et quelquefois aux gens d'esprit.

Edmond fut invité à aller chercher M. Bringuesingue; il s'y rendit; et quand il fut parti, le maître de la maison dit à son domestique :

— Comment trouves-tu ce jeune homme-là?

— Très-bien, monsieur; il a de bonnes manières... l'air très-distingué!...

— Comtois lui trouve l'air distingué, dit M. Bringuesingue à sa femme en parlant d'Edmond. — Je veux inviter ce jeune homme à dîner... Je veux qu'il vienne très-souvent chez nous.

— Il faudra lui donner un petit bal... Il danse très-bien.

— Il m'a appelé de Bringuesingue... Je ne sais pas si c'est qu'il me trouve l'air noble...

— Probablement, mon ami.

Mademoiselle Clodora ne disait rien, je ne vous affirmerai pas qu'elle en pensait davantage; cependant elle paraissait fort contente de ce que M. Edmond plaisait à ses parents.

CHAPITRE V. — Un grand Dîner.

Quelques jours après M. Bringuesingue donna un grand dîner, et le jeune Guerval y fut invité. Il devait y avoir des gens de finance, beaucoup de chevaliers d'industrie, parasites à bonnes manières qui pour des dîners sont toujours prêts à vous jeter de l'encens; puis encore quelques artistes, quelques militaires, mais point de marchands! La famille Bringuesingue ne pouvait plus les souffrir.

Ce jour-là madame Bringuesingue avait une robe trop courte et des souliers qui la gênaient horriblement, mais elle espérait danser et voulait briller au bal. Mademoiselle Clodora se tenait parfaitement droite, afin de paraître plus grande, et son père se promettait de ne pas ôter les yeux de dessus Comtois dès qu'il aurait dit ou fait quelque chose.

Tout était disposé pour que la société fût satisfaite. M. Bringuesingue regardait avec orgueil son salon meublé exactement comme celui du feu comte, et il se disait :

— Il n'y a rien là-dedans qui sente la moutarde !

Chaque fois que l'on sonnait, M. Bringuesingue avait pour habitude de courir vers l'antichambre, mais Comtois le retenait par son habit en lui disant :

— Monsieur, vous devez attendre votre monde dans votre salon et ne pas courir ainsi au-devant de chacun.

— Très-bien, Comtois... je ne bouge plus de mon salon... Mais quand il faudra dîner?

— Alors vous prendrez la main d'une dame et vous ouvrirez la marche.

— Très-bien, Comtois; ensuite m'assiérai-je à table le premier?

Edmond fait des affaires à la Bourse.

— Non... Vous ferez d'abord asseoir à votre droite la dame à laquelle vous aurez donné la main; vous en choisirez une autre pour la placer à votre gauche. Madame en fera autant avec deux messieurs...

— Eh! d'ailleurs est-ce qu'on n'écrira pas les noms des convives sur des cartes?

— Non, monsieur; c'est vieux, c'est commun, cela ne se fait plus. Le reste de la société se place à sa guise. Cependant il vous est encore facile d'indiquer quelques places pour mettre telle personne près de telle autre avec qui elle se plaira.

— J'entends, Comtois, oh! j'entends tout cela... D'ailleurs, j'aurai toujours les yeux sur ton nez, et si je commettais quelque bévue tu m'en avertiras.

— Oui, monsieur.

La société arriva. M. Bringuesingue salua exactement comme son domestique le lui avait appris ; madame Bringuesingue faisait une grimace à chaque personne qui entrait, parce qu'il fallait se lever et que ses souliers la faisaient toujours souffrir, mais on prit généralement cela pour un sourire ; mademoiselle Clodora se tint comme un officier cosaque, et toute la compagnie échangea les compliments d'usage dont elle ne pensait pas un mot, ce qui est l'usage encore.

Edmond Guerval se rendit à l'invitation qui lui avait été faite ; car, la veille, M. Pause lui avait proposé de copier les manuscrits d'un auteur, et cela lui avait encore donné tant d'humeur qu'il avait grand besoin de distraction.

On alla se mettre à table, et soit hasard, soit intention, on plaça Edmond à côté de mademoiselle Clodora.

Le famille Bringuesingue.

Le premier service se passa fort bien ; les convives étaient aimables, le dîner bien apprêté, et M. Bringuesingue enchanté de lui, car Comtois n'avait pas encore touché à son nez.

Au second service, M. Bringuesingue se sentant plus en train, voulut trinquer en buvant à la santé de sa femme. Comme il tendait son verre à ses voisins, il aperçut Comtois qui grattait son nez. L'ancien moutardier resta immobile, le bras tendu, n'osant plus ni avancer ni retirer son verre ; puis il balbutia :

— Je vous ai proposé de trinquer... et pourtant je sais fort bien que cela ne se fait plus... les gens comme il faut ne trinquent pas... c'est mauvais genre.

Mais Edmond interrompit M. Bringuesingue en s'écriant :

— Et pourquoi donc ne pas renouveler cet usage antique, si en faveur chez nos bons aïeux ? Aujourd'hui que l'on ne veut que du gothique, du moyen âge, pourquoi ne point renouveler dans nos repas ce qu'on tente de faire dans nos costumes ? En vérité, M. de Bringuesingue, votre idée est très-bonne au contraire, et vous devez vous glorifier d'ouvrir la lice. Allons, messieurs, trinquons, c'est tout à fait chevaleresque.

M. Bringuesingue fut enchanté que son jeune convive eût si bien réparé sa faute ; on trinqua, on but à l'heureuse idée du maître de la maison, et ce qui allait être un ridicule devint un trait de bon goût, parce qu'un jeune homme qui ne doutait de rien y avait applaudi au lieu de s'en moquer.

Le dessert arriva. M. Bringuesingue, qui se sentait tout joyeux, tout fier même d'avoir renouvelé avec succès un antique usage, proposa une petite chanson.

Comme il allait donner l'exemple et entonner le premier couplet, il regarda Comtois ; celui-ci se grattait le nez avec beaucoup d'intention.

M. Bringuesingue était resté la bouche ouverte ; il avait l'air d'une figure de porcelaine, et chacun attendait qu'il commençât. Mais au lieu de chanter, M. Bringuesingue murmura :

— Je vous ai proposé de chanter... mais après tout... c'était une plaisanterie... je sais fort bien qu'on ne chante plus à table... ce n'est plus l'usage... aussi je ne sais plus de chanson....

— Eh ! mon Dieu, monsieur de Bringuesingue, s'écrie Edmond, vous voilà encore avec vos scrupules !... Vous êtes vraiment trop sévère sur l'étiquette. La coutume de chanter à table ne date-t-elle pas aussi du bon vieux temps, qu'on met à chaque instant en pièces et en romans ? Pourquoi ne les mettrions-nous pas en action, nous autres ? Nous avons trinqué, nous pouvons fort bien chanter : tout cela se tient !... Nous reprenons les modes de nos aïeux, voilà tout... Je gage que cela va devenir en vogue comme les bals costumés ! Voulez-vous que je vous donne l'exemple ?... Je le veux bien ; je vais vous chanter *Bonne Espérance*, romance nouvelle de *Frédéric Bérat*, l'auteur de *Ma Normandie* et de tant d'autres charmantes productions, et, à table comme au salon, je suis certain que cela vous fera plaisir.

Edmond chanta et fut très-applaudi ; un autre jeune homme en fit autant ; une dame voulut bien ensuite se faire entendre, puis une autre ; bref, tout le monde voulut chanter, et M. Bringuesingue ne se sentait pas de joie, et il était surtout enchanté d'Edmond, qui changeait ses gaucheries en idées spirituelles.

Après que l'on eut assez chanté, on passa au salon. Là, des tables de jeu étaient dressées ; mais M. Bringuesingue n'aimait pas les cartes. Cependant, on ne pouvait pas encore danser, il manquait du monde pour le bal, et quoique madame Bringuesingue, tout en boitant, se fût déjà mise plusieurs fois en place en demandant un vis-à-vis, on n'avait pu former la contredanse, la plupart des convives préférant la bouillotte à la chaîne des dames.

Pour amuser sa femme et sa fille, M. Bringuesingue ne vit rien de mieux que de proposer une partie de *main-chaude*, et déjà l'amphitryon se mettait à genoux et allait tendre le dos lorsqu'il aperçut, dans un coin du salon, son valet qui, tout en plaçant des bougies sur des tables et en disposant des sièges, se grattait le nez sans discontinuer

Comtois, valet de chambre de M. Bringuesingue, dans l'exercice de ses fonctions.

M. Bringuesingue reste à genoux devant la société, mais il ne tend pas le dos, et, après avoir encore regardé Comtois, il se décide à se relever en disant :

— Non, décidément, je crois que ce serait très-mauvais genre de jouer à la main-chaude... Il faut laisser ces puériles amusements aux bons bourgeois de la rue Saint-Denis... Mais à la Chaussée-d'Antin....

Edmond, qui s'était mêlé aux petits jeux innocents, ayant ses raisons pour ne point vouloir toucher à des cartes, interrompt encore l'amphitryon, en disant :

— Eh bien ! à la Chaussée-d'Antin, n'est-on pas libre de faire ce qui plaît, ce qui amuse? Moi, je soutiens que les petits jeux innocents valent bien la bouillotte et l'écarté !... On y rit et on ne perd pas son argent; c'est tout bénéfice. D'ailleurs, nos plus grands hommes ont aimé à se distraire aux récréations les plus frivoles; le cardinal de Richelieu s'exerçait à sauter à pieds joints dans son jardin ; Caton aimait beaucoup à danser; Antiochus jouait des charades en action avec Cléopâtre, et le bon roi Henri IV se promenait à quatre pattes dans sa chambre avec ses enfants sur le dos.

— Du moment que Henri IV s'est promené à quatre pattes, dit M. Bringuesingue, je ne vois pas pourquoi Comtois se gratte le nez lorsque je me mets à genoux. Jouons à la main-chaude, j'y consens.

Déjà Edmond avait pris la place du maître de la maison; il tenait sa main sur son dos et chacun frappait dessus en riant aux éclats, car on rit beaucoup aux jeux innocents. Ce divertissement se prolongea quelque temps, à la grande satisfaction de mademoiselle Clodora et de son père. Cependant, quelques personnes étant venues augmenter la réunion, madame Bringuesingue, qui soupirait après la danse et ne voulait pas avoir souffert toute la journée dans ses souliers sans faire admirer son petit pied le soir, trouva moyen d'organiser une contredanse, et pria Edmond de vouloir bien se mettre au piano.

Le cousin de Constance ne se fit pas prier; il joua plusieurs quadrilles. Madame Bringuesingue était infatigable; elle n'avait pas plutôt fini qu'elle cherchait un danseur pour recommencer. Comme les danseurs ne se présentaient pas en foule, M. Bringuesingue se détermina à engager sa femme et se mit à danser, ce qu'il n'avait pas fait depuis longtemps.

Mais l'ex-moutardier se brouillait quelquefois dans les figures, et, dans un été, pendant qu'on lui jouait le quadrille des *Puritains*, qu'il prenait sans doute pour *la petite laitière*, il se mit à courir après la danseuse qui faisait avec lui *en avant deux* et voulut absolument l'embrasser.

La danseuse cherchait à esquiver l'embrassade de M. Bringuesingue; celui-ci la poursuivait tout en sautillant, lorsqu'à l'entrée du salon il aperçut Comtois qui allongeait la tête et se grattait le nez de manière à se faire saigner.

M. Bringuesingue reste une jambe en l'air, un bras arrondi, ayant l'air de vouloir se tenir en équilibre. Enfin il se décide à poser sa jambe à terre et s'écrie :

— Je ne sais vraiment pas à quoi je pensais !... Je suis d'une étourderie... Je croyais danser *la petite laitière...* Mais on ne la danse plus... c'est mauvais genre !...

— Pardonnez-moi, monsieur de Bringuesingue, dit Edmond sans quitter le piano. On doit la danser de nouveau, puisque les vieux airs ont repris faveur depuis que *Musard* a fait un quadrille gothique... et c'est une très-heureuse idée que vous avez de danser *la petite laitière*; vous allez la remettre en vogue...... Attendez, je vais vous la jouer.

Et après avoir fini son quadrille des *Puritains*, Edmond se met à jouer *la petite laitière*, de façon que tous les danseurs sont obligés de faire la figure que le maître de la maison avait commencée.

— Décidément ce jeune homme-là a beaucoup plus d'esprit que Comtois, se dit M. Bringuesingue pendant qu'on dansait en riant la figure de la laitière; l'un ne fait que se gratter le nez pour m'avertir que je fais des sottises, l'autre arrange tout cela si bien que je ne fais au contraire que des traits d'esprit. Et puis il m'appelle *de* Bringuesingue! Ceux qui l'entendront en diront autant, et petit à petit ce *de* me restera, ce qui finira par me rendre noble tout à fait. Ah! si j'avais toujours ce jeune homme-là près de moi, comme je me conduirais bien en société !

CHAPITRE VI. — Une Proposition.

Quand tout le monde fut parti et que la famille Bringuesingue se trouva seule, on ne tarit point en éloges sur Edmond Guerval; car, outre tous les bons offices qu'il avait rendus au maître de la maison, il avait tenu le piano et joué à la main-chaude avec tant de complaisance que la mère et la fille lui en savaient beaucoup de gré. On en conclut qu'il fallait engager ce jeune homme à venir très-souvent et ne point donner de dîner sans qu'il en fût.

Cependant M. Bringuesingue, qui avait plus que jamais la manie de faire le seigneur, allait beaucoup dans le monde, où ses vingt-cinq mille livres de rente le faisaient recevoir; mais Edmond n'était pas toujours là pour réparer les gaucheries du ci-devant moutardier, et alors celui-ci, bien qu'averti par son valet, ne savait plus comment se tirer d'affaire.

Enfin, à un grand dîner chez un avocat, où M. Bringuesingue avait été invité, il commit tant de bévues que le nez de Comtois, à force d'être gratté, en devint tout rouge comme une cerise. En s'en retournant chez lui, le maître se disputa avec son valet.

— Je ne puis pas couper mon pain ou demander du bouilli, dit M. Bringuesingue à Comtois, sans vous voir toucher à votre nez... Cela me trouble, m'embarrasse, alors ce ne sais plus ce que je fais.

— C'est qu'on ne coupe pas son pain et qu'on ne demande pas du *bouilli*, dit Comtois, c'est très-mauvais genre; vous m'avez dit de vous

avertir quand vous feriez des choses inconvenantes, je vous avertis; ce n'est pas ma faute si vous en faites à chaque minute.

— Si M. Edmond avait été là, il aurait arrangé cela de manière qu'au lieu d'avoir commis une sottise, j'aurais fait quelque chose de fort spirituel... Alors ça me redonne de l'aplomb, de l'assurance; je redeviens aimable... tandis que vous me troublez, et je ne sais plus où j'en suis!

— Ma foi! monsieur, cela ne m'amuse pas non plus d'être si souvent obligé de vous avertir de vos bévues !... Depuis que je suis à votre service, mon nez est grossi d'un tiers!

— Cela n'est pas vrai !...

— Je veux cent écus d'augmentation, ou je ne reste pas chez vous.

— Vous avez mille francs chez moi, où vous ne faites à peu près que vous gratter le nez; il me semble que c'est bien assez; je ne vous augmenterai pas.

— Alors je quitte monsieur.

M. Bringuesingue laissa sans regret partir son domestique; depuis qu'il avait vu Edmond applaudir à ce que Comtois blâmait, le valet du comte avait perdu beaucoup de son mérite à ses yeux; en revanche, le jeune Guerval lui était devenu indispensable, et presque chaque jour la famille Bringuesingue lui envoyait des invitations.

Lorsque Comtois fut congédié, M. Bringuesingue se dit :

— Quoique j'aie acquis de très-bonnes manières, je sens bien que dans le grand monde je suis parfois un peu embarrassé... Il faut que M. Edmond qui sache présenter mes moindres actions sous un jour avantageux. Si ce jeune homme était toujours avec nous, j'aurais toujours de l'esprit et on me prendrait tout à fait pour un gentilhomme. Comment fixer M. Edmond près de nous?... Parbleu! en lui donnant ma fille en mariage. Ce jeune homme m'a avoué que de malheureuses spéculations lui ont enlevé sa fortune; mais il a bon ton, l'habitude du monde... il m'appelle toujours *de* Bringuesingue! Je n'ai qu'une fille, et j'aime mieux qu'elle épouse un homme comme il faut dont elle fera le bien-être, qu'un riche lourdaud qui aurait mauvais genre ou qui me plaisanterait sur la moutarde de mon cornichons.

M. Bringuesingue fit part de son projet à sa femme, qui en sauta de joie; car avec un gendre qui jouait très-bien des contredanses au piano, elle espérait danser tous les jours.

On fit part du projet à Clodora, qui, en fille soumise, fit la révérence et répondit qu'elle obéirait avec plaisir à ses parents.

Il ne restait plus à instruire que le jeune homme. M. Bringuesingue, qui ne doutait pas qu'Edmond ne se trouvât fort heureux d'épouser sa fille, se chargea de lui apprendre ce qu'il voulait faire pour son bonheur.

Il invita Edmond à déjeuner en tête à tête avec lui, et, au dessert, lui frappa dans la main en lui disant :

— Mon cher ami, vous êtes d'une bonne famille, je le sais ; vous avez reçu une superbe éducation, cela se voit; vous avez de l'esprit, cela me va beaucoup; ainsi, quoique vous n'ayez pas de fortune, je veux faire votre bonheur. A cet effet, je vous donne ma fille en mariage. C'est mon unique enfant; j'ai vingt-cinq mille livres de rente, je lui donne sur-le-champ la moitié, nous vivrons tous ensemble, et c'est vous qui conduirez la maison.

Edmond fut étourdi de cette offre, à laquelle il était loin de s'attendre. Il resta quelques instants muet, incertain; enfin il se rappela sa cousine et répondit :

— Monsieur, je suis touché de votre proposition; mais... je ne puis pas me marier...

— Vous ne pouvez pas vous marier !... Est-ce que vous l'êtes déjà ?

— Non, monsieur.

— En ce cas, je ne vois pas ce qui vous empêcherait d'épouser ma fille...

— Monsieur, c'est à regret que...

— Vous n'y pensez pas, mon cher ami... mademoiselle Clodora Bringuesingue !... un parti superbe !...

— C'est justement pour cela...

— Ah! j'entends; délicatesse de votre part; vous voudriez être riche aussi, ne pas tout devoir à votre épouse. Mais je vous répète que nous ne tenons pas à cela... Tenir à l'argent... fi donc! c'est bon pour des parvenus! Un air distingué... l'habitude du beau monde, voilà à quoi je tiens, moi. Vous me convenez; j'ai renvoyé Comtois... je ne veux plus suivre que vos avis... Dès ce moment, regardez-vous comme de la famille... Oh! je ne veux rien entendre; vous réfléchirez, et vous verrez que vous ne pouvez refuser ma fille.

Edmond quitta M. Bringuesingue, et la proposition qu'on venait de lui faire devint en effet le sujet continuel de ses réflexions.

CHAPITRE VII. — Dévouement.

Pendant que tout ceci se passait, Constance, qui avait sacrifié sa fortune à son cousin, travaillait assidûment et sans se plaindre auprès de Pélagie, qui continuait de faire endêver M. Ginguet.

Cependant Constance pleurait quelquefois, mais c'était dans le silence de la nuit, lorsque personne ne pouvait ni voir ni entendre ses sanglots; car la jeune fille s'apercevait bien que son cousin abrégeait chaque jour un peu plus ses visites chez M. Pause; et lorsqu'il était près d'elle, au lieu de lui parler avec cet abandon que permet l'amitié, Edmond restait froid, soucieux, et souvent même il ne disait rien.

D'abord Constance n'avait attribué cela qu'au chagrin que son cousin pouvait éprouver de ses revers de fortune, mais dans le fond de son âme quelque chose lui disait :

— S'il m'aimait comme je l'aime, ne serait-il occupé que de la perte de son argent?... Ne suis-je donc rien pour lui... et puisque je lui reste, ne peut-il pas encore être heureux?...

Pélagie n'osait plus parler de sa toilette de noces; M. Ginguet lui-même n'osait plus soupirer tout haut, car il craignait que cela ne fît de la peine à Constance d'entendre parler d'amour près d'elle, lorsque celui qui aurait dû l'adorer ne lui en parlait jamais. Quant au bon M. Pause, il cherchait continuellement un emploi pour Edmond, et avait souvent quelque chose à lui proposer; mais, afin de ne pas être obligé de l'entendre, Edmond s'en allait toujours avant que le vieux musicien ne fût revenu de son théâtre.

Quelques jours s'écoulèrent pendant lesquels Edmond ne vint pas exactement; puis ses visites furent plus courtes encore que de coutume, et il fut plus distrait, plus préoccupé.

— Certainement ton cousin a quelque chose, dit un soir Pélagie à Constance; il vient ici pour s'asseoir dans un coin... soupirer... parler à peine ..... ! sans doute il a en tête quelque nouveau projet... il veut s'enr... ire encore; et, en l'épousant, te surprendre par de brillants cadeaux. Je gage que c'est cela qu'il rêve sans cesse.

Constance secouait la tête et ne répondait pas. M. Ginguet arriva et dit aux jeunes filles :

— Je sais à présent pourquoi M. Edmond est si souvent plongé dans ses réflexions; nous l'avons rencontré ce matin, nous avons causé longtemps ensemble... Entre jeunes gens on se dit ses affaires...

— De grâce, monsieur Ginguet, venez au fait.

— M. Edmond m'a parlé de la famille Bringuesingue, chez laquelle il va très-souvent... Ce sont des gens fort riches... d'anciens commerçants qui n'ont qu'une fille... une jeune personne assez bien... mais qui cloche un peu en marchant...

— Enfin, monsieur Ginguet?

— Enfin Edmond m'a dit : Vous ne devineriez pas, mon cher Ginguet, ce que M. Bringuesingue m'a proposé?

— Ma foi! non, lui ai-je répondu; d'abord je ne suis pas fort pour deviner... Je n'ai jamais deviné une charade ni un rébus.

— Ah! monsieur Ginguet, vous abusez de notre patience! dit Pélagie.

— Pardon, mademoiselle, mais je vous rapporte notre conversation. Eh bien! me dit Edmond, M. Bringuesingue m'a offert de me donner sa fille en mariage...

— Sa fille! dit Constance en changeant de couleur.

— Vous mentez, monsieur Ginguet, dit Pélagie; M. Edmond ne peut pas vous avoir dit cela.

— Je vous jure, mademoiselle, que c'est l'exacte vérité... Mais ne vous chagrinez pas, mademoiselle Constance, M. votre cousin a ajouté : Vous pensez bien, mon cher Ginguet, que j'ai refusé. Quoique je n'aie plus le sou, car mademoiselle Clodora est fort riche, je n'accepterai pas, car je suis lié à ma cousine par l'amitié... la reconnaissance... le devoir... Je me regarde déjà comme son époux... Nos mères nous avaient fiancés, et... Mon Dieu, mademoiselle, est-ce que vous vous trouvez mal!...

En effet, Constance ne pouvait plus se soutenir; elle venait de laisser tomber sa tête sur le dos de sa chaise, et semblait prête à perdre connaissance. Pélagie la soutenait et lui faisait respirer des sels, tout en disant à M. Ginguet :

— Vous aviez bien besoin de venir dire cela!... Oh! que vous êtes bavard!... Vous n'avez jamais que de mauvaises nouvelles à conter.

— Mais, mademoiselle, il n'y a pas de mauvaises nouvelles là-dedans; au contraire... M. Edmond n'a pas du tout l'intention d'en épouser une autre que sa cousine.

— C'est égal, il ne fallait pas dire cela à Constance.

Comme celle-ci ouvrait les yeux, Ginguet s'écria de nouveau :

— J'ai l'honneur de vous assurer, mademoiselle, que votre cousin m'a dit : On m'offrirait une femme avec un million que je ne la prendrais pas... parce que je ne le peux pas. Je me regarde comme lié avec ma cousine... et je suis incapable de manquer à mon devoir. Une princesse... une duchesse, je ne l'accepterais pas... un honnête homme n'a que sa parole...

— C'est bien... c'est bien, monsieur Ginguet, dit Constance en s'efforçant de paraître calme. Je vous remercie... de m'avoir dit tout cela.

— Ça vous fait plaisir, n'est-ce pas, mademoiselle?

— Oui, je suis bien aise de le savoir.

La pauvre Constance ne parla plus pendant le reste de la soirée, malgré tous les efforts de Pélagie pour l'égayer et de M. Ginguet, qui s'écriait de temps à autre :

— Oh! M. Edmond Guerval est un brave jeune homme... il refuserait une mine d'or pour femme... il se regarde déjà comme enchaîné à sa cousine...

Et Pélagie poussait Ginguet et lui donnait des coups de pied sous la table pour le faire taire toutes les fois qu'il revenait sur ce sujet.

Lorsque Constance se trouva seule dans sa chambre, elle put s'abandonner sans réserve à toute sa douleur; car la jeune fille ne se faisait pas illusion; elle sentait bien que si son cousin refusait le parti fortuné qu'on lui proposait, c'était parce qu'il se croyait engagé avec elle au point de ne plus pouvoir disposer de lui-même.

— Mais ce n'est pas par amour pour moi qu'il en refuse une autre, se dit Constance; oh! non!... car si mon cousin m'aimait, il ne serait pas triste et rêveur près de moi... En m'épousant, c'est un devoir qu'il remplira, voilà tout!... et il sera malheureux... doublement malheureux, puisque je l'aurai empêché de jouir du sort brillant qui lui est offert. Mais parce que j'ai eu une fois le bonheur de l'obliger, croit-il donc que je veuille être un obstacle à sa fortune... que j'exigerai de sa reconnaissance le sacrifice de sa liberté, de son avenir!... Oh! j'aime trop Edmond pour vouloir le priver de tous les avantages qu'il trouvera dans l'union qu'on lui propose. Qu'importe qu'ensuite je meure de chagrin, pourvu que mon cousin soit heureux!... Mais si je lui dis qu'il est libre... si je l'engage moi-même à épouser cette demoiselle Clodora, il ne m'obéira pas... Oh non... je connais Edmond... il craindra de me faire de la peine. Mon Dieu! comment donc faire pour qu'il se croie bien maître de se marier sans me faire du chagrin?... Il faudrait... oui, il faudrait qu'il crût que c'est moi qui ne l'aime plus...

Toute la nuit la pauvre Constance pleura et chercha par quel moyen elle pourrait faire croire à son cousin qu'elle avait cessé de l'aimer afin qu'il ne pensât pas faire mal en se mariant à une autre.

Vers le matin elle avait conçu un projet qui ne pouvait manquer de remplir le but qu'elle se proposait. A peine fit-il jour qu'elle se mit à écrire le brouillon d'une lettre; puis, dès qu'il fut l'heure de sortir, elle court chez un écrivain public, lui fit écrire le billet dont elle avait fait le modèle, lui en dicta l'adresse, et le cœur gros, respirant à peine, elle se dirigea vers une petite poste pour y jeter cette lettre fatale.

La jeune fille tremblait et se soutenait à peine en marchant dans la rue; plusieurs fois elle passa devant une boîte à lettres, et ne put se décider à y jeter le billet qu'elle tenait dans sa main; elle sentait qu'il y allait du bonheur de toute sa vie. C'était son avenir, toutes les illusions de sa jeunesse qu'elle allait sacrifier; il ne lui restait plus que des larmes et le souvenir d'une belle action; à vingt et un ans il faut bien du courage pour accomplir un si grand sacrifice. Il y a tant de gens qui vivent et meurent sans comprendre de telles actions!

Cependant la matinée s'écoulait, Constance n'avait pas encore jeté la lettre dans une petite poste; elle se gronde de sa faiblesse, et, courant vers une boîte qu'elle aperçoit à la porte d'un café, elle y glisse en frémissant l'écrit qu'elle-même a dicté. Mais alors un nuage vient obscurcir sa vue, elle est forcée de s'appuyer un moment sur un banc de pierre qui est là tout près... Ce banc, elle le reconnaît; elle s'y est déjà reposée un soir lorsqu'en courant avec M. Ginguet pour retrouver son cousin elle forçait son compagnon à visiter tous les cafés qui se trouvaient sur leur route. Ce souvenir mouille ses yeux de larmes, car alors en cherchant Edmond elle ne pensait pas qu'un jour il lui faudrait vouloir elle-même se séparer de lui.

Mais le sacrifice est consommé entièrement; Constance songe qu'il lui faudra encore bien du courage pour ce qui lui reste à faire; et, rappelant ses forces, elle quitte le banc et retourne à sa demeure.

Dans le courant de la journée, Edmond, qui était seul chez lui, rêvant à sa situation, à l'amour de sa cousine et à la proposition de M. Bringuesingue, vit entrer son portier qui lui montait une lettre que le facteur venait d'apporter.

Edmond jette les yeux sur l'écriture qu'il ne connaît pas, et il décachette nonchalamment la lettre comme quelquun qui n'attend ni bonnes ni mauvaises nouvelles.

Le billet ne porte point de signature, mais la figure d'Edmond s'anime en lisant ces mots :

« Vous vous croyez aimé de votre cousine Constance, vous vous abusez; depuis longtemps elle ne pense plus à vous, elle a donné son cœur à un autre. Si vous doutez de ce qu'on vous écrit, rendez-vous entre sept et huit heures sur le boulevard Saint-Martin, près du Château-d'Eau : vous y verrez votre inconstante cousine y attendre votre heureux rival. Adieu. Quelqu'un qui s'intéresse à votre bonheur. »

— Constance en aime un autre! dit Edmond en froissant avec colère le billet dans sa main. Ah! c'est une indigne calomnie!... l'auteur de cette lettre est un misérable!... Constance! un modèle de vertus... et qui m'a donné une si grande preuve d'attachement... Constance me tromper!... car ce serait me tromper, moi qui dois être son époux, et qui m'a donné une si grande preuve d'attachement... Constance me tromper!... car ce serait me tromper, moi qui dois être son époux, et qui m'a donné une si grande preuve d'attachement... Mais un billet anonyme!... il n'y a que les méchants qui en écrivent; les personnes qui veulent vraiment rendre service ne craignent pas de se nommer.

Cependant, tout en se disant cela, Edmond se sentait agité, inquiet; la calomnie, même la plus absurde, laisse toujours de fâcheux troubler votre repos. Et, singulier effet des passions et surtout de l'amour propre dans le cœur des hommes, Edmond qui, quelques moments auparavant, ne songeait que froidement, que tristement même à son union avec sa cousine; Edmond qui, bien certain d'être aimé d'elle, se mettait si peu en peine de la payer de retour, Edmond se sent jaloux et passionnément amoureux de Constance, à présent qu'il pense qu'elle pourrait ne pas l'aimer un autre. Il se promène dans sa chambre avec agitation, relisant le billet que d'abord il avait jeté à terre; il se répète tout ce qu'il a déjà dit sur le peu de cas que l'on doit faire d'une lettre anonyme, mais de temps à autre il s'écrie :

— Et pourtant... dans quelle intention m'aurait-on écrit cela?... Constance depuis quelque temps ne me parle plus ni d'union ni d'amour... il est vrai que je ne lui en parle pas non plus... je n'ai plus rien et pas d'état .. pas d'avenir... Elle a pu faire des réflexions... on a pu lui conseiller de m'oublier... Mais Constance m'aimait tant!... Non, c'est impossible... des rendez-vous le soir... près du Château-d'Eau... Elle n'a jamais affaire de ce côté-là... c'est un odieux mensonge!... Mais on me dit que je puis me convaincre par mes yeux... Ah! ce serait faire outrage à Constance que d'aller à ce rendez-vous... je ne l'y verrai pas... on veut se moquer de moi... Non, je n'irai certainement pas m'assurer de la vérité de ce qu'on m'écrit.

Tout en disant cela Edmond trouvait que le temps n'avançait pas. Il regardait souvent à sa montre, il lui tardait de voir arriver l'heure qu'on lui avait indiquée. Il ne put pas dîner, car il n'avait pas faim; ses vœux appelaient la soirée, à sept heures il était déjà sur le boulevard, près le Château-d'Eau, quoique répétant encore qu'il aurait tort d'y aller.

Un quart d'heure s'écoula. Edmond n'avait vu personne qui ressemblât à sa cousine; son cœur se dilatait et il respirait plus librement, en se disant : — Mon Dieu, comment peut-on ajouter foi à des écrits anonymes?... Ceux qui les écrivent méritent ordinairement toutes les injures, toutes les épithètes qu'ils adressent aux autres.

Mais tout à coup Edmond aperçoit une femme dont la tournure a quelque rapport avec celle de Constance. Il s'arrête, il sent un poids affreux se placer sur sa poitrine. Il faisait presque nuit; cette femme s'avance d'un pas incertain, regardant souvent derrière elle comme si elle craignait qu'on ne la suivît; tout cela annonce bien un rendez-vous. Edmond ne respire plus... car cette femme vient de passer près de lui, et malgré le chapeau qui couvre sa figure il a reconnu Constance.

— C'est elle! se dit-il, c'est elle!... on ne m'avait pas trompé... Oh! mais non... je puis le croire encore... mes yeux m'ont abusé... il faut que j'entende sa voix...

Et aussitôt Edmond court après la personne qui vient de passer; il l'atteint, il lui prend le bras... elle tourne la tête... C'était bien Constance, en effet, et elle était si pâle, si tremblante, si émue en voyant son cousin, que tout se réunissait pour que celui-ci la crût coupable.

La jeune fille a murmuré : — Edmond... c'est vous!... et elle couvre sa figure d'un mouchoir.

— Oui, c'est moi, répond Edmond avec l'accent de la fureur. C'est moi... que vous trompez... que vous n'aimez plus!... Soyez franche, au moins, ma cousine; dites-moi ce que vous veniez faire ici... seule... le soir... Eh bien!... vous vous taisez... vous ne trouvez rien à me dire... vous êtes confondue... Cela est donc bien vrai, Constance, un autre homme a votre amour, et c'est lui que vous espériez trouver ici?...

— Je ne chercherai point à le nier, reprend Constance d'une voix presque éteinte. Oui... mon cousin... vous savez la vérité... Je ne vous aime plus... Depuis longtemps... je voulais vous le dire... mais je n'osais pas... Pardonnez-moi... oubliez-moi... Adieu, Edmond, il est inutile de nous revoir.

En achevant ces mots Constance s'enfuit; il était temps que la pauvre petite s'éloignât, car ses sanglots étouffaient sa voix; et si Edmond n'avait pas été aveuglé par la jalousie, il aurait dû trouver bien singulier que sa cousine pleurât si fort pour lui dire qu'elle ne l'aimait plus. Ordinairement, ce n'est pas ainsi qu'une femme nous rend notre liberté. On pleure avec celui qu'on aime, on rit avec ceux que l'on a cessé d'aimer.

Mais Edmond n'a entendu, n'a compris qu'une chose : c'est que sa cousine ne l'aime plus, et que depuis longtemps elle aurait voulu lui faire cet aveu. Edmond se sent blessé au cœur, car il se croyait sûr de l'amour de Constance; et c'était peut-être cette profonde certitude, cette trop grande confiance dans un attachement qui datait de leur enfance, qui avait engourdi et presque éteint dans son âme les doux sentiments qu'il avait pour sa cousine. On s'endort dans la certitude d'un parfait bonheur, mais on veille quand on a quelques inquiétudes sur sa possession.

Étourdi du coup qu'il vient de recevoir, Edmond est resté sur le boulevard; il a laissé sa cousine s'éloigner sans faire le moindre effort pour la retenir.

— Mais pourquoi l'aurais-je retenue? pense-t-il en regardant tristement autour de lui; n'a-t-elle pas dit qu'il était inutile de nous revoir?

Une foule de réflexions vinrent alors assaillir Edmond : en un instant il s'est rappelé toute sa conduite passée, son indifférence, sa froideur avec Constance, ses retards, ces délais successifs apportés à leur union, lorsque depuis longtemps ne dépendait que de lui d'être l'époux de sa cousine; ses projets de gloire, de fortune, qui n'ont abouti qu'à sa ruine, et qu'il n'aurait pas formés s'il s'était contenté du bonheur plus réel qu'il avait près de lui.

— C'est par ma faute que j'ai perdu le cœur de Constance, se dit

Edmond en soupirant; je me suis bien mal conduit... j'ai bien des reproches à me faire... mais pourtant, si elle m'avait autant aimé que je le croyais, elle m'aurait pardonné tout cela!

Et le dépit, la jalousie s'emparant de nouveau de son âme, il s'écrie : — Je suis bien sot de me chagriner, de m'abandonner à mes regrets... je veux l'oublier aussi... Un sort brillant m'est offert; rien ne m'empêche maintenant d'accepter... Au sein des plaisirs que procure la fortune je perdrai le souvenir de mon ingrate cousine...

Il appelait ingrate celle qui lui avait sacrifié tout ce qu'elle possédait! Mais la jalousie rend injuste; elle étouffe, elle éteint la reconnaissance, et il y a beaucoup de gens qui n'ont pas besoin d'être jaloux pour cesser d'être reconnaissants.

Edmond est allé trouver M. Bringuesingue, et, sans autre préambule, il lui crie dès qu'il l'aperçoit :

— Monsieur, j'ai changé d'idée... décidément j'accepte la main de mademoiselle votre fille; quand vous voudrez, je serai votre gendre...

— Eh! parbleu! mon cher ami, j'étais bien sûr que cela se terminerait ainsi... ce n'était pas sérieusement que vous pouviez refuser Clodora; elle a reçu une excellente éducation et aura un jour vingt-cinq mille livres de rente. Vous mériteriez que je vous fisse des reproches pour avoir paru hésiter un moment!... mais puisque vous voilà décidé... c'est inutile, je ne veux pas vous gronder... ce serait de la moutarde après dîner... Ah!... mon Dieu!... qu'est-ce que je viens de dire là?... Ce proverbe est de bien mauvais genre!... je ne sais pas où j'avais la tête... je voulais dire que... je ne sais plus ce que je voulais dire.... Embrassez-moi, mon gendre, et venez embrasser aussi votre belle-mère et votre future épouse.

Edmond se laisse conduire près de celle qui va être sa femme, et tout en l'embrassant il poussait un gros soupir et pensait à sa cousine. Le souvenir de Constance ne le quitte plus un instant; il est comme gravé dans le fond de son âme, il le suit partout; c'est en vain qu'il cherche à l'éloigner, à se distraire : il voit toujours sa cousine, si belle, si bonne, si aimante; il la voit lorsque sa mère les unit en lui disant : Voilà ta fiancée; il la voit encore se jetant à ses genoux et arrêtant sa main au moment où, dans son désespoir, il voulait s'ôter la vie.

— Oh! mon Dieu! quel trésor j'ai perdu! se dit-il, et je m'en occupais à peine lorsque je me croyais certain de le posséder!

Mais toutes ces réflexions n'empêchent pas qu'au bout de quinze jours mademoiselle Clodora Bringuesingue ne soit l'épouse d'Edmond Guerval.

Chapitre VIII. — Mariage.

On ne voyait plus Edmond chez M. Pause. Pélagie et son oncle s'en étonnaient, ils ne concevaient rien à la conduite d'Edmond; mais lorsque Pélagie l'accusait, lorsqu'elle se laissait aller à dire ce qu'elle pensait de son indifférence, de l'abandon où il laissait sa cousine, c'était encore celle-ci qui le défendait.

Quoique bien souffrante, bien changée depuis le soir où elle s'était rendue près du Château-d'Eau, Constance dissimulait ses peines; elle tâchait de renfermer son chagrin dans le fond de son âme, et ne prononçait jamais le nom de son cousin; quand Pélagie l'accusait, ce qui arrivait presque chaque soir lorsque l'heure s'avançait sans que l'on vît venir Edmond, Constance répondait d'un air calme : — Si mon cousin ne vient plus nous voir, c'est que probablement des occupations.... ou des plaisirs l'appellent ailleurs... Pourquoi veux-tu qu'il vienne s'ennuyer près de nous, lorsque dans le monde il a mille occasions de se distraire?...

— S'ennuyer près de nous!... mais ton cousin devrait-il s'ennuyer près de toi... à qui il doit tout... son honneur, son existence?... près de toi sa bonne pour lui... près de toi qu'il doit épouser?... En vérité, Constance, je ne comprends rien à la tranquillité avec laquelle tu supportes l'indigne abandon de ton cousin. A ta place... ah! je lui écrirais : Monsieur, vous êtes un monstre, vous êtes un indigne, vous êtes un homme bien mal élevé...

— Ah! Pélagie, crois-tu donc que ce soit de cette manière que l'on ramène un cœur qui s'éloigne de nous?...

— Non, murmurait M. Ginguet en feuilletant un livre, il ne faut jamais écrire de ces choses-là... C'est très-inconvenant.

— Monsieur Ginguet, je vous demande par votre avis. Je répète que M. Edmond est un ingrat, et qu'il se conduit indignement avec sa cousine.

— Peut-être l'accuses-tu à tort, ma chère Pélagie; tu ne sais pas... non, tu ne peux pas savoir quels motifs le font agir. Mon cousin est libre; parce qu'une fois j'ai pu l'obliger, je serais bien fâchée qu'il se crût esclave de sa reconnaissance. Nos parents voulaient nous marier, il est vrai, mais nous les avons perdus, et depuis il s'est passé tant d'événements!... On ne saurait que je dois regarder comme un rêve tous ces projets de notre jeunesse, et probablement Edmond le pense aussi.

— C'est différent! Si tu trouves que ton cousin a raison de ne plus venir te voir, de ne plus s'informer seulement si tu existes, oh! alors je n'ai plus rien à dire... et j'aurais tort de l'accuser.

Et Pélagie ne disait plus rien. Elle était quelque temps sans reparler d'Edmond; mais, dans le fond de son âme, elle sentait augmenter son impatience, sa colère; car elle était persuadée que Constance dissimulait le chagrin qu'elle éprouvait de l'abandon de son cousin, mais que c'était cela qui la rendait si rêveuse, si triste, et qui avait éteint les couleurs rosées de ses joues jadis si fraîches, si rondes, et qui maintenant étaient amaigries et d'une pâleur effrayante.

Pélagie, qui voulait absolument savoir ce que devenait Edmond, avait dit plusieurs fois en secret à M. Ginguet :

— Tâchez donc de savoir ce qu'il fait... ce qu'il devient; informez-vous de lui, allez à son logement, et dites-moi ce que vous apprendrez.

M. Ginguet avait obéi à mademoiselle Pélagie; mais jusqu'alors il n'avait rien appris, si ce n'est qu'Edmond n'habitait plus son ancien logement.

Un soir que les deux jeunes filles travaillaient près de M. Pause, qu'une petite attaque de goutte avait empêché de se rendre à son théâtre, M. Ginguet arriva, l'air tout bouleversé et les yeux presque hors de la tête. Son émotion était tellement visible, que le bon M. Pause, qui d'ordinaire ne remarquait rien, lui dit le premier :

— Mon cher ami, est-ce qu'il vous a pris aussi une attaque de goutte en chemin?

— Non, monsieur, non... Oh! j'aimerais mieux avoir la goutte... j'aimerais mieux avoir... je ne sais pas quoi!...

— Est-ce que vous avez perdu votre place? lui dit Constance.

— Non, mademoiselle, au contraire, j'ai l'espoir d'être bientôt augmenté... mis à douze cents francs.... Mes chefs sont très-satisfaits de moi.

— Alors qui vous donne donc cet air effaré? dit Pélagie sans remarquer les signes que M. Ginguet lui faisait quand Constance ne le voyait pas.

— Ah! c'est que je viens d'apprendre une nouvelle... cela est si affreux, si indigne!... Après ce qu'il m'avait dit l'autre fois... je ne l'aurais jamais cru capable d'une telle action... Après tout... il faudra toujours bien que mademoiselle Constance le sache...

— Moi! dit Constance en levant les yeux sur le jeune commis, tandis que Pélagie, qui commençait à deviner de quoi il était question, faisait signe à Ginguet de se taire. Mais celui-ci était exaspéré, il n'y avait pas moyen de l'arrêter; il se promenait dans la chambre et frappait de son poing sur tous les meubles en répétant :

— Oui, c'est affreux!... c'est une conduite indigne d'un galant homme... on a des engagements ou on n'en a pas!... on doit les respecter. On ne doit pas plaisanter avec l'amour... Je ne connais rien de plus respectable que l'amour, moi; aussi on trouve que je suis bête, mais ça m'est égal; j'aime mieux être bête, et être sensible...

— Mon bon ami, dit M. Pause, il y a de bien jolies choses dans ce que vous venez de nous dire là. Mais cela ne nous met pas au fait, et Constance est, ainsi que nous, impatiente de vous entendre vous expliquer mieux.

— Eh bien! monsieur Pause... c'est que... j'ai appris ce soir que le cousin de mademoiselle... était marié à mademoiselle Clodora Bringuesingue.

— Marié! s'écrièrent en même temps l'oncle et la nièce.

Constance ne dit rien; elle se contenta de laisser retomber sa tête sur sa poitrine.

— Ce n'est pas possible, monsieur Ginguet, dit bientôt Pélagie; on vous a trompé, on s'est moqué de vous.

— Non, mademoiselle, on ne s'est pas moqué de moi, cela n'est que trop réel; quand on m'a eu dit cela, vous pensez bien que j'ai voulu m'en assurer par moi-même; je suis allé m'informer... dans la maison où demeure à présent M. Edmond... car il loge maintenant avec son beau-père et sa belle-mère... et, en effet, depuis un mois déjà il est l'époux de mademoiselle Bringuesingue.

— Oh! mais c'est infâme de se conduire ainsi! dit Pélagie. Constance!... ma pauvre Constance!... t'abandonner... Eh bien! tu ne dis rien encore... tu ne le maudis pas! Ah! tu es trop bonne!... cent fois trop bonne... Ces hommes... aimez-les donc!... Oh! mais moi, je ne veux jamais le quitter, t'abandonner... je te consolerai, je ne me marierai jamais pour ne pas me séparer de toi... pour te tenir lieu de tout...

En disant cela Pélagie embrassait Constance; elle pleurait, elle la pressait dans ses bras; et celle-ci, qui avait longtemps retenu ses larmes, venait d'appuyer sa tête sur l'épaule de son amie, et se sentait un peu soulagée en donnant un libre cours à sa douleur; car, bien qu'elle s'attendît à cet événement qu'elle-même avait préparé, Constance n'avait pas eu assez de force pour apprendre sans émotion que le sacrifice était consommé, que son cousin était entièrement perdu pour elle.

M. Pause ne disait rien, mais il était fortement ému et ne sentait plus sa douleur de goutte. M. Ginguet pleurait, et tout en essuyant ses yeux il murmurait entre ses dents :

— Parce qu'un homme se conduit mal, ce n'est pas une raison pour les détester tous en bloc!... et puis... faire serment de ne jamais se marier... comme ça me donne de l'espérance!

Ce fut encore Constance qui fut obligée de consoler tout le monde; elle avait surmonté sa douleur, et elle parut résignée en disant :

— Mais pourquoi donc me plaindre ainsi?... Ah! je vous assure

que depuis longtemps je m'attendais à cet événement. Je n'ai jamais formé qu'un désir.... c'est que mon cousin soit heureux, et j'espère qu'il le sera avec la personne qu'il vient d'épouser. Avec moi peut-être aurait-il éprouvé des regrets... des ennuis... Je ne pouvais plus lui offrir que l'indigence... dois-je lui faire un crime d'avoir préféré la fortune?... Oh! non, je vous jure que je ne lui en veux pas; je ne suis pas malheureuse, moi qui n'ai jamais eu d'ambition et qui possède de vrais amis! Mais... je vous demande une grâce, c'est qu'il ne soit plus question... de mon cousin : probablement nous ne le verrons plus... Eh bien!... je tâcherai de l'oublier... et le passé ne sera plus rien pour moi.

On promit à Constance de lui obéir; chacun admirait le courage, la résignation de la jeune fille; mais on ne partageait pas sa partialité pour Edmond, dont la conduite ne semblait pas excusable. L'honnête M. Pause le blâmait, M. Ginguet le méprisait, et Pélagie le maudissait.

Cependant Edmond s'était marié et se trouvait vivre au milieu de la famille des Bringuesingue. Dans les premiers jours, encore tout étourdi de ce qui lui était arrivé, du nouveau nœud qu'il venait de contracter, il avait apporté peu d'attention à tout ce qui l'entourait; mais l'émotion s'était calmée, Edmond commençait à réfléchir et à examiner les personnes avec lesquelles il vivait.

L'examen devait naturellement commencer par sa femme; Clodora était assez bien de figure, mais c'était de ces physionomies qui ne disent rien, ou plutôt de ces figures qui n'ont pas de physionomie. De sa brillante éducation il ne lui était rien resté dans la tête, aussi sa conversation était-elle fort bornée. Dans les premiers jours de leur union, Edmond avait attribué à la timidité les réponses plus que naïves ou le silence de sa femme. Mais, après six semaines de mariage, on doit pourtant oser parler un peu à son mari.

Un jour, Edmond étant seul avec sa femme, voulut la consulter sur l'emploi qu'ils pourraient faire de leur fortune.

— Ma chère épouse, lui dit-il, votre père a mis à ma disposition votre dot, qui est d'environ deux cent cinquante mille francs; pensez-vous que nous devions nous contenter d'en toucher le revenu, ou êtes-vous d'avis que je tâche d'augmenter notre fortune?

Clodora ouvrit de grands yeux, regarda son mari d'un air étonné, puis fixa le bout de ses pieds en répondant :

— Ah!... dame... je ne sais pas!...

— Mais enfin je vous demande un conseil; comme c'est de votre bien qu'il s'agit, je ne voudrais rien faire sans vous consulter... Avez-vous de l'ambition?

— De l'ambition... je ne sais pas... on ne m'a jamais parlé de ça!

— Etes-vous satisfaite de ce que nous avons?... formez-vous d'autres désirs?... voudriez-vous que votre mari devînt agent de change, banquier... notaire?...

— Oh! ça m'est bien égal.

Edmond frappa du pied avec impatience et se mordit les lèvres de dépit. La jeune femme eut peur et se recula en lui disant :

— Qu'est-ce que vous avez donc... vous faites la grimace?

— Je n'ai rien, madame, rien absolument!...

Et le jeune homme s'éloigna en poussant un gros soupir et en se disant :

— Décidément ma femme est bête!

Madame Bringuesingue avait été enchantée de voir Edmond épouser sa fille, parce que M. Guerval touchait fort bien des contredanses au piano; vous savez que la danse était la passion de la mère de Clodora.

Devenu son gendre et vivant avec les parents de sa femme, madame Bringuesingue se flattait qu'Edmond lui jouerait des contredanses toute la journée, et qu'elle danserait dès le matin jusqu'au déjeuner.

En effet, à peine Edmond arrivait-il le matin au salon, que madame Bringuesingue lui disait :

— Ah! mon gendre... une petite contredanse pour ma fille et moi... nous nous ferons vis-à-vis.

Edmond n'osait pas refuser, et madame Bringuesingue se mettait à faire en avant deux avec Clodora. Edmond, qui trouvait singulier de voir sa femme et sa belle-mère danser dès le matin, ne jouait pas longtemps. Mais quand il arrivait quelque visite et qu'on se trouvait quatre, madame Bringuesingue courait de nouveau après Edmond, et le ramenait au piano en s'écriant :

— Mon gendre... un petit quadrille... nous sommes quatre... Ma fille et moi nous avons des cavaliers... l'air que vous voudrez... ce sera bien gentil.

Il n'y avait pas moyen de refuser; la belle-mère était tenace, elle amenait Edmond par la main, elle le faisait asseoir, et celui-ci était obligé de jouer une contredanse, ce qu'il faisait souvent avec humeur en se disant :

— C'est pour avoir continuellement un orchestre à sa disposition que madame Bringuesingue m'a donné sa fille; mais si elle croit que je passerai mon temps à la faire danser, elle se trompe beaucoup.

Quant à M. Bringuesingue, il ne pouvait pas se passer un seul jour de son gendre; s'il allait en société, à un dîner, à un bal, il emmenait Edmond; quand il traitait, quand il recevait, il fallait encore qu'Edmond fût là, toujours près de lui; cela donnait de la confiance, de l'aplomb à l'ancien moutardier, qui se permettait alors de placer son mot, son opinion dans la conversation , persuadé qu'avec le secours de son gendre il devait toujours dire de très-bonnes choses et avoir d'excellentes idées.

Mais cela ennuya bientôt Edmond d'être obligé d'accompagner partout son beau-père. Depuis qu'il était marié à mademoiselle Bringuesingue , il ne jouissait pas d'un instant de liberté. Chez lui , sa belle-mère et sa femme voulaient sans cesse lui faire jouer des contredanses, et s'il désirait sortir, son beau-père ne manquait pas de l'accompagner partout.

— Où me suis-je fourré !... se disait Edmond ; c'est encore mon mauvais génie qui m'a jeté dans la famille Bringuesingue!... Ah ! ma cousine !... si je vous avais épousée , j'aurais été si heureux... car vous êtes jolie... vous êtes douce et vous avez de l'esprit !... trois choses qui sont rarement réunies!... Mais vous ne m'aimiez plus... un autre avait votre cœur... A la vérité, si j'avais été votre mari , vous n'auriez pas connu celui qui m'a enlevé votre amour !

Une année s'écoula. Chez M. Pause, la vie était calme et uniforme : le travail, la conversation, la lecture en remplissaient tous les instants. Constance était triste, mais résignée, et sur ses lèvres pâles le sourire essayait quelquefois de se montrer. On ne parlait jamais d'Edmond, du moins devant elle , et la jeune fille faisait semblant de l'avoir oublié.

M. Pause ne s'occupait que de sa basse, M. Ginguet que de Pélagie, et celle-ci continuait de faire mille espiègleries au jeune employé, qui était enfin arrivé à douze cents francs.

Dans la famille Bringuesingue on était loin de jouir d'une semblable tranquillité : Clodora se plaignait de son mari qui était avec elle de mauvaise humeur; la belle-mère se plaignait de son gendre qui avait refusé souvent de lui jouer des contredanses, et le beau-père se plaignait aussi d'Edmond qui , dans le monde , l'avait laissé plusieurs fois dire ou faire des choses dont on s'était moqué, sans avoir tourné ça en trait d'esprit.

Edmond n'avait jamais eu d'amour pour sa femme, et il avait pris en aversion M. et madame Bringuesingue. Pour se distraire des ennuis qu'il éprouvait dans son intérieur, il lui vint à l'idée de faire des spéculations , des affaires, non plus à la Bourse, mais avec les petites affiches, en achetant ce qui lui paraissait bon marché, dans l'espérance de le revendre avec bénéfice.

Malheureusement , Edmond ne s'entendait pas plus aux affaires qu'aux mouvements de la rente. Il achetait comptant et revendait à terme ou sur des billets; il était enchanté lorsqu'il avait vendu avec bénéfice ; mais à l'échéance , les effets qu'il avait reçus n'étaient point payés, et l'apprenti spéculateur en était pour son argent et ses frais. Alors il rentrait chez lui de fort mauvaise humeur, et il recevait fort mal sa belle-mère qui venait le prier de lui jouer une contredanse, ou son beau-père qui voulait l'emmener en soirée avec lui.

Au lieu de renoncer à des entreprises dans lesquelles il ne réussissait pas, Edmond y persévérait avec cette opiniâtreté que trop de gens apportent à ce qu'ils ne savent et ne comprennent point. L'amour-propre s'en mêlait ; ensuite Edmond voulait recouvrer l'argent qu'il avait perdu ; il risquait de plus fortes sommes, il donnait tête baissée dans toutes les spéculations que des intrigants lui proposaient, et, en voulant se refaire , il achevait de dissiper la dot de sa femme ; comme ces joueurs qui , une fois commencé à perdre, ne quittent plus une partie que lorsqu'ils ont entièrement vidé leurs poches.

Un jour, dans ses courses, qu'il prolongeait le plus possible pour ne pas être avec la famille de sa femme, Edmond rencontra M. Ginguet qui sortait de son bureau. Celui-ci se détournait pour ne point parler au cousin de Constance, dont la conduite lui avait paru si peu délicate ; mais Edmond courut et rattrapa Ginguet. Il lui prit le bras en lui disant :

— Ah! qu'il y a longtemps que je ne vous ai vu!... que de choses se sont passées depuis!... Cela me fait plaisir et peine tout à la fois de me retrouver avec vous... Mais vous aviez l'air de me fuir... pourquoi cela?...

— Ma foi ! monsieur, dit Ginguet en hésitant, c'est que depuis que vous vous êtes marié... que vous avez abandonné votre pauvre cousine qui vous aimait tant, je ne me soucie plus d'être de vos amis !

— Ma cousine !... ah! monsieur Ginguet! vous voilà comme tout le monde... vous jugez sur les apparences!... Ne vous avais-je pas dit que je n'accepterais jamais l'alliance que l'on m'offrait... que je me regardais comme engagé avec Constance?...

— Justement, vous m'aviez dit cela, et vous avez fait tout le contraire.

— Et si ma cousine avait la première manqué à nos promesses, si elle m'avait dit : Vous êtes libre, car depuis longtemps je ne vous aime plus?... Eh bien ! monsieur, c'est ce qu'elle m'a dit... Mais je ne l'aurais pas cru encore, si d'autres circonstances ne m'avaient prouvé qu'elle me trompait... Je suis surprise... le soir... à un rendez-vous...

— Mademoiselle Constance !...

— Oui, monsieur, oui, Constance... et, confondue alors par ma présence, elle a jugé inutile de feindre davantage. Voilà la vérité, monsieur; n'étant plus aimé de ma cousine, je me suis marié par dépit, par colère... et je sens bien maintenant que de telles unions ne donnent pas le bonheur. Vous voyez, monsieur Ginguet, que ce n'est pas moi qui ai manqué à mes engagements... Adieu... Vous êtes plus heu-

reux que moi, car vous voyez sans doute ma cousine... et, malgré ses torts à mon égard, je sens que j'aurais bien du plaisir à la revoir... On peut causer avec elle au moins... elle ne vous répond pas toujours : Je ne sais pas ! ou : Ça m'est égal... Mais il n'y faut plus penser... Nous sommes séparés pour jamais.

Edmond avait presque les larmes dans les yeux en prononçant ces paroles ; voulant cacher son émotion, il serra la main de Ginguet et s'éloigna. Le jeune commis était resté là, tout stupéfait de ce qu'il venait d'entendre ; et comme sa figure laissait toujours deviner les émotions qu'il éprouvait, quand il se rendit le soir chez M. Pause, Pélagie vit bien qu'il lui était arrivé quelque chose de nouveau. Le jeune homme se tut devant Constance; il faisait à Pélagie des signes, des yeux que la jeune fille ne pouvait comprendre, mais qui augmentaient sa curiosité. Constance remarqua quelques-uns de ces signes ; le trouble de Ginguet l'avait frappée aussi. Devinant qu'il n'osait pas s'expliquer devant elle, elle feignit d'avoir besoin d'un dessin de broderie qui était dans sa chambre, et elle laissa Ginguet avec Pélagie; aussitôt celle-ci s'empressa de lui demander ce qu'il savait de nouveau et que Constance ne devait pas entendre.

— Ce que je sais! dit Ginguet en levant les yeux au ciel ; ah! mademoiselle... des choses... Je n'en reviens pas encore, mon Dieu! Qui l'aurait soupçonnée?... une jeune personne si bien élevée!

— Mais, par grâce, expliquez-vous mieux.

Après avoir encore regardé en l'air et frappé ses deux mains l'une dans l'autre, M. Ginguet se décida à rapporter à Pélagie sa rencontre de la journée et tout ce qu'Edmond lui avait dit touchant Constance.

A mesure que le jeune homme parlait, Pélagie devenait plus émue ; on voyait qu'elle se contenait avec peine. Elle écoutait attentivement cependant, ne voulant pas perdre un seul mot ; mais la rougeur qui colorait ses joues, le feu de ses yeux, sa respiration pressée, annonçaient toute l'indignation dont elle était animée.

— Quelle horreur!... dit Pélagie lorsque M. Ginguet eut fini de parler, quelle affreuse calomnie!... Ce n'est donc pas assez d'abandonner lâchement celle qui lui a tout sacrifié, il faut encore qu'il la déshonore, qu'il la diffame aux yeux du monde! Constance!... ma bonne... ma douce Constance... le modèle de toutes les vertus, dont le cœur ne connut jamais que des sentiments nobles et généreux!... c'est Constance que l'on ose accuser!... Et vous, monsieur, vous avez pu entendre de sang-froid de si atroces calomnies... vous n'avez pas défendu mon amie... démenti tout ce qu'on vous disait!

Ginguet est tout tremblant, car il n'a jamais vu Pélagie dans une telle colère; il balbutie en tremblant :

— Mademoiselle... je ne pouvais pas... je ne savais pas...

— Vous ne pouviez pas défendre Constance, mon amie la plus chère!... Vous êtes homme et vous laissez outrager une femme!... Écoutez, monsieur Ginguet, je n'ai plus qu'une chose à vous dire : Vous prétendez que vous m'aimez... vous désirez être mon mari...

— Ah! mademoiselle! ce serait pour moi le comble de la félicité...

— Eh bien! allez trouver le cousin de Constance, exigez de lui qu'il démente les calomnies qu'il vous a débitées sur sa cousine, qu'il les démente par un écrit que vous m'apporterez, ou forcez-le à se battre avec vous et tuez-le, pour le punir de ses indignes mensonges. Vous entendez, monsieur; revenez avec la rétractation d'Edmond ou après l'avoir vaincu... et je vous accorde ma main.

— Quoi, mademoiselle, vous voulez...

— Que vous vous battiez avec Edmond, oui, monsieur... Si vous ne faites pas ce que je vous demande, il est inutile que vous songiez encore à me faire la cour... je ne serai jamais votre femme. Eh bien! monsieur, est-ce que vous hésitez?...

— Non, mademoiselle... non, je n'hésite pas... je me battrai... oh! certainement... quoique je ne sache pas me battre... Mais si je suis tué, mademoiselle?...

— Alors Edmond n'en sera que plus méprisable! mais vous, qui serez mort en défendant une si noble cause... vous, qui aurez succombé pour mon amie, vous aurez tous mes regrets, tous mes souvenirs... et chaque jour j'irai sur votre tombe pleurer et déposer des fleurs.

— Ah!... j'entends... vous m'aimerez beaucoup... quand je serai mort... Allons... c'est toujours une consolation. C'est décidé, mademoiselle ; dès demain je me battrai avec M. Edmond.

— Mais du silence!... pas un mot de tout ceci devant Constance...

— Je n'ouvrirai plus la bouche, mademoiselle.

En ce moment Constance rentrait, se doutant qu'il s'agissait d'Edmond, elle n'avait pu résister à sa curiosité, et elle avait écouté et entendu toute la conversation entre Pélagie et M. Ginguet.

Cependant la jeune fille eut l'air de ne rien savoir, et tout le reste de la soirée elle affecta une grande tranquillité. Pélagie, au contraire, laissait échapper des mouvements de colère, d'impatience, et M. Ginguet poussait de temps à autre de gros soupirs qui n'annonçaient pas qu'il fût très-satisfait de l'emploi de sa journée du lendemain.

En se séparant, Constance serra avec amitié la main du jeune commis; celui-ci faisait ses adieux comme quelqu'un qui a peur de ne plus revenir, quoique Pélagie, par ses regards, fît son possible pour entretenir sa vaillance.

Le lendemain, de grand matin, Ginguet se disposait à aller trouver

Edmond chez lui ; il parlait tout seul dans sa chambre et s'exhortait à être brave ; quand il se sentait faiblir, il pensait à Pélagie, et alors l'amour lui donnait du courage ; un sentiment est presque toujours l'auxiliaire d'un autre.

Au moment où il allait sortir de chez lui, tenant à sa main une boîte à pistolets qu'il venait d'emprunter à un voisin, Ginguet est arrêté par son portier qui lui remet une lettre. Le jeune homme l'ouvre et lit :

« J'ai entendu hier votre conversation avec Pélagie ; vous ne devez pas vous battre pour moi, monsieur Ginguet, car Edmond ne m'a pas calomniée, il ne vous a dit que la vérité. Adieu ; dites à Pélagie et à son oncle que je les aimerai toujours, mais je les quitte ; car, puisqu'ils savent tout, ils ne me trouveraient plus digne de vivre avec eux.

» Constance. »

Ginguet en finissant ce billet a laissé tomber à terre sa boîte à pistolets ; il relit de nouveau pour s'assurer qu'il ne s'est point trompé, puis il se hâte d'aller reporter à son voisin les armes que celui-ci lui avait prêtées, et court chez Pélagie qui est avec son oncle ; il leur demande d'abord où est Constance.

— Elle est sortie de bien grand matin, dit M. Pause, sans doute pour aller reporter de l'ouvrage chez la lingère ; mais elle n'est pas encore revenue.

Alors Ginguet donne à Pélagie la lettre qu'il vient de recevoir. Celle-ci pleure, se désole et raconte à son oncle tout ce qui s'est passé depuis la veille. M. Pause blâme la conduite de sa nièce, qui voulait forcer Ginguet à se battre ; mais pourtant il ne peut encore croire que Constance soit coupable.

— Non ! non ! elle ne l'est pas, s'écrie Pélagie, et sa lettre où elle s'accuse elle-même me prouve seulement, à moi, qu'elle craignait qu'un combat n'eût lieu, et que son cousin ne succombât ; car elle l'aime toujours, elle n'a jamais cessé de désirer son bonheur, j'en suis bien sûre, moi. Mais où est-elle allée... que va-t-elle devenir... seule... sans amis, sans consolation !... Monsieur Ginguet, il faut absolument que vous retrouviez Constance ; je vous préviens que vous ne serez mon mari que lorsque vous m'aurez rendu ma malheureuse amie....

— Mais, mademoiselle, est-ce ma faute si mademoiselle Constance vous a quittée ?

— Cela ne fait rien, monsieur ; je ne puis être heureuse que quand elle est près de moi, et comme je veux être heureuse pour me marier, c'est un parti bien arrêté.

Le pauvre Ginguet s'en alla en s'arrachant les cheveux et se disant :

— J'aurai bien de la peine à devenir l'époux de mademoiselle Pélagie.

Cependant, dès le jour même, il commença ses recherches. Tout le temps que son bureau lui laissait libre, il l'employait à parcourir divers quartiers pour tâcher de découvrir Constance, mais il n'apprenait rien ; et comme il revenait près de Pélagie sans pouvoir lui donner aucune nouvelle de son amie, la jeune fille lui faisait fort mauvaise mine.

Pendant que ceci se passait, d'autres événements avaient eu lieu dans la famille Bringuesingue.

Le beau-père voulait continuellement que son gendre l'accompagnât dans le monde ; mais, un jour, Edmond avait été le premier à se moquer du manque d'usage de M. Bringuesingue. Celui-ci avait commis plusieurs gaucheries qui auraient passé inaperçues, si son gendre ne les avait relevées. Une querelle violente s'en était suivie.

— Je vous ai donné ma fille pour que vous me trouviez de l'esprit, dit M. Bringuesingue. Vous êtes cause que j'ai renvoyé Comtois, qui, du moins, se contentait de se gratter le nez quand je commettais quelque inadvertance ; mais vous vous permettez de rire quand je m'embrouille dans une phrase ; cela ne peut pas se faire pied-là.

— Vous ne voulez plus vous mettre au piano quand j'ai envie de danser, dit madame Bringuesingue, ou bien vous jouez si vite qu'il est impossible d'aller en mesure et qu'on est sur-le-champ fatigué. Ce n'est pas ainsi qu'on se conduit avec une belle-mère.

— Vous ne voulez jamais me mener promener, dit à son tour Clodora, et moi j'aime beaucoup la promenade.

Edmond avait répondu à tout cela :

— Mon cher beau-père, en m'offrant votre fille en mariage, il fallait me prévenir que je devais être aussi votre mentor. Mais il est trop tard pour refaire votre éducation ; croyez-moi, ne cherchez pas à singer les grands seigneurs, vous ne réussirez jamais qu'à vous faire moquer de vous. Ma chère belle-mère, je vous blâme pas d'aimer la danse ; mais je ne puis passer ma vie à vous servir d'orchestre. Quant à vous, madame, si je ne vous promène pas plus souvent, c'est que vous bayez continuellement quand je vous parle ; d'où j'ai conclu que ma conversation et ma compagnie ne vous plaisaient pas.

La réponse d'Edmond n'avait point calmé les esprits ; ce fut bien pis lorsqu'on vit arriver de tous côtés des gens auxquels le jeune homme devait de l'argent, lorsque l'on apprit qu'il avait dissipé presque toute la dot de sa femme. Clodora pleura, sa mère se trouva mal, et M. Bringuesingue voulait faire mettre son gendre en prison jusqu'à ce qu'il eût restitué la somme qu'il avait si lestement dissipée ; mais comme le beau-père n'avait pas ce droit-là, il se contenta d'ordonner à Edmond de sortir de chez lui, de n'y jamais rentrer tant qu'il serait pauvre, et de ne plus considérer Clodora comme son épouse.

Edmond avait le droit d'emmener sa femme avec lui, mais il ne fut pas tenté d'en user ; il laissa Clodora avec ses parents et quitta la famille Bringuesingue, n'ayant qu'un seul regret, celui de ne plus être garçon.

Edmond fut se loger dans une petite chambre faisant mansarde ; là, il se mit à faire des tableaux qui ne valaient guère mieux que les devants de cheminée, mais il trouvait à les vendre, et avec cela il vivait ; car, dégoûté de tous les plaisirs, n'aimant plus le monde, n'ayant plus d'amis, Edmond ne sortait presque pas de chez lui et passait tout son temps à travailler. Il s'étonnait du plaisir qu'il trouvait dans ce nouveau genre de vie ; il était tout surpris d'être heureux en s'occupant avec assiduité, et il se disait :

— Si je n'avais pas autrefois refusé les offres de M. Pause, je sens bien que j'aurais pu encore être heureux près de Constance ; avec du travail, de l'ordre et de l'économie, nous n'aurions pas connu la misère... Ah ! l'amour-propre m'a perdu ! j'ai refusé le bonheur qui était près de moi, et j'ai passé ma vie à faire des sottises, parce que j'ai toujours cru que je savais tout mieux que les autres !... J'ai mangé le bien que m'avait laissé ma mère, j'ai ruiné ma cousine et j'ai dissipé la dot de ma femme, parce que je me suis cru poëte, musicien, spéculateur !... Et tout cela sans aucune vocation pour cette même idée qui, étant tout jeune, me faisait dire à mes camarades de pension : Oh ! si je voulais, j'en ferais bien autant que vous !

Ces réflexions étaient un peu tardives, mais c'est encore un mérite de reconnaître ses fautes. Il y a tant de gens que l'expérience ne corrige pas !

Il y avait près d'un an qu'Edmond faisait de petits tableaux, lorsqu'il reçut une lettre de M. Bringuesingue qui lui annonçait que sa fille Clodora venait de mourir d'un excès de nougat, mais qu'en mourant elle avait pensé à son mari et exigé que ses parents fissent Edmond leur héritier. M. et madame Bringuesingue avaient juré à leur fille de satisfaire à ses désirs, à condition que, de leur vivant, leur gendre ne leur demanderait rien.

Edmond répondit à M. Bringuesingue qu'il était touché du dernier souvenir de sa femme, et le priait de disposer à son gré de sa fortune. Edmond commençait à devenir véritablement artiste ; il ne plaçait plus le bonheur dans les richesses. Il avait pris goût au travail, et ce qu'il faisait était moins mauvais et lui était mieux payé. Au bout de quelque temps il fit vraiment bien, et on lui commanda des tableaux ; alors il quitta sa chambre mansardée et put prendre un petit logement dans lequel il y avait un atelier.

Il n'y avait que trois mois qu'Edmond habitait son nouveau local ; dans lequel il vivait très-retiré, lorsqu'un soir une vieille femme vint frapper chez lui. C'était une voisine ; elle demeurait au-dessus d'Edmond, mais celui-ci ne connaissait aucune des personnes qui habitaient la même maison que lui.

La bonne vieille était tout en larmes ; elle dit à Edmond :

— Par grâce, monsieur, venez m'aider à soigner une jeune femme qui est bien malade, elle demeure ici dessus, sur le même carré que moi... elle vit seule, ne sort jamais, travaille toute la journée, et ne voyait que moi, à qui elle avait la complaisance de rendre mille petits services ; mais avant-hier elle est tombée malade, et aujourd'hui une fièvre terrible... le délire... Et moi, je ne sais que lui donner... et je ne voudrais pas la laisser seule pendant que j'irai chercher un médecin.

Edmond suivit sur-le-champ la vieille voisine ; elle le mena chez la malade. Là tout était simple, modeste, mais propre et bien rangé. Le jeune homme, sans en deviner la cause, se sentait ému en approchant du lit où était la jeune femme, mais que devint-il en reconnaissant sa cousine dans la malade qu'il venait garder !

— Constance ! s'écrie Edmond.

— Vous connaissez cette jeune dame ? dit la vieille femme.

— Si je la connais ?... c'est ma cousine... ce devait être ma compagne, et ce fut pendant longtemps ma meilleure amie... Constance ! pauvre Constance !... elle ne m'entend ni ne me reconnaît... Madame, allez vite chercher un médecin. Quant à moi, je m'établis ici, je ne quitte plus ma cousine qu'elle ne soit hors de danger.

La vieille dame sort ; Edmond reste seul près de Constance, qui a un violent délire, et qui, dans son égarement, prononce souvent le nom d'Edmond. Celui-ci écoute attentivement ce que dit la malade, et bientôt il distingue ces mots :

— Il m'a cru coupable... mon Dieu ! il a cru que j'en aimais un autre que lui... mais c'était pour qu'il fût libre... Cette lettre... ce billet... c'était moi qui l'avais dicté... je l'ai là le brouillon... là dans un souvenir qu'il m'avait donné... C'est tout ce qui me reste de lui... et j'y ai placé, moi, tout ce que j'ai fait pour qu'il soit heureux.

En disant cela la malade indiquait son bras un petit coffre placé sur une commode. Edmond, qui vient pour la première fois de penser que sa cousine a pu se dire coupable afin de lui rendre la liberté, et qui sent des larmes mouiller ses yeux à l'idée d'un tel dévouement, Edmond court au petit coffre, l'ouvre, y trouve le souvenir qu'il a autrefois donné à sa cousine, et, dans une des poches, un brouillon de lettre de la main de sa cousine. Il le lit. C'est le modèle de la lettre qu'il a reçue, et dans laquelle on offrait de lui prouver que Constance ne l'aimait plus.

Edmond comprend toute la générosité de sa cousine, qui, après lui avoir donné sa fortune, lui a sacrifié ce qui est le premier bien d'une femme, son honneur, sa réputation. Il court se jeter aux pieds de Constance ; il prend sa main qu'il baigne de ses pleurs en lui demandant pardon d'avoir pu la croire coupable, en se maudissant pour avoir fait le malheur d'une femme qui méritait si bien tout son amour. Mais Constance ne l'entend pas ; son délire est toujours le même, et l'état dans lequel il la voit augmente encore les regrets et le désespoir d'Edmond.

La vieille voisine ramène un médecin, qui déclare ne pouvoir répondre de la malade, et s'éloigne après avoir écrit ses ordonnances.

Constance passe une nuit cruelle ; Edmond n'a pas fermé l'œil, mais la voisine n'a pu résister au sommeil. Elle dort profondément, et Edmond sent bien que la pauvre vieille ne lui serait pas d'un grand secours pour soigner Constance. Mais un souvenir est venu frapper ses esprits ; dès que le jour est venu et que la voisine est éveillée, Edmond sort et court sans s'arrêter jusque chez M. Pause ; là il conte tout ce qui lui est arrivé, tout ce qu'il sait de la belle conduite de sa cousine, et il n'avait pas achevé son récit que Pélagie qui, tout en l'écoutant, se hâtait de mettre un chapeau et un châle, lui dit : — Conduisez-moi près d'elle... Ah ! je la connaissais mieux que vous, et je ne l'ai jamais crue coupable.

A neuf jours de là, Constance, qui avait toujours eu le délire, luttant sans cesse entre la vie et la mort, venait d'éprouver une crise qui l'avait sauvée ; un profond assoupissement en avait été la suite ; il avait été suivi d'un sommeil doux, bienfaisant, réparateur ; et lorsque Constance rouvrit les yeux, elle souriait comme quelqu'un qui a déjà oublié ses souffrances. Mais que l'on se figure sa surprise en voyant près d'elle Pélagie, le bon M. Pause, son cousin, et jusqu'à M. Ginguet.

— Est-ce un rêve? dit Constance en refermant ses yeux de crainte de voir l'illusion se dissiper.

— Non, lui répondit Edmond en lui serrant doucement la main ; le passé seul est un rêve... mais vous l'oublierez, ma cousine ; vous avez déjà été si généreuse pour moi, que vous le serez encore... Je connais votre dévouement... le ciel m'a rendu libre afin que je puisse entièrement réparer mes torts... Encore une fois, Constance, le passé n'est qu'un rêve, et c'est votre fiancé qui est près de vous comme le jour où nos deux mères unirent nos mains et notre avenir.

Constance ne pouvait plus répondre, elle versait des larmes de bonheur, et quoique les médecins défendent les grandes émotions aux convalescents, celle-ci hâta le rétablissement de la malade.

Puis Edmond épousa sa cousine, puis M. Ginguet regarda Pélagie en soupirant, et lui dit : — Ce n'est pas ma faute, si c'est un autre qui vous a fait retrouver votre amie ; je faisais tous les jours deux ou trois lieues dans Paris pour la chercher.

Pélagie ne répondit qu'en présentant sa main à Ginguet, et, en vérité, le pauvre garçon l'avait bien gagnée.

Et je ne vous affirmerai pas que Pélagie fit toujours les volontés de son époux ; mais, en revanche, je vous certifie que M. Ginguet n'eut jamais d'autre volonté que celle de sa femme.

Edmond retrouve sa cousine.

FIN D'EDMOND ET SA COUSINE.

Paris. — Impr. Lacour et C , rue Soufflot, 16